ZWEITES VATIKANUM –
VERGESSENE ANSTÖSSE,
GEGENWÄRTIGE FORTSCHREIBUNGEN

QUAESTIONES DISPUTATAE

Begründet von
KARL RAHNER UND HEINRICH SCHLIER

Herausgegeben von
PETER HÜNERMANN UND THOMAS SÖDING

207

ZWEITES VATIKANUM – VERGESSENE ANSTÖSSE, GEGENWÄRTIGE FORTSCHREIBUNGEN

ZWEITES VATIKANUM – VERGESSENE ANSTÖSSE, GEGENWÄRTIGE FORTSCHREIBUNGEN

UNTER MITARBEIT VON
KARL KARDINAL LEHMANN,
WILHELM DAMBERG, PETER HENRICI,
HELMUT HOPING, HANS-JOACHIM SANDER,
ROMAN A. SIEBENROCK, PETER WALTER
UND GUNTHER WENZ

HERAUSGEGEBEN VON
GÜNTHER WASSILOWSKY

HERDER
FREIBURG · BASEL · WIEN

Bibliographische Information der Deutschen Bibliothek

Die Deutsche Bibliothek verzeichnet diese Publikation in der Deutschen Nationalbibliographie; detaillierte bibliographische Daten sind im Internet über ⟨http://dnb.ddb.de⟩ abrufbar.

Druckvorlage durch den Herausgeber

www.herder.de
Druck und Bindung: Difo-Druck, Bamberg 2004
Gedruckt auf umweltfreundlichem, chlorfrei gebleichtem Papier
ISBN 3-451-02207-9

Inhalt

Vorwort

Auf dem Weg der zurückliegenden Rezeptionsgeschichte des II. Vatikanums bildeten die „runden“ Jahrestage von Konzilseröffnung und Konzilsabschluss stets wichtige Marksteine der kirchlichen Standortbestimmung. Der vorliegende Band dokumentiert nun die jüngste dieser Vergewisserungen, wie sie auf den Tag genau vierzig Jahre nach der Eröffnung des Konzils bei einem Symposium der Akademie des Bistums Mainz „Erbacher Hof“ im Oktober 2002 stattgefunden hat.

Aus zwei Richtungen blicken die gesammelten Beiträge auf das „Ereignis II. Vatikanum“: Die ersten drei kirchen- bzw. theologiehistorischen Studien entnehmen exemplarische Proben dem *vorkonziliaren* Feld. Die dort vorgenommenen historischen Kontextualisierungen sind auch von enormer systematisch-hermeneutischer Relevanz, denn sie stellen jenes lange Zeit vorherrschende *Kontrastschema* bzw. *Diskontinuitätsmodell* in Frage, mit dem man das II. Vatikanum als „Mythos von der großen Wende“, als totale Neuheit und in Absetzung gegenüber allem Vorhergehenden profilieren zu müssen glaubte.

Die zweite Gruppe nimmt die Perspektive der *nachkonziliaren* Gegenwart ein: Nach grundlegenden Ausführungen über einen adäquaten interpretatorischen Zugang zu einem „Konzil im Prozess“ folgen fünf Lektüren zu zentralen Konzilstexten. Im Licht der zurückliegenden Wirkungs- und Rezeptionsgeschichte ermitteln Vertreter der nachkonziliaren Generation uneingelöste Anstöße des II. Vatikanums und schreiben sie fort angesichts aktueller Herausforderungen.

Die Aufsätze geben im wesentlichen die überarbeiteten Vorträge wieder, wie sie im Oktober 2002 gehalten worden sind; die in der Zwischenzeit erschienene Literatur konnte nicht berücksichtigt werden. Der Herausgeber dankt allen Autoren für die Ausarbeitung ihrer Texte, dem Direktor der Mainzer Akademie, Herrn PD Dr. Peter Reifenberg, für die Beheimatung in der theologischen Atmosphäre des „Erbacher Hofes“, dem Herausgeber der *Quaestiones Disputatae*, Herrn Prof. Dr. Peter Hünermann, für die Aufnahme in die Reihe und dem Lektor des Herder-Verlages, Herrn Dr. Peter Suchla, für die sachkundige Begleitung der Publikation.

Mainz, im September 2003 *Günther Wassilowsky*

Pfarrgemeinden und katholische Verbände vor dem Konzil

Wilhelm Damberg, Bochum

0. Einleitung

Nachdem das II. Vatikanische Konzil in das Blickfeld der Historiker gerückt ist, steht zunächst die Rekonstruktion des enorm vielschichtigen Konzilsverlaufs auf der Tagesordnung. Mehr und mehr drängt sich jedoch zugleich die Frage auf, wie dieses Konzil nicht nur in Bezug zur Kirchengeschichte, sondern auch zur Gesellschaftsgeschichte des 20. Jahrhunderts insgesamt zu verorten ist. Das gilt in besonderer Weise gerade deshalb, weil dieses Konzil wie kein anderes vor ihm das Verhältnis von Kirche und Welt zur Diskussion stellte. Leider ist zu konstatieren, dass bei dieser Fragestellung historisches Urteil und aktuelle (kirchen)politische Diskussion oft allzu flüssig ineinander übergehen; hier gilt es Vorsicht walten zu lassen.

Hinsichtlich dieser historischen Verortung des Konzils lassen sich im wesentlichen drei Einschätzungen unterscheiden:

Erstens: Das Konzil kam zu spät. Als die Kirchenversammlung den antimodernistischen Stillstand überwand, war die geistige Entwicklung der Moderne nicht mehr einzuholen. So schrieb in Frankreich Weihbischof Matagrin aus Lyon, er könne den Studenten dieser Stadt das Menschenbild des Konzils nicht mehr vermitteln, weil sie die gedanklichen Kategorien der Texte bereits als veraltet empfänden: „Là, j'ai pris conscience que le Concile était en train de décrire un monde au moment même où celui-ci devenait autre".[1]

Zweitens: Das Konzil kam zu früh. Diese Auffassung vertrat niemand anderes als Yves Congar. Für ihn waren zu wenige Jahre

[1] Zitiert nach D. PELLETIER, La crise catholique. Religion, société, politique en France (1965–1978), Paris 2002, 23.

vergangen, seit sich überhaupt etwas bewegt hatte, und der Großteil des Episkopates sei darauf noch nicht eingestellt gewesen.[2] Vermutlich galt dies aber nicht nur für den Episkopat, sondern auch für einen Teil des Kirchenvolks. Als Beispiel ließe sich der niederländische Katholizismus anführen, der bis 1962 traditional ausgerichtet war, dann aber zur experimentellen Garküche mutierte. Hier verglich ein Katholik in einem Brief an das Pastoraal Concilie in Noordwijkerhout die ungewohnten Neuerungen plastisch mit dem Vorhaben, einem Säugling einen Teller mit Sauerkraut und Wurst vorzusetzen.[3]

Drittens: *Das Konzil entsprach ganz dem Zeitgeist*, aber eben deshalb verflog seine Attraktivität schon wenig später. So hat Alfred Lorenzer dem Konzil schon 1981 die „Unterwerfung unter den Zeitgeist der modernen Bourgeosie“ durch Rationalisierung und Unterdrückung von Spiritualität und Phantasie vorgeworfen.[4] Aber auch ohne jede Polemik hat Fouilloux festgestellt, dass die „bemerkenswerte Anpassung an den Optimismus der ‚goldenen 60er Jahre‘ [...] bereits 1964/65 ein Handicap angesichts des wiederauflebenden Pessimismus (wurde).“[5]

Also: Zu viel Zeitgeist, zu früh, zu spät? Offenkundig war der Initiations- und Rezeptionsprozess des Konzils ein komplexer, auch widersprüchlicher Vorgang, bei dem wir mit beträchtlichen Ungleichzeitigkeiten zu rechnen haben. In jedem Fall kommt aber einer Analyse des Vor- und Umfeldes, in dem das Konzil ausgerufen und wirksam wurde, besondere Bedeutung zu, wenn wir die historische Dimension dieses Ereignisses erfassen wollen. Dies möchte ich im folgenden am Beispiel der deutschen Katholiken in ihren Pfarrgemeinden und Verbänden am Vorabend des Konzils tun, wobei wir zunächst die gesamten 1950er Jahre in den Blick

---

[2] Vgl. G. ALBERIGO, Die Ankündigung des Konzils. Von der Sicherheit des Sich-Verschanzens zur Faszination des Suchens, in: G. ALBERIGO / K. WITTSTADT (Hgg.), Geschichte des Zweiten Vatikanischen Konzils (1959–1965), Bd. 1, Mainz/Leuven 1997, 6.

[3] W. DAMBERG, Abschied vom Milieu? Katholizismus im Bistum Münster und in den Niederlanden 1945–1980 (Veröffentlichungen der Kommission für Zeitgeschichte, Reihe B, Bd. 79), Paderborn 1997, 601f.

[4] A. LORENZER, Das Konzil der Buchhalter. Die Zerstörung der Sinnlichkeit. Eine Religionskritik, Frankfurt a.M. 1981, 278 u. 290.

[5] E. FOUILLOUX, Die vor-vorbereitende Phase (1959–1960). Der langsame Gang aus der Unbeweglichkeit, in: G. ALBERIGO / K. WITTSTADT (Hgg.), Geschichte des Zweiten Vatikanischen Konzils (1959–1965), Bd. 1, Mainz/Leuven 1997, 67.

nehmen sollten, worauf dann – so viel vorab – die Vorbereitungsphase des Konzils noch einmal besondere Aufmerksamkeit erfordert.

1. Religiöse Einstellungen und Verhaltensweisen in den 1950er Jahren

Beginnen wir mit dem bekanntesten „klassischen" Indikator der Pastoralsoziologie, dem sonntäglichen Kirchenbesuch. Das durchschnittliche historische Bewusstsein des deutschen Katholizismus ist in dieser Hinsicht von einem vergleichsweise einfachen Zwei-Phasen-Modell geprägt. Vor dem II. Vatikanischen Konzil habe es einen stabilen Kirchenbesuch gegeben, der nach dem Konzil plötzlich kollabiert sei. Dieser Erinnerung entspricht auch die Publikation der jeweiligen Daten durch die Kirchliche Zentralstelle für Statistik. Sie beginnt mit dem Jahr 1960 und weist in der Tat seit diesem Datum einen fortlaufenden Rückgang auf. Allerdings wird diese Statistik schon wesentlich länger, und zwar seit den 1920er Jahren geführt. Fassen wir nicht nur die Jahre seit 1960, sondern die letzten 75 Jahre in den Blick, so ergibt sich ein vielschichtigeres Bild.

Sonntäglicher Kirchenbesuch in Deutschland
1927 – 2001

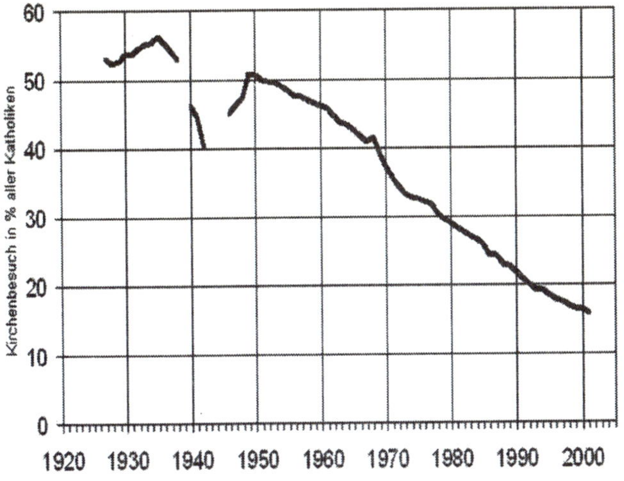

Quelle: Datensatz AKKZG, Münster Graphik: A. Liedhegener
Bemerkung: Deutschland bzw. BRD in den jeweiligen historischen Grenzen

Hier wird erkennbar, dass der Höhepunkt des Kirchenbesuchs um 1935 mit etwa 56% erreicht war. Rückläufigen Zahlen während der Diktatur folgte seit 1945 ein neuerlicher Aufschwung, der um 1950 dazu führte, dass immerhin wiederum gut die Hälfte aller Katholiken am Gottesdienst teilnahm. Die Spitze lag jedoch bereits unter dem Vorkriegsstand, und seit 1950 wendete sich das Blatt auf Dauer mit einem schleichenden Rückgang, der am Vorabend des Konzils mit ungefähr 45% bereits gut 10 Punkte unter dem Stand von 1935 lag. Von einer Stabilität kann also keine Rede sein, wenngleich der Rückgang – das ist unbestreitbar – im Laufe der 1970er Jahre intensiver wurde, um dann in den 1980er Jahren wieder etwas abzuflachen. Wohlgemerkt, alle diese Zahlen sind Relativzahlen. Tatsächlich herrschte sonntags in den Kirchen vielfach quälende Enge, einfach deshalb, weil die absolute Zahl der praktizierenden Katholiken, bedingt durch Flüchtlinge und Vertriebene, auch weiterhin noch anstieg. Diese drückende Enge hat sich der individuellen historischen Erinnerung vieler Katholiken eingeprägt, auch wenn die Statistik eine andere Sprache spricht.

Der in der Generalstatistik erkennbare Trend macht sich noch deutlicher bemerkbar, wenn man lokal differenzierte Entwicklungen in Augenschein nimmt. Dann wird nämlich sofort deutlich, dass es tatsächlich in den 1950er Jahren noch viele Pfarrgemeinden gab, in denen der Kirchenbesuch praktisch die gesamte katholische Bevölkerung umfasste (also etwa 70-80%iger Kirchenbesuch). In den Regionen und Pfarrgemeinden jedoch, die sich durch eine stärkere Urbanisierung und wirtschaftliche Dynamik auszeichneten, bewegte sich der Gottesdienstbesuch um dieselbe Zeit bereits um bis zu 50% unterhalb des Durchschnitts. Aufmerksamen zeitgenössischen Beobachtern blieb diese Entwicklung nicht verborgen, und sie wurde deshalb als bedrohlich empfunden, weil eben der Strukturwandel der deutschen Gesellschaft, mit Industrialisierung und Urbanisierung verbunden, in diesen Jahren des Wirtschaftswunders allenthalben rasant voranschritt. Als besonders problematisch erwiesen sich Regionen mit hoher Mobilität. Die Abwanderung vom Land in die auswachsenden Vorstädte erwies sich als äußerst sensibel. So berichtete ein Dechant 1956 aus dem Industriegebiet Nordrhein-Westfalens, dass dort rund die Hälfte aller aus dem katholischen Milieu des Münsterlandes zugezogenen Katholiken „gleich vom ersten Sonntag an überhaupt keinen Kontakt zur Kirche mehr auf(nimmt), man betrachtet die religiöse Betätigung als etwas, das daheim zum Leben des Dorfes gehörte, das man aber in der neuen Umgebung einfach undiskutiert an die Seite stellt. In einer ganzen Reihe von Fällen werden Kreuze und religiöse Bilder in der neuen Wohnung einfach nicht mehr aufgehängt, weil das nicht zum Stil passt. Alle aber kommen noch zum Gottesdienst, wenn die Eltern zu Besuch da sind. Dann wird getan, als ob alles beim alten und alles in Ordnung sei." Man müsse sich darüber klar sein, dass bei „sehr vielen Katholiken, bei allem äußeren Mittun, im Inneren ein großer, nicht mehr durchpulster und durchbluteter religiöser Hohlraum entstanden ist. Wir alle sollten uns, und das ist das wichtigste, endlich über den eingetretenen Substanzverlust nicht mehr hinwegtäuschen".[6] Dieser Stellungnahme können andere beigefügt werden. Genau ein Jahr vor dem Konzil, 1961, publizierte Joseph Höffner, damals noch Professor für Christliche Sozialwissenschaften, eine Studie über „Industrielle Revolution und religiöse Krise. Schwund und Wandel des religiösen Verhaltens in der modernen Gesellschaft", in der er das Szenario in vielfältiger Form beschrieb.[7]

Der in dem Zitat von 1956 beschriebene Mentalitätswandel machte sich aber nicht nur bei den (zumeist jüngeren) Zuwanderern in den Vororten der Städte bemerkbar, sondern ebenso bei den Jugendlichen. Ganz allgemein ist festzustellen, dass die Jugend-Generation der 1950er Jahre (also die seit 1940 Geborenen) deutlich stärker auf Distanz zur Kirche ging, als das vor dem Krieg der Fall gewesen war. In langfristiger Perspektive stellen so die 1950er und beginnenden 1960er Jahre eine echte Krisenzeit der katholischen Jugendarbeit dar. Vor dem Zweiten Weltkrieg stand ein Drittel bis knapp die Hälfte aller katholischen Jugendlichen in irgendeiner Form, z.B. über die Jugendorganisationen oder die Pfarrjugend, mit dem kirchlichen Leben in Verbindung. Nach 1945 sinkt dieser Anteil dramatisch. 1953 zählte die Pfarrjugend in der Bundesrepublik ca. 860.000 Mitglieder, 1964 nur noch 450.000, d.h.: Bevor das Konzil irgendeine nennenswerte Wirkung entfalten konnte, hatte sich die Zahl in zehn Jahren fast

---

[6] Unsere Seelsorge 1955, Heft 4,1 (Zit. n. DAMBERG, Abschied vom Milieu?, 180f.).

[7] J. HÖFFNER, Industrielle Revolution und religiöse Krise. Schwund und Wandel des religiösen Verhaltens in der modernen Gesellschaft (Arbeitsgemeinschaft für Forschung des Landes Nordrhein-Westfalen, Geisteswissenschaften, Heft 97), Opladen 1961.

halbiert.[8] Parallel dazu konstatierte der BDKJ bereits 1954/55 einen „ständigen Rückgang“ des Absatzes der zahlreichen katholischen Jugendzeitschriften, was eine kostendeckende Herstellung nicht mehr zuließ und Mitte der 1960er Jahre zu deren weitgehender Einstellung führte.[9] 1965 legte dann Hubertus Halbfas eine schonungslose Bestandsaufnahme der Jugendarbeit vor.[10] Freilich handelte es sich dabei – dies gilt es zu betonen – nicht um exklusive Probleme der katholischen Jugendarbeit, denn auch andere Jugendorganisationen in der BRD hatten in diesem Zeitraum dramatische Mitgliederrückgänge zu verzeichnen.[11] Die professionelle Reorganisation der Jugendarbeit am Ende der 1960er Jahre hat dann im Falle der katholischen Jugendorganisationen die Mitgliederzahlen auf einem niedrigeren Niveau deutlich stabilisiert.[12]

Erkennbar ist, dass der Tonfall in der Jugendseelsorge gegen Ende der 1950er Jahre zunehmend pessimistischer wurde. 1959 bemerkten Jugendseelsorger im Bistum Münster, dass es „z.Z. äußerst schwierig“ sei, den 14- bis 17jährigen „das notwendige Rüstzeug mitzugeben“. Der mentale Wandel dieser Generation ließ sich auch in der Beichtpraxis beobachten: „Ein weiteres beunruhigendes Symptom kam zur Sprache. Bei einer Jugendwoche [...] waren etwa 500 Jugendliche an der Kommunionbank. Am Tag vorher hatten jedoch nur etwa 60 Jugendliche das Hl. Sakrament der Beichte empfangen. Auch eine Umfrage in den umliegenden Orten ergab keine größere Zahl derer, die gebeichtet hatten. Diese Erscheinung wurde von verschiedenen anderen Jugendseelsorgern bestätigt“.[13]

---

[8] Daten nach: BDKJ-Hauptversammlung 1953, Drucksache 21, Archiv des Jugendhauses Düsseldorf A-526, sowie: Jahresstatistik der Gliedgemeinschaften 1964. Archiv des Jugendhauses Düsseldorf, Statistische Sammlung.

[9] BDKJ-Hauptversammlung 1955. Protokoll sowie Anlagen: Zeitschriften-Verlag. Archiv des Jugendhauses Düsseldorf A-526 sowie DAMBERG, Abschied vom Milieu?, 349, Anm. 43.

[10] H. HALBFAS, Jugend und Kirche. Eine Diagnose, Düsseldorf 1965, bes. 290–317.

[11] F.J. KRAFELD, Geschichte der Jugendarbeit. Von den Anfängen bis zur Gegenwart, Weinheim/Basel 1984, 138.

[12] Exemplarisch: DAMBERG, Abschied vom Milieu?, 418f.

[13] Jahresbericht des Bischöflichen Jugendamtes der Mannesjugend Münster. Bistumsarchiv Münster, Generalvikariat NA A 201-151. Abdruck: DAMBERG, Abschied vom Milieu?, 344f.

Verstärkt bemühten sich die Verantwortlichen darum, den eigentümlichen Veränderungen auf die Spur zu kommen, wobei auf das damals moderne Instrumentarium der Umfrage zurückgegriffen wurde. So kam es 1960 im Bistum Essen zu einer Erhebung „Messopfer und Jugend“, an der sich immerhin 9000 Jugendliche beteiligten. Das Ergebnis galt als so sensibel, dass der Bericht als vertraulich gekennzeichnet wurde. Hier sind nur einige Befunde zu benennen:[14]

Obwohl nicht danach gefragt wurde, äußerten sich Jugendliche spontan kritisch zur Beichte, wobei Ablehnung, Ängste und Abänderungswünsche erhoben wurden.

Trotz der vier Wochenstunden Religionsunterricht in der Grundstufe der Volksschule war es mit dem theologischen Kenntnisstand nicht weit her. Selbst von den als eifrig qualifizierten Jungen und Mädchen besuchte nur ein Drittel die Messe mit einem „dem Glaubensbewusstsein der Kirche nahe kommenden Verständnis dessen, was vor sich geht“.

Als Motivation nannte nur ungefähr ein Drittel der Jugendlichen ein Bedürfnis, fast die Hälfte Pflichtbewusstsein, Gewohnheit und Rücksicht auf die Eltern. Bei den 14- bis 15jährigen war das Bedürfnis signifikant niedriger ausgeprägt als bei den 19jährigen (7% gegenüber 18%). Die Bearbeiter der Umfrage fragten schon damals, inwieweit die Ergebnisse typische Einstellungen der Lebensalter widerspiegelten, kamen aber dennoch zu dem Ergebnis, der Messbesuch sei wenig emotional besetzt und vor allem Institution sozialen Lebens. Konstatiert wurde eine „Krise der mittleren Altersgruppe“, was sich mit dem erwähnten Zitat von 1959 deckt.

Nur ein einziges Mädchen von ca. 5000 erwähnte in den Anmerkungen, dass es Ordensschwester werden wolle; bei den Jungen fehlte jeglicher Hinweis auf einen geistlichen Beruf.

Nach einer ergänzenden Befragung junger katholischer Arbeiterinnen im Sommer 1962, bei der wiederum ein „Locke-

---

[14] PASTORALSOZIOLOGISCHES INSTITUT DES BISTUMS ESSEN (Hg.), Bericht Nr. 24, Messopfer und Jugend. Eine Erhebung unter der Jugend des Industriereviers, Mai 1963. Vgl. zum folgenden auch: W. DAMBERG, Religiöser Wandel im Generationenwechsel, in: Mitteilungsblatt des Instituts für soziale Bewegungen. Forschungen und Forschungsbereichte 26 (2001) 183–190.

rungserlebnis“ im Verhältnis zur Kirche erkannt wurde,[15] kam das untersuchende Institut schließlich später zu der Vermutung, es sei auf die „Existenz von Alterskohorten“ zu schließen, „die sich gerade in der Jugendzeit ausbilden und den Grad der Einübung der religiösen Praxis mitbestimmen“.[16] Diese Vermutung wird durch neuere Forschungen bestätigt. Bestimmte Dispositionen hinsichtlich des religiösen Verhaltens bilden sich in der Jugendzeit heraus, denen die Betreffenden dann langfristig treu bleiben. So können wir hinsichtlich der regelmäßigen Partizipation am kirchlichen Leben bei den Alterskohorten seit den 1920er Jahren rückläufige Entwicklungen konstatieren, aber insbesondere bei der Jugendgeneration nach dem Zweiten Weltkrieg einen schärferen Einschnitt als bei den übrigen Kohorten erkennen. Dieses Phänomen scheint sich aber nicht nur auf Deutschland zu beschränken, sondern ist etwa auch in den Niederlanden langfristig beobachtet worden.[17]

Diese grundlegende stark generationsbezogene Veränderung machte sich schließlich auch beim Nachwuchs für die Priester und Ordensberufe bemerkbar.

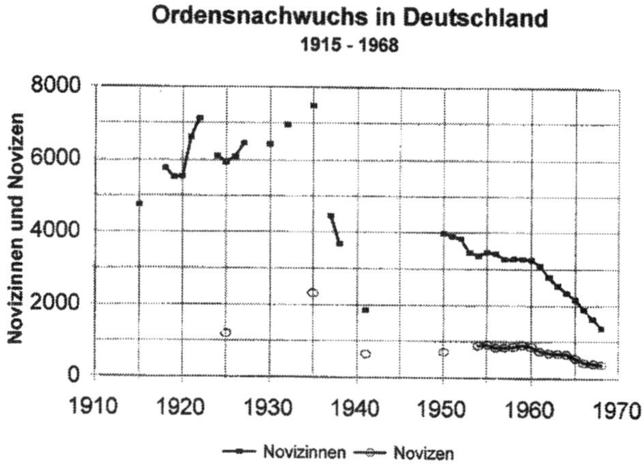

Quelle:
Amtliche Zentralstelle für Kirchliche Statistik des Katholischen Deutschland (Hg.), Kirchliches Handbuch für das katholische Deutschland, Freiburg i. Br. 1908ff.

---

[15] PASTORALSOZIOLOGISCHES INSTITUT DES BISTUMS ESSEN (Hg.), Bericht Nr. 23: Ergebnisse einer Befragung junger katholischer Arbeitnehmerinnen in der Großstadt, durchgeführt von der Christlichen Arbeiterjugend, Oktober 1962.

[16] SOZIALINSTITUT DES BISTUMS ESSEN, Kirchliche Sozialforschung, Bericht Nr. 61, o.J., 96.

[17] J. W. BECKER / R. VINK (Hgg.), Secularisatie in Nederland, 1966–1991. De verandering van opvattingen en enkele gedragingen, Rijswijk 1994, bes. 70f.

Priesternachwuchs
1911 – 1993

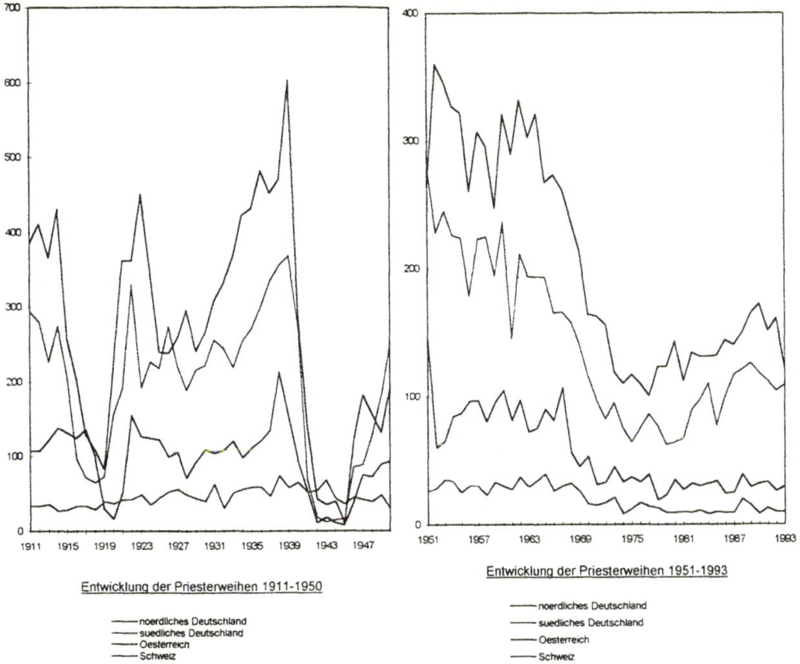

Bei den Graphiken ist die unterschiedliche Skalierung zu beachten!

Quelle: E. Gatz (Hg.), Geschichte des kirchlichen Lebens in den deutschsprachigen Ländern seit dem Ende des 18. Jahrhunderts. Die katholische Kirche, Bd. IV, Der Diözesanklerus, Freiburg u. a. 1995, 438f.

Die Kurve der Priesterweihen zeigt Ähnlichkeiten mit dem Verlauf der Kurve des Messbesuchs. Nach dem Zweiten Weltkrieg erreichte der Nachwuchs für Priester- und Ordensberufe nicht mehr das Niveau der Vorkriegszeit. Bei den weiblichen Ordensgemeinschaften machte sich dieser Einschnitt sogar noch wesentlich stärker bemerkbar. Dann aber erfolgte – anders als beim Kirchgang – tatsächlich in den 1960er Jahren ein regelrechter Einbruch bei den neuen Berufungen, weshalb wir, wenn wir das ganze 20. Jahrhundert in den Blick nehmen, von einer gestuften Entwicklung nach 1945 sprechen können. Möglicherweise hängt dies damit zusammen, das der Generationsfaktor sich gerade bei der Frage des Priester- oder Ordensberufes noch stärker bemerkbar macht als in anderen Verhaltensweisen. Statistisch begann in jedem Falle der Altersdurchschnitt zwischen der

Gesamtbevölkerung und den katholischen Geistlichen auseinander zu klaffen. Bezogen auf die Volkszählung von 1955 stellte die Altersgruppe der 50-60jährigen Bundesbürger 22,2% der männlichen Bevölkerung, die Altersgruppe der 50-60jährigen Priester 21,6% an der Gesamtzahl des Klerus; die 25-30jährigen Bundesbürger umfassten 13,1% der männlichen Bevölkerung, bei den gleichaltrigen Priestern lag ihr Anteil am Klerus bei 5,2%.[18]

Wenn junge Katholiken auch immer weniger Bereitschaft zeigten, einen geistlichen Beruf zu ergreifen, so wollten sie doch eine Ehe eingehen. Und genau hier taten sich neue Schwierigkeiten auf. Die sog. „Mischehen", also die Ehen zwischen Katholiken und Protestanten, wurden in den 1950er Jahren als pastorales Problem erster Ordnung empfunden. Die Zahl der Mischehen war nach dem Zweiten Weltkrieg – nicht zuletzt bedingt durch die starke Mobilität – stark angestiegen, pendelte sich dann aber auf einem höheren Niveau in den 1950er Jahren ein, um nach dem Konzil neuerlich anzusteigen. Ein Blick in die Hirtenschreiben der Bischöfe und die pastorale Literatur macht sofort klar, welche Spannungen sich hier aufstauten. Mit allen Mitteln versuchte man diesem „Übel" entgegen zu wirken.

2. Kirchliche Infrastruktur

Soziologische Daten lassen also erkennen, dass in den 1950er Jahren in deutschen Pfarrgemeinden eine schleichende Erosion eingesetzt hatte, zu der insbesondere die jüngere Generation beitrug. Allerdings war diese Entwicklung – das ist zuzugestehen – auf den ersten Blick kaum zu erkennen. Vielmehr schien der deutsche Katholizismus in seiner äußeren Gestalt und gesellschaftlichen Präsenz gefestigter und einflussreicher denn je! Die Archive der Pfarrgemeinden sprechen hier eine deutliche Sprache, denn die Entwicklung der Gemeinden war in diesen Jahren nicht zuletzt durch eine außerordentlich intensive Bautätigkeit geprägt. Zunächst mussten die Verwüstungen des Krieges beseitigt werden, und diese Restaurationsarbeiten gingen dann nahtlos in eine beispiellose Ausweitung der kirchlichen Infrastruktur in baulicher Substanz einher: Pfarrhäuser, Pfarrheime, Jugendheime,

---

[18] J. DELLEPOORT / N. GREINACHER / W. MENGES, Die deutsche Priesterfrage. Eine soziologische Untersuchung über Klerus und Priesternachwuchs in Deutschland (Schriften zur Pastoralsoziologie, Bd. 1), Mainz 1961, 72f.

Kindergärten, Krankenhäuser. Zudem kam es zu einer seit dem Mittelalter historisch einzigartigen Gründungswelle neuer Pfarreien insbesondere in den anwachsenden Vororten, von denen schon die Rede war. Vor dem Hindergrund der gegenwärtig allenthalben gängigen Zusammenlegungen von Pfarrgemeinden ist dieser Bau-Boom sicherlich eines der eigentümlichsten Charakteristika der deutschen Nachkriegsgeschichte. Ermöglicht wurde dieses Bau-Zeitalter in vielen Diözesen nicht zuletzt durch die Zentralisierung des Kirchensteuersystems. Hatten bis zum Zweiten Weltkrieg viele deutsche Pfarreien ihre Kirchensteuer selbst veranlagt, flossen die Finanzströme jetzt bei den Diözesen zusammen, und diese wichtige Weichenstellung für die Entwicklung des Katholizismus in der Bundesrepublik Deutschland ermöglichte erst eine stärker fördernde und lenkende Funktion bei der Neubegründung von Pfarreien.[19]

3. Vereine und Verbände

Eine Eigentümlichkeit der organisatorischen Infrastruktur der deutschen Katholiken ist von jeher das stark ausgeprägte Vereinswesen gewesen, und auch hier war in der ersten Nachkriegszeit von Erosion äußerlich nichts zu verspüren. Vielmehr hatten Vereine und Verbände wiederum einen beachtlichen Zulauf zu verzeichnen, der oftmals die Mitgliederzahlen der Vorkriegszeit sogar noch übertraf (wobei aber auch hier die gestiegene Gesamtzahl der Katholiken zu berücksichtigen ist). Gegen Ende der 1950er Jahre veränderte sich jedoch das Bild: Die Nachkriegsexpansion der katholischen Verbände kam – von Ausnahmen abgesehen – insgesamt zum Erliegen. Wiederum ging die jüngere Generation auf Distanz, während ältere Mitglieder bei der Stange blieben.

Hand in Hand mit dieser Entwicklung kam es zu Grundsatzdiskussionen über die Berechtigung des Verbandswesens.[20] Die Kontroversen eskalierten im Jahre 1958, als der damalige geistli-

---

[19] Exemplarisch: DAMBERG, Abschied vom Milieu?, bes. 152–172. Weitere Forschungen zu dieser Phase der Nachkriegsentwicklung stellen ein dringendes Desiderat der kirchlichen Zeitgeschichtsforschung dar.

[20] Zum folgenden vgl. T. GROẞMANN, Zwischen Kirche und Gesellschaft. Das Zentralkomitee der deutschen Katholiken 1945–1970 (Veröffentlichungen der Kommission für Zeitgeschichte, Reihe B, Bd. 56), Mainz 1991, bes. 151 u. 154.

che Direktor des Zentralkomitees der deutschen Katholiken, Bernhard Hanssler, in einem Referat über „Stand und Aufgabe katholische Laienarbeit heute“ kritisierte, der Nachkriegskatholizismus trete seit langem auf der Stelle. Der organisatorische Zusammenschluss insbesondere in den Verbänden müsse intensiviert werden, und seine Rede gipfelte in der berühmten Formulierung: „Was nicht organisiert ist, ist gesellschaftlich nicht existent“. Faktisch bewirkten die Appelle zur Geschlossenheit – so Großmann – aber gerade das Gegenteil von dem, was ursprünglich angezielt war, und riefen eine neuartige innere Opposition auf den Plan. Die Gegner des integralen Standpunkts konnten sich jedenfalls durch die Erklärungen Johannes’ XXIII. sowie durch seine Enzyklika „Mater et Magistra“ ermutigt fühlen. Im deutschen Vereins- und Verbandskatholizismus war jedenfalls genau am Vorabend des II. Vatikanischen Konzils die Rede von einer Krise der Verbände, die eine tragende Struktur des deutschen Katholizismus bildeten, zum Gemeingut geworden.

4. Ankündigung und Vorbereitung des Konzils im Spiegel der kirchlichen Presse 1959-1962

Im deutschen Katholizismus mehrten sich also gegen Ende der 1950er Jahre Krisensymptome, zumeist latent, teils aber auch offen diskutiert. In diese Situation hinein platzte die Nachricht von der Einberufung eines Konzils durch Papst Johannes XXIII. Wenn wir die Aufnahme dieser Nachricht und der folgenden Berichte über die Vorbereitung des Konzils durch die Katholiken erfassen wollen, so werden wir zunächst danach fragen müssen, wie sie überhaupt über diese Vorgänge informiert und ggf. in sie einbezogen wurden.

Selbstverständlich war die Berichterstattung über das Konzil stärker denn je auch eine Sache der von der Kirche unabhängigen Medien geworden, aber nach den Auflagenzahlen der 1950er Jahre haben wir davon auszugehen, dass die Kirchenpresse damals weiterhin über ein beträchtliches, wenngleich nicht mehr unangefochtenes Gewicht in der Meinungsbildung der Katholiken verfügte.

Allerdings konnte die Informationspolitik selbst in benachbarten Diözesen wie Paderborn, Essen oder Münster sehr unterschiedlich sein. Während im Erzbistum Paderborn unter der Führung von Lorenz Jäger, der persönlich eine Schrift zu „Erbe und Auftrag“ des Ökumenischen Konzils verfasst hatte,[21] in der Kirchenzeitung „Der Dom“ eine recht breite Berichterstattung über die Vorbereitungen des Konzils und die damit verbundenen Fragen vorgenommen wurde, und auch das Essener „Ruhrwort“ regelmäßige, auch ausführliche Berichte und Hintergrundinformationen brachte, blieb es im Bistum Münster bei einer äußerst restriktiven Berichterstattung. 1959 brachte die dortige Bistumszeitung „Kirche und Leben“ gerade fünf, zumeist kleinere Artikel oder Notizen, der „Dom“ hingegen vierzehn und das „Ruhrwort“ immerhin neun. Nachdem Johannes XXIII. dann aber im November 1960 erklärt hatte, er erwarte „wahrhaft große Dinge“ vom Konzil, folgte 1961 im Bistum Münster doch noch ein Fastenhirtenbrief des Bischofs Keller, der das Konzil zum Thema machte: Der Papst wolle das Konzil mitten in die Welt von heute hineinstellen, und er erstrebe nichts weniger als eine „globale Erneuerung der Kirche von Innen heraus“. Diese Erneuerung – so der Hirtenbrief – solle die ganze Kirche umfassen, „jedes einzelne Glied der Kirche und alle ihre Gemeinschaften, Bistümer, Pfarrgemeinden, Familien. [...] Aus dieser Zielsetzung geht hervor, dass das kommende Konzil nicht nur eine Aufgabe der in Rom beratenden Bischöfe und Theologen ist, sondern eine Aufgabe aller lebendigen Glieder der Kirche.“ Insoweit sei es „sehr zu wünschen, dass Ihr Euch ständig auf dem laufenden haltet über all das, was zur Vorbereitung des Konzils geschieht“.[22]

Vor dem Hintergrund dieses bischöflichen Appells wirkt um so befremdlicher, dass die Kirchenzeitung weiterhin so gut wie nichts vom Konzil berichtete, nur gelegentlich vor zu weit gesteckten Hoffnungen warnte. Dazu mag beigetragen haben, dass der Bischof von Münster wenig später starb und erst kurz vor dem Konzil Josef Höffner auf den Bischofsstuhl berufen wurde.

Ganz anders verhielt es sich in dieser Hinsicht im Erzbistum Paderborn. Im „Dom“ ist weiterhin eine vergleichsweise dichte Berichterstattung zu verfolgen. Hier wurde hervorgehoben, dass die Vorbereitung des Konzils sich in aller Freiheit vollziehe, ja, dass es in Gegenwart des Papstes zu Diskussionen, „sogar [...] Kampfabstimmungen“ gekommen sei. Diese Freiheit sei der aus-

---

[21] L. JÄGER, Das ökumenische Konzil, die Kirche und die Christenheit. Erbe und Auftrag (Konfessionskundliche Schriften des Johann-Adam-Möhler-Instituts, Bd. 4), Paderborn 1950.

[22] M. KELLER, Fastenhirtenbrief 1961. Kirchliches Amtsblatt für die Diözese Münster 1961, 29–33.

drückliche Wunsch des Papstes.[23] Entsprechend wird der Berichterstattung der Presse große Bedeutung beigemessen.[24] Ebenso begegnet allerdings der Gedanke, die Einbeziehung der Katholiken in das Konzil nicht nur im Sinne der passiven Information, sondern auch der aktiven missionarischen Erneuerung der Kirche zu begreifen. In seiner Silvesteransprache 1961 erklärte Erzbischof Jaeger im Dom zu Paderborn, es gebe lichte, aber auch dunkle Seiten im Leben des Erzbistums, vor allem den „erschreckenden Rückgang der Priester und Ordensberufe in der Erzdiözese", ebenso die ständig wachsende Zahl der Mischehen und die Zunahme nicht mehr kirchlich geschlossener Ehen. Dies sei vor allem eine Folge der „Erziehungsschwäche unserer Familien, die keine rechte religiöse Atmosphäre im häuslichen Kreis zu schaffen vermag" – ein Hinweis auf den erwähnten religiösen Sozialisationsbruch der 1950er Jahre. Vor diesem Hintergrund seien die einzelnen Gläubigen mit der Ankündigung des Konzils gefordert, „mit dem Evangelium ernst zu machen, durch und durch katholisch zu sein, die Kraft und Schönheit des katholischen Glaubens in Handel und Wandel aufleuchten zu lassen". Die Gläubigen wurden ermahnt „alles aus dem Leben zu entfernen, was nicht wirklich katholisch ist, Ehe- und Familienleben nach Gottes heiligem Willen zu gestalten, im Leben unserer Pfarrgemeinden aktiv mit zu helfen und darum zu ringen, dass eine aufrichtige, helfende Liebe uns untereinander verbinde". Dann werde das Konzil eine „wahre Erneuerung" für die ganze Christenheit mit sich bringen.[25]

Insgesamt vermittelten die Bistumszeitungen den Katholiken auf durchaus verschiedene Weise einen Zugang zum Konzil. In sehr unterschiedlichem Umfang berichteten sie vom Fortschreiten der Vorbereitungen, wobei eine vorsichtige Balance zwischen in Aussicht gestellten Reformen und dem Dämpfen zu hoch gespannter Erwartungen versucht wurde, insbesondere im Hinblick auf die Ökumene. Nach den Vorgaben des Papstes wurde zugleich mehr und mehr die Einbeziehung aller Katholiken in das

---

[23] Thema Konzil erstmals vor der Presse, in: Der Dom 16 (1961), 419.

[24] Papst Johannes an die katholische Presse der Welt: Das Klima für das Konzil schaffen, in: Der Dom 16 (1961) 443.

[25] „...auch dunkle Seiten im Leben unseres Erzbistums". Silvesteransprache unseres Erzbischofs im Hohen Dom zu Paderborn, in: Der Dom 17 (1962) 5. Vgl. den Fastenhirtenbrief des Jahres 1962.

Konzilsereignis unterstrichen, wobei es als eine Art erweiterter Volksmission stilisiert wurde.

5. Zur Rezeption der Konzilsankündigung in den Pfarrgemeinden und Vereinen 1959-1962

Wie wurden nun die Berichte über das Konzil aufgenommen? Eine exemplarische Durchsicht von Pfarrarchiven lässt kaum einen Zweifel daran, dass der Ankündigung und Vorbereitung des Konzils nur sehr begrenzte bis gar keine Aufmerksamkeit gewidmet wurde – trotz der Aufrufe der Bischöfe, die Vorbereitung des Konzils als die gesamte Kirche umfassende „Volksmission" zu gestalten. Die Publicanden, in denen sich vor der Erfindung der Mitteilungsblätter das Leben der Pfarrei wiederspiegelte, enthalten bei einer stichprobenartigen Sichtung kaum Verweise auf das Konzil; gleiches gilt für die entsprechenden lokalen Abkündigungen in den Kirchenzeitungen.[26]

Wenn überhaupt, sind solche Hinweise erst im Laufe des Jahres 1962 aufzufinden, als die Gläubigen von der Aufforderung des Papstes in Kenntnis gesetzt wurden, für das Gelingen des Konzils zu beten. Dies geschah zum ersten Mal in Gestalt einer besonderen Pfingstnovene: „Alle Gläubigen mögen in diesen Tagen nach der Meinung des Hl. Vaters für das kommende Konzil beten".[27] Ebenso wurde unmittelbar vor dem Beginn des Konzils eine neuntägige Andacht zum Hl. Geist gehalten: „Am 11. Oktober beginnt das II. Vatikanische Konzil. Alle Gläubigen sollen in Gebet und Opfer den Segen Gottes für das Gelingen des Konzils erflehen. In der Gebetsnovene von heute [30. September] bis zum 8. Oktober wird nach jeder heiligen Messe das Vorbereitungsgebet zum Konzil gebetet. Alle Gläubigen sollen den Rosenkranz in diesem Sinne beten, gemeinschaftlich, in der Kirche oder in der Familie."[28] Nur gelegentlich finden sich über dieses liturgische Minimum hinaus auch weitere Referenzen zum Konzil. Eine Fürbitte für den Marienmonat Mai lässt dabei erkennen, dass vermutlich einer Großzahl von Katholiken in diesem Jahr ganz andere Probleme auf der Seele brannten als das Konzil,

---

[26] Auch hier liegt freilich noch ein weites Forschungsfeld.

[27] Publicandum der Pfarrei St. Antonius, Münster, vom 31.5.1962 (Christi Himmelfahrt). Bistumsarchiv Münster, Pfarrarchiv St. Antonius, Karton 33.

[28] Publicandum der Pfarrei St. Antonius, Münster, vom 30.9.1962, ebd.

insbesondere der durch die Kuba-Krise bedrohte Weltfrieden. Am 28. April 1962 findet sich der Vermerk: „Beten wir eifrig zur Maienkönigin für die Anliegen unserer Zeit: den Frieden unter den Völkern, die Bekehrung Russlands und im Jahr des Konzils, dass sie mit ihrer Fürbitte die Vorbereitungen unterstütze".[29] Besondere Veranstaltungen, die sich dem Konzil gewidmet hätten, kamen, wenn überhaupt, wohl meist nur auf überpfarrlicher Ebene zustande: So konnte eine traditionelle Stadtwallfahrt Münsters im Sommer 1962 zur Bittwallfahrt für das Konzil erklärt werden,[30] während das Bildungswerk einer Stadt des Ruhrgebietes immerhin im September 1962 drei große Vortragsabende mit bekannten Theologen organisierte, wobei das Thema der Ökumene im Vordergrund stand.[31]

Freilich wird man bedenken müssen, dass mindestens in Nordwestdeutschland religiöse oder soziale Bildungsarbeit vielfach zur Gänze in den Vereinen und Verbänden beheimatet war. Allerdings hat man auch hier nicht den Eindruck, dass das Konzil zu einem Thema erster Ordnung avanciert wäre. Im Umfeld der großen Berufsverbände scheint die Sozialenzyklika Johannes XXIII., „Mater et Magistra", wesentlich mehr Aufmerksamkeit beansprucht zu haben als das Konzilsprojekt. Tatsächlich enthielt sie für die – wie erwähnt – ohnehin in einer Strukturdebatte befindlichen Verbände reichlich Sprengstoff. So befasste sich der Rundbrief des Kaufmännischen Vereins (KKV) im Bistum Münster am 19. März 1962 umfänglich auf vielen Seiten mit der Enzyklika, um an einer anderen Stelle zwei Zeilen der Überlegung zu widmen, ob gegebenenfalls mit anderen Vereinen nach dem Wunsch des Bischofs Gebetstunden für das Konzil zu halten seien. Daraus scheint nicht viel geworden zu sein, aber immerhin wurde am 30. August 1962 eine gemeinsame Bittwallfahrt des KKV der Diözesen Nordwest-Deutschlands nach Kevelaer angekündigt „für ein gutes Gelingen des Konzils". Die dortige Kundgebung behandelte jedoch das Thema „Mittelstand und Europäische Wirtschaftsgemeinschaft". Pflichtgemäß wurde das Thema

[29] Publicandum der Pfarrei St. Antonius, Münster, vom 28.4.1962, ebd.
[30] Dekanatsteil Liebfrauen, in: Kirche und Leben. Kirchenblatt für das Bistum Münster vom 17.6.1962.
[31] Publicandum der Pfarrei St. Georg, Marl, vom 9.9.1962. Bistumsarchiv Münster, Pfarrarchiv St. Georg, Karton 25.

also aufgenommen, aber die Gedanken waren an anderer Stelle engagiert.[32]

Freilich wird man für *einen* Verband einen deutlich anderen Akzent setzen müssen: Die Frauen- und Müttervereine haben das Konzil offensichtlich sehr früh und intensiv in den Mittelpunkt ihrer Arbeit gestellt. Bereits 1961 hatte die Verbandsführung in Gestalt von Marianne Dirks als Präsidentin des Zentralverbandes und der Schriftleiterin von „Frau und Mutter", Anneliese Lissner, in ihrer Zeitschrift alle Leserinnen aufgefordert, sich durch Überlegungen und Bitten hinsichtlich des Konzils zu äußern. Dabei gab man sich für die Pfarrgemeinden keinen Illusionen über den Realitätsgehalt der päpstlichen Erklärung hin, die Ankündigung des Konzils habe „die Seelen in eine ungewöhnliche Schwingung versetzt". Müsse man „nicht vielmehr ehrlich zugeben, dass die meisten von uns noch nicht wach geworden sind für die große kirchengeschichtliche Stunde, die mit dem Pontifikat Papst Johannes XXIII. begann?".[33] Vor dem Hintergrund dieser Einschätzung scheint die Resonanz dieser Aktion denn doch überrascht haben. Die Stellungnahmen wurden schließlich Kardinal Frings übergeben mit der Bitte, sie an die zuständige Stelle des Konzils befürwortend weiter zu leiten. Noch 1961 wurden Auszüge aus diesen Briefen in Gestalt einer Dokumentation in einem Taschenbuch publiziert.[34]

Diese Aktion dürfte im deutschen Laienkatholizismus ziemlich einzig dastehen, nicht zuletzt deshalb, weil öffentlichkeitswirksame Aktionen sonst nicht das Kennzeichen der Müttervereine waren (und sind). Die eingesandten Stellungnahmen lassen erkennen, wo die kirchentreuen Katholiken (oder Katholikinnen) um 1960 der Schuh drückte. Vor allem die Liturgie steht im Mittelpunkt der Reformwünsche. Vorab wird darum gebeten, die Muttersprache im Gottesdienst einzuführen, aber auch die Gestalt und Anordnung der einzelnen Teile der Liturgie wird in vielfacher Form zur Diskussion gestellt. Deutlich ist erkennbar, wie stark das Ideengut der liturgischen Erneuerungsbewegung in Deutschland Fuß gefasst hatte. Dem entsprach, dass auch die Kommunion unter beiderlei Gestalten in besonderer Weise zum

---

[32] Rundbriefe des KKV im Bistum Münster vom 19.3. und 30.8.1962. Bistumsarchiv Münster, Pfarrarchiv St. Felicitas, Lüdinghausen, Karton 3.

[33] Frau und Mutter, April 1961, zit. n. V. SCHURR / M. DIRKS / R. BAUMANN / A. LISSNER, Konkrete Wünsche an das Konzil, Kevelaer 1961, 60.

[34] V. SCHURR, Wünsche.

Thema gemacht wurde, nicht zuletzt auch um eine verstärkte Gemeinschaft mit den evangelischen Christen zu dokumentieren. Des Weiteren kreisen die Zuschriften um eine veränderte Gestalt der verschiedenen Sakramente Taufe, Kommunion, Firmung.

Großen Umfang nahmen – wenig verwunderlich – auch die um die Ehe kreisenden Fragen ein. Die eigentlich kritischen Punkte sind in diesem Fall einmal die erwähnte „Mischehe", zum anderen die Frage der Empfängnisverhütung. Die damit verbundenen Probleme – im sprachlichen Stil der Zeit die „Ehenot" – waren latent bereits in den gesamten 1950er Jahren diskutiert worden. Dass auch Katholiken in größerem Umfang Geburtenkontrolle in der einen oder anderen Weise praktiziert haben müssen, ist aufgrund der sich seit dem Zweiten Weltkrieg deutlich annähernden Geburtenraten von Protestanten und Katholiken kaum zweifelhaft. So erklärte eine Zuschrift, man wünsche sich ein „klares Wort über die natürliche und erlaubte Geburtenregelung und Empfängnisverhütung."[35] Ein drittes Themenfeld betraf das Diakonat von Laien, die Priesterausbildung und schließlich überhaupt das Verhältnis von Klerus und Laien.

Auffallend ist nun, dass diese Umfrage-Aktion nach dem vorläufigen Quellenbefund offensichtlich nicht nur eine Veranstaltung der Verbandsführung blieb, sondern einen Kommunikationsprozess in Gang setzte, der über die Diözesanverbände bis in die Pfarrgemeinden hinein Wirkung zeigte. Papst Johannes XXIII. habe die gesamte katholische Christenheit zur Mitarbeit am Konzil aufgerufen, hieß es in dem Mitteilungsblatt eines Diözesanverbandes, und diese Erneuerung der Kirche sei mit der Erneuerung der Pfarrgemeinde gleichzusetzen: „Wenn die Frauen- und Müttergemeinschaften dazu beitragen, dass die Pfarrgemeinde sich als Glaubens-, Gebets- und Liebesgemeinschaft wesentlich erneuert, leisten sie hervorragende Mitarbeit am Konzil."[36] Und tatsächlich ließ sich in den exemplarisch untersuchten Pfarrarchiven eine besondere Veranstaltung zur Vorbereitung des Konzils auch nur im Kontext der Frauengemeinschaften nachweisen: Hier schloss sich an Himmelfahrt 1962 einer besonderen, vorab nicht weniger als dreimal im Publicandum angekündigten Bittandacht der Frauengemeinschaft für das

[35] Ebd., 83.

[36] Anregungen und Mitteilungen des Diözesanverbandes der kath. Frauen- und Müttergemeinschaften im Bistum Münster, Nr. 1, März 1962. Bistumsarchiv Münster.

Konzil ein Vortrag des Kaplans über das Thema „Was erwarten wir vom Konzil?“ an. Hinzuzufügen ist allerdings, dass der betreffende Kaplan über überdurchschnittliche intellektuelle Qualitäten verfügte, bald zum Studium freigestellt wurde und später in der Bistumsleitung tätig war.[37]

Vermutlich steht er für eine junge Generation von Katholiken – Kleriker und Laien – , die erkannt hatte, dass unter der Oberfläche des „routinierten“, ja hinsichtlich seiner Infrastruktur äußerlich geradezu aufblühenden kirchlichen Betriebes oder der Geschäftigkeit im deutschen Katholizismus Defizite und Wünsche existierten, die bisher im kirchlichen Raum nicht artikuliert werden konnten. Der neue Papst und das Konzil versprachen hier eine neue Perspektive, die es zu nutzen galt. Nachdem dann beispielsweise Dirks und Lissner und die Müttervereine unter Rekurs auf das päpstliche Projekt hinsichtlich dieser Wünsche im kirchlichen Raum eine völlig neuartige Öffentlichkeit hergestellt hatten, war die Entwicklung kaum noch aufzuhalten.

Das sollte sich auch an einem Eklat im Bistum Münster zeigen, dessen Öffentlichkeitsarbeit bisher – wie erwähnt – außerordentlich restriktiv gewesen war. Auslöser war ein Gastartikel des Limburger Weihbischofs Walter Kampe in der Bistumszeitung, der am 21. Januar 1962 erklärt hatte, es sei nun ein „offenes, ehrliches und mutiges Wort der Gläubigen an die Väter des Konzils notwendig, damit diese wissen, worin die Not, die Sorge und auch die Erwartung des Leibes Christi besteht. Das Konzil ist nicht nur Sache der Bischöfe, sondern der ganzen Kirche. Es ist nicht nötig, dass die Laien an den Beratungen des Konzils teilnehmen, aber sie müssen das Ohr ihrer Bischöfe erreichen und ihnen vertrauensvoll ihre Anliegen mitteilen können.“[38] Vermutlich missfiel diese Tendenz der Redaktion, denn in der folgenden Ausgabe vom 28. Januar berichtete die Kirchenzeitung über eine scharfe Kritik des Osservatore Romano an den Reformvorschlägen des italienischen Jesuiten Lombardi und ergänzte in einem Kommentar, die Vorarbeiten zur Kirchenversammlung seien ohnehin so weit vorangeschritten, dass es für „neue Vorschläge allerdings zu spät“ sei. Diese Kehrtwendung – zunächst zu Stellungnahmen aufzufordern, und eine Woche später das Verfahren für beendet

---

[37] Publicandum der Pfarrei St Georg, Marl, vom 20.5.1962; 27.5.1962, 31.5.1962. Bistumsarchiv Münster, Pfarrarchiv St. Georg, Karton 25.

[38] W. KAMPE, Das Jahr des Konzils, in: Kirche und Leben vom 21.1.1962. Zum folgend vgl. auch DAMBERG, Abschied vom Milieu?, 234f.

zu erklären – löste nun eine so massive Kritik der Leser aus, dass sich die Kirchenzeitung zum ersten Mal in ihrer Geschichte gezwungen sah, auch kritische Stellungnahmen abzudrucken. Ausdrücklich wollte man dadurch den Vorwurf entkräften, die Kirche lasse keine freie Meinungsäußerung zu.

Offensichtlich war hier ein besonders sensibler Nerv getroffen, und zwar über die einzelnen inhaltlichen Wünsche und Forderungen hinaus. Auch wenn die Konzilsankündigung im täglichen Leben der Pfarreien nur wenig Spuren hinterließ, so bildete sich doch langsam im kirchlichen Raum eine neuartige Öffentlichkeit mit veränderten Kommunikationsformen heraus. Möglicherweise trug dazu in paradoxer Weise gerade auch der eskalierende Ost-West Konflikt bei, in dem sich die westliche Identität gerade durch eine freie Öffentlichkeit definierte, wobei dieses Paradigma den Raum der Kirche nicht unberührt ließ.

6. Zusammenfassung

Am Vorabend des Konzils stellt das katholische Kirchenvolk bereits keine geschlossene Einheit mehr dar, wie es die historische Erinnerung vielfach überliefert. Im Laufe der 1950er Jahre beginnt die Zahl derjenigen Katholiken, die nach dem damaligen Standard als „kirchlich“ gelten, unter 50% zu fallen, auch wenn sie weiter an den Passage-Riten festhalten und Kirchensteuer zahlen. Innerhalb der Vereine und Verbände setzt aufgrund nachlassender Attraktivität eine Debatte um ihre Zukunftsperspektiven ein.

An diesem religiösen Klimawechsel ist im besonderen die nach 1940 geborene Generation beteiligt (größere Distanz zur kirchlichen Jugendarbeit, Beichtpraxis, Rückgang der geistlichen Berufe).

Ob und wie die stetig anwachsende Zahl der distanzierten Katholiken die Einberufung des Konzils durch den neuen Papst aufnahm, ist durch kirchliche Quellen nicht zu erfassen. In Frankreich hatten noch 1961 nur 44% aller Katholiken überhaupt vom Konzil gehört.[39] Jedenfalls wurde der Prozess der Distanzierung nicht gestoppt.

---

[39] Papst Johannes an die katholische Presse der Welt: Das Klima für das Konzil schaffen, in: Der Dom 16 (1961) 443.

Im „kirchlichen“ Katholizismus der Pfarrgemeinden und Vereine ist von einer besonderen Erwartungshaltung anlässlich der Einberufung des Konzils zunächst wenig bis gar nichts zu spüren. Die Diözesen nehmen das Thema offenbar in sehr unterschiedlichem Umfang zum Anlass, ihre Gläubigen einzubeziehen. Über bloße Information hinaus, die sich zunächst vor allem auf den „ökumenischen“ Charakter bezieht, ist unter Bezugnahme auf die Erklärungen des Papstes das Bemühen erkennbar, die Gläubigen im Sinne einer gesamtkirchlichen „Volksmission“ in das Konzilsgeschehen einzubeziehen, im persönlichen Leben, aber auch durch Bittandachten und Prozessionen.

Besondere Beachtung verdient – als Ausnahme von der Regel –, dass die Frauen- und Müttervereine mitten aus dem kirchentreuen Kern des Katholizismus heraus öffentlich Desiderate artikulierten. Neuere Untersuchungen in Großbritannien haben aufgezeigt, wie fundamental ein veränderter religiöser Habitus der Frauen seit den 1950er Jahren seither auf die Entwicklung der Kirchen eingewirkt hat.[40] Die Umfrage der Müttervereine und die Reaktionen fügen sich perfekt in diese These, und wären so als Menetekel für folgenden Veränderungen zu deuten.

Im Zusammenspiel von außerkirchlichen und innerkirchlichen Medien, päpstlichen sowie bischöflichen Appellen und Einzelaktionen wie der Müttervereine dürfte allmählich eine gesteigerte Erwartungshaltung unter den kirchlichen Katholiken entstanden sein. Dies spiegelt sich in den Bemühungen der Bistumspresse wieder, vor zu weit gehenden inhaltlichen Hoffnungen zu warnen. Das Gegensteuern hatte jedoch Grenzen, wie der Eklat um das münsterische Bistumsblatt aufzeigte. Es entstand eine neuartige innerkirchliche Öffentlichkeit, die sich nicht mehr zurückdrängen ließ.

Dieser Konflikt verweist exemplarisch auf eine gesteigerte Sensibilität unter den Katholiken hinsichtlich der Informations- und Meinungsfreiheit, die sie mit weiten Teilen der Gesellschaft geteilt haben dürften, wie im Zuge der Spiegel-Affäre zeitgleich mit dem Konzilsbeginn sichtbar wurde. Möglicherweise macht sich auch ein Einfluss des zugespitzten Ost-West-Konflikts bemerkbar, in dem eben diese Freiheit als Kennzeichen des Westens verinnerlicht wird. Der Konflikt lenkte sicherlich auch

[40] C. G. BROWN, The death of Christian Britain. Understanding secularisation, 1800–2000, London 2001.

unmittelbare Aufmerksamkeit von der Konzilsvorbereitung ab, wenngleich die Friedensbotschaften des Papstes im Zeichen der Kuba-Krise möglicherweise auch zu einer Hoffnung auf eine pazifizierende Wirkung des Konzils beitrugen.

Kam das Konzil zu früh, rechtzeitig oder zu spät? Die Antwort hängt davon ab, wen man in erster Linie als Adressaten des Konzils betrachtet. Für die Katholiken, die spätestens seit 1945 mehr und mehr auf Distanz zur Kirche gingen, kam es sicherlich zu spät. Im Blick auf andere Katholiken in Pfarrgemeinden und Vereinen kam es wohl zu früh. Eine krisenhafte Entwicklung war noch gar nicht ins allgemeine Bewusstsein des Katholizismus gelangt, als der Papst das Konzil einberief, das dann freilich auf einen Schlag schon durch eine neuartige innerkirchliche Öffentlichkeit die aufgestauten Probleme erkennbar machte. Freilich wurde es so fortan vielfach in der Erinnerung mit dem Beginn dieser Probleme identifiziert. Wäre das Konzil erst im Jahre 1990 oder gar 2000 einberufen worden, hätte sich diese Perspektive nicht mehr gestellt. Die Antwort auf unsere Frage hätte dann unisono gelautet, es sei zu spät gekommen.

Karl Rahners gerechte Erwartungen ans II. Vatikanum (1959, 1962, 1965)

Günther Wassilowsky, Mainz

Bislang hat die Vatikanumsforschung wenig Genaues über das öffentliche Echo in Erfahrung gebracht, welches die Konzilsankündigung in den verschiedenen Ländern, den einzelnen religiösen, sozialen und kulturellen Großgruppen, der Fachpresse und den Medien hervorgerufen hat.[1] Wer die Reaktion der *breiten Öffentlichkeit* auf die neue Perspektive Konzil beschreibt, führt in der Regel positive Zustimmung, Vertrauen, Erleichterung und Hoffnung auf Erneuerung an. Skeptische Zurückhaltung findet man dagegen häufig den kurialen und allgemein *konservativen Milieus* zugeschrieben. Eine derartige Aufteilung gibt den tatsächlichen Reflex aber nur äußerst plakativ wieder. Es gehört zu den interessantesten ausstehenden Aufgaben zeitgeschichtlicher Vatikanumsforschung, die in den Jahren 1959 bis 1962 gerade von katholischen Eliten abgegebenen Stellungnahmen – von Intellektuellen, von Wissenschaftlern, von Personen des öffentlichen Lebens – ausfindig zu machen, um durch deren Auswertung eine differenziertere Vorstellung von den faktisch gehegten Konzilserwartungen zu gewinnen.[2]

---

[1] G. ALBERIGO, Die Ankündigung des Konzils, in: DERS. / K. WITTSTADT (Hgg.), Geschichte des Zweiten Vatikanischen Konzils, Bd. I, Mainz/Leuven 1997, 1–60, 20–36, zeichnet ein nur sehr vages Bild der Reaktionen. Für eine umfassende Bestandsaufnahme fehlen ihm – wie er selbst einräumt – die notwendigen Vorarbeiten.

[2] Für den italienischen und französischen Sprachraum liegen erste kleinere Aufsätze vor: R. SANI, Gli intellettuali italiani e Giovanni XXIII, in: Humanitas 43 (1988) 204–212; PH. CHENAUX, Les intellectuels français face au concile, in: É. FOUILLOUX (Hg.), Vatican II commence… Approches Francophones, Leuven 1993, 275–287. Für Deutschland fehlen aber bislang einschlägige Untersuchungen. Hochinteressantes Material würde beispielsweise folgende Quelle bereitstellen: Die Zeitschrift *Wort und Wahrheit* veranstaltete 1960 eine Umfrage, bei der sie sich an „mehr als 160 Katholiken deutscher Sprache“ mit der Bitte gewandt hat, eine Stellungnahme abzugeben, was ihrer Meinung nach die „vor-

Auch der folgende Beitrag wird die *terra incognita* des deutschen Konzilsvorfeldes nur an einem Punkt – allerdings an einem durchaus prominenten – erhellen können. Es geht um die konkrete Erwartungshaltung, mit der einer der produktivsten späteren Konzilsakteure dem II. Vatikanum gegenüber getreten ist. Anhand von drei Stellungnahmen, die Karl Rahner gleich einen Monat nach der ersten Ankündigung des Konzils (also 1959), unmittelbar vor (1962) und unmittelbar nach dem Konzil (1965) abgegeben hat, möchte ich zeigen, was dieser „deutsche katholische Intellektuelle" vom Konzil erwartete.

Bei dieser historischen Ermittlung der Rahnerschen Konzilswünsche soll es jedoch nicht bleiben. Vielmehr möchte ich in der Spur des Rahnerschen Realismus der Frage nachgehen, welche Erwartungshaltung dem II. Vatikanum gegenüber ganz grundsätzlich adäquat ist, welche Forderungen wir auch heute noch realistischerweise gegenüber einem Konzil erheben sollten und – daraus abgeleitet – möchte ich einige Vorschläge unterbreiten für die so schwierige Konzilshermeneutik und für eine methodisch kontrollierte Geschichtsschreibung dieses Konzils.

1. „Über das drohende oder in Aussicht stehende Konzil"

Während seiner Innsbrucker Jahre sprach Karl Rahner regelmäßig am Freitagabend über aktuelle Fragen vor den Studierenden der dortigen Fakultät.[3] Von einigen Abenden dieser speziellen

---

dringlichsten Fragen [sind], die sich aus der Situation der Kirche in der Welt von heute dem Konzil stellen" und welche Maßnahmen sie zur „Erreichung der Aufgaben besonders befürworten" würden. Diese Umfrage wollte gezielt die spontane Reaktion dokumentieren, die die Perspektive Konzil bei sehr verschiedenen Personen des öffentlichen Lebens hervorgerufen hat (unter den Befragen sind z.B. H. Dumoulin, I.F. Görres, H. Haag, E. Przywara, R. Spaemann, amtierende Minister, Politiker, Publizisten, Vertreter der Wirtschaft, Konvertiten etc.). Die Rückantworten wurden in einer Enquete veröffentlicht mit dem Titel: Umfrage zum Konzil. 81 katholische Laien und Theologen äußern sich zu den Aufgaben des kommenden Konzils, Freiburg 1961. Weitere zeitgenössische Publikationen, die vorkonziliare Erwartungen von Intellektuellen festhalten, habe ich aufgelistet in: Universales Heilssakrament Kirche. Karl Rahners Beitrag zur Ekklesiologie des II. Vatikanums (IST 59), Innsbruck 2001, 39f., Anm. 52.

[3] Johann Baptist Metz hat einmal über diese Freitagabendkolloquien gemeint, Rahner hätte hier an ganz konkreten Beispielen die Nähe der Theologie zur aktuellen Situation erwiesen, nach dem Motto: „Wie sage ich es dem Mann im D-Zug?": J.B. METZ, Widmung und Würdigung. Karl Rahner, dem Sechzigjäh-

Lehrveranstaltung, die das Vorlesungsverzeichnis mit dem Namen *Quaestiones quodlibetales* führte, existieren studentische Aufzeichnungen. So beherbergt das Karl Rahner-Archiv in Innsbruck z.B. zwei Mitschriften von Rahners freien Ausführungen vom 20. Februar 1959. Sie sind mit dem irritierenden Titel überschrieben: „Über das drohende oder in Aussicht stehende Konzil"[4]. Es dürfte sich hierbei um die frühesten Äußerungen zum II. Vatikanum handeln, die von Rahner schriftlich erhalten geblieben sind. Dort sind also – nicht ganz einen Monat nach der Ankündigung des Konzils durch Johannes XXIII. am 25. Januar 1959 – äußerst spontane und ungeschützte Reaktionen von Rahner festgehalten.

Rahner geht im wesentlichen auf drei größere Fragebereiche ein: (1) die Geschäftsordnung, (2) den Beratungsgegenstand und (3) die Ökumenizität des Konzils.

(1) Zunächst hegt er große Skepsis bezüglich der technischen Durchführbarkeit des Konzils. Damit übernimmt Rahner eigentlich nur Bedenken, wie sie gegenüber den Vorarbeiten zur Wiederaufnahme des I. Vatikanums unter Pius XI. und v.a. unter Pius XII.[5] von römischen Ekklesiologen und Kanonisten wiederholt vorgebracht worden sind. Rahner selbst beruft sich in seinen frei vorgetragenen Gedanken ausdrücklich auf „Kreise in Rom", die der Meinung waren, dass ein Konzil aufgrund der gewachsenen Anzahl der stimmberechtigten Mitglieder viel zu groß sei, um effektive Konzilsarbeit zu gewährleisten. Rahner mutmaßend:

> „Stellen sie sich vor, wie schwierig ein Konzil wird, wenn zweitausend Bischöfe erscheinen, wenn Sie die Titularbischöfe auch noch einladen, kommen sie zu einer Zahl, die technisch nicht mehr handhabbar ist. Wie der Papst über diese technische Schwierigkeit hinwegkommt, müssen wir mal abwarten. [...] Ich weiß es nicht, ich habe keine römischen Drähte. [...] Sie können nicht zweitausend Bischöfe in den Kommissionen und Ausschüssen unterbringen. Was machen

---

rigen, in: DERS. u.a. (Hgg.), Gott in Welt. Festgabe für Karl Rahner, Bd. I, Freiburg 1964, 5*–13*, 7*.

4 Diese maschinenschriftlichen Kopien von ursprünglich stenographisch aufgezeichneten Vorlesungsmitschriften stammen von A. Röper, W. Müller-Welser und K. Woschitz. Das Karl Rahner-Archiv in Innsbruck birgt unter Rahn IV B (Nachschriften von Vorlesungen, Seminaren, Predigten, Gesprächen, Vorträgen) ein ganzes Konvolut solcher Vorlesungsmitschriften zu den verschiedensten Themen. Ich verdanke das Wissen um diese Texte einem Hinweis von Roman Siebenrock.

5 Dazu E. FOUILLOUX, Die vor-vorbereitende Phase (1959–1960). Der langsame Weg aus der Unbeweglichkeit, in: G. ALBERIGO / K. WITTSTADT (Hgg.), Geschichte des Zweiten Vatikanischen Konzils (wie Anm. 1), 61–187, 70–74.

dann die Anderen? Sitzen die in Rom und warten bis sie zu akklamieren haben? Das ist doch auch nicht wahrscheinlich."[6]

Rahner sucht dann nach „anderen Formen", die ein Konzil ersetzen können und denkt schließlich an schriftliche Befragungen, wie sie Pius IX. und Pius XII. im Vorfeld der mariologischen Dogmatisierungen durchführen ließen. Es mag aus heutiger Perspektive erstaunen, dass eine solche Meinung (Konzilien seien mittlerweile ein überholtes Institut) nicht allein von konservativen ‚Papalisten', sondern auch von einem Mann wie Karl Rahner vertreten wurde. Auch wenn man die hier sehr spontan abgegebenen Äußerungen nicht überbewerten und in jedem Einzelpunkt auf die Goldwaage legen dürfen wird – so als handelte es sich um schriftlich elaborierte Ausführungen[7] –, scheint es auf den ersten Blick doch so, als ob Rahner den Wert einer wahren Konzilsdiskussion unter den Teilnehmern verkennen und ein Konzil auf dieselbe Stufe mit einer brieflichen Umfrage unter isolierten Bischöfen stellen würde.

Dabei schließt sich Rahner nicht aufgrund einer überzogenen Primatstheologie[8] dieser Auffassung an, sondern angesichts der aus parlamentstechnischen Gründen beängstigenden Anzahl der etwaigen Konzilsväter.

Im letzten ergibt sich dieser die Konzilien grundsätzlich relativierende Standpunkt aber aus der hier schon anklingenden Rahnerschen Theologie des Konzils, in der er sich nicht wesentlich von den *De ecclesia*-Traktaten der neuscholastischen Dogmatik-Schulbücher seiner Zeit unterscheidet. Nach ihnen ist ein Konzil primär eine Sache des Lehr- bzw. Leitungsamtes der Kirche, die höchste gesetzgeberische und lehrende Instanz, und nicht – wie es viele spätere Konzilstheologien formulieren – „Manifestation", „Ausdruck" oder „Repräsentation" des gesamten Lebens der Kirche. Damit aber ist ein Konzil als solches auch nicht der Wesensstruktur der Kirche zuzurechnen: die Kirche ist nach Rahner zwar notwendig bischöflich-kollegial verfaßt, das heißt

---

[6] Über das drohende oder in Aussicht stehende Konzil, 1.

[7] Bis zu diesem Zeitpunkt hat sich Rahner auch in keiner Arbeit ausführlich mit dem Thema Konzilien beschäftigt. Die vorliegende Vorlesung ist also nicht nur das früheste Vatikanumszeugnis, sondern überhaupt das Älteste, was von Rahner über Konzilstheologie erhalten ist.

[8] Interessanterweise erwähnt Rahner die ansonsten immer angeführte Auffassung, dass die Epoche der Konzilien mit der Definition der päpstlichen Unfehlbarkeit zu Ende gegangen sei, nicht einmal.

jedoch nicht, dass der örtlichen Zusammenkunft dieses Kollegiums ebenfalls ein verfassungsmäßiger Status *iure divino* zukommt.[9]

(2) Große Unklarheit herrschte aber nicht nur in institutioneller Hinsicht, sondern auch in inhaltlichen Fragen. In seiner ersten Ankündigung des Konzils während eines kurzen Konsistoriums in *S. Paulo fuori le mura* hatte Johannes XXIII. nur äußerst sparsam mitgeteilt, welchen Charakter und welches Ziel er sich für ‚sein' Konzil vorgestellt hatte.[10] In der Öffentlichkeit setzte diese Unbestimmtheit wilde Spekulationen in Gang, die für das öffentliche ‚Image' des II. Vatikanums und für den Umgang mit ihm nicht ohne weitreichende Folgen sein werden. Im Unterschied zu vielen anderen, in denen die inhaltlich wenig bestimmte Ankündigung des Papstes große Phantasie entfachte, läßt sich Rahner von Anfang an zu keinen Mutmaßungen über konkretere Beratungsgegenstände des Konzils hinreißen.

(3) Zu den stärksten Debatten hatte die Ankündigung in der Frage nach der Ökumenizität des neuen Konzils geführt.[11] Während der Papst in der ursprünglichen Textfassung noch von einem

---

[9] Eine ganz andere Frage ist die, inwiefern man die örtliche Zusammenkunft der Bischöfe dem Wesen eines *Konzils* notwendig zugehörig betrachtet. In der Bejahung dieser Frage läßt Rahner keinen Zweifel. Wenn es denn ein Konzil geben soll, dann nur als gemeinsame Versammlung. Zu diesem Problemfeld und anderen Antworten auf diese Frage: Y. CONGAR, Konzil als Versammlung und grundsätzliche Konziliarität der Kirche, in: J.B. METZ u.a. (Hgg.), Gott in Welt. Festgabe für Karl Rahner, Bd. II, Freiburg 1964, 135–165. Rahners Position ist also scharf z.B. von dem Vorschlag zu unterscheiden, wie ihn noch im März 1961 Sebastian Tromp, der spätere Sekretär der Theologischen Kommission, vorgebracht hatte. In einem Memorandum plädierte Tromp aufgrund des Größenproblems des Episkopates dafür, die Bischöfe des II. Vatikanums lediglich um briefliche Stellungnahmen zu ausgearbeiteten Texten zu bitten und sie gar nicht erst an einem Ort zu versammeln; dazu J. KOMONCHAK, Der Kampf für das Konzil während der Vorbereitung (1960–1962), in: G. ALBERIGO / K. WITTSTADT (Hgg.), Geschichte des Zweiten Vatikanischen Konzils (wie Anm. 1), 189–401, 370. Einmal geht es um das Wesen der Kirche, das andere Mal um das Wesen des Konzils.

[10] Auch G. ALBERIGO, Die Ankündigung des Konzils (wie Anm. 1), 17, räumt vorsichtig ein, „daß die Bestimmtheit, mit welcher der Papst die eigene Entscheidung vorgestellt hat, nicht immer mit einem ebenso klaren Bild von dem zukünftigen Konzil korrelierte. Charakter und Ziele des Konzils sollten von Papst Johannes allmählich im Laufe der folgenden Monate und Jahre geklärt und vertieft werden, sie sollten außerdem die Spuren der vielschichtigen Auseinandersetzung tragen, die der Ankündigung selbst folgte."

[11] Vgl. ebd., 29–30, 36–46.

„allgemeinen Konzil" gesprochen hatte, führte die offizielle Fassung die in nicht römisch-katholischen Ohren provokantere Bezeichnung „ökumenisches Konzil"[12]. Die von der Konzilsankündigung hervorgerufene Welle ökumenischer Begeisterung, die sich in bestimmten Kreisen in einem regelrechten Wiedervereinigungspathos überschlagen hatte, trug bei vielen Nichtkatholiken zusätzlich zu Verunsicherung und Besorgnis bei. In welchem Sinne, so fragte sich man sich in den Zentren der nichtkatholischen Christenheit, wollen die katholischen Initiatoren ihrem Konzil eine ökumenische Dimension zukommen lassen?

Auch Rahner geht er in seinem ersten (quasi-)öffentlichen Konzilsvortrag auf die Ökumenefrage ein. Rahner hält nichts von naiven Einigungsträumen. Dass es sich bei diesem Konzil um ein Unionskonzil in der Art von Lyon (1274) oder Florenz (1438-1445) handeln könnte, liegt nach seinem Dafürhalten nicht im Bereich des Wahrscheinlichen. Stattdessen sieht er im Konzil in erster Linie das Potential zu einer Klärung der eigenen Position.[13] Das Konzil bietet zunächst die Möglichkeit zu innerkatholischer Selbstvergewisserung.

Rahner hat dann die „ebenso dunkle Frage" nach den einzuladenden Vertretern anderer ‚kirchlicher Gemeinschaften' angeschnitten. Bis zum Oktober 1959, als Kardinalstaatssekretär Domenico Tardini in einer vielbeachteten Pressekonferenz[14] erstmals Klarheit herstellte und die Teilnahme von nichtkatholischen Beobachtern von katholischer Seite für möglich erachtete, hatte diese Frage nach der Beteiligung von Nichtkatholiken am Konzil monatelang die ökumenische Diskussion bestimmt.[15] Für Rahner

---

[12] Einen kritischen Text der Ansprache bietet: A. MELLONI, „Questa festiva ricorrenza". Prodromi e preparazione del discorso di annuncio del Vaticano II (25. Januar 1959), in: RSLR 28 (1992) 607–643.

[13] Das ist auch der Tenor eines Zeitungsartikels von Rahner über einen Vortrag, den Max Lackmann am 29. April 1960 im Rahmen des katholischen Bildungswerkes Innsbruck gehalten hat. Auch darin hebt Rahner hervor, dass das kommende Konzil ein „innerkatholisches Konzil" sein wird, das insbesondere durch die Reformulierung des katholischen Selbstverständnisses der Wiedervereinigung dienen wird: K. RAHNER, Das Bekenntnis eines Evangelischen. Pastor Lackmann: „Der Protestantismus und das ökumenische Konzil", in: Der Volksbote (Innsbruck), Nr. 19, 7. Mai 1960, 7.

[14] Aus dem Vatikan. Die Pressekonferenz Kardinalstaatssekretär Tardinis über das Ökumenische Konzil, in: HerKorr 14 (1959/60) 103–106.

[15] Dazu: J. KOMONCHAK, Der Kampf für das Konzil während der Vorbereitung (wie Anm. 9), 359–369.

ist es von größer Wichtigkeit, dass der katholische Gastgeber die Gesprächssituation eines gleichberechtigten Dialogs herstellt, bei dem die nichtkatholischen Partner nicht nur nicht entwürdigt werden, sondern der Dialog auch für sie einen Anreiz bietet. Um dies zu gewährleisten, schlägt Rahner schließlich vor, eine „Tagung ökumenischer Art unter der Initiative der römischen Kirche anläßlich eines Konzils" abzuhalten. Damit wäre einerseits dem dogmatischen Wesen des Konzils als der höchsten gesetzgeberischen Versammlung der Bischöfe der katholischen Kirche Rechnung getragen, und andererseits der Gefahr gewehrt, die Nichtkatholiken im freundlichsten Fall noch als Zuhörer auf dem Konzils zu dulden. Rahner dürfte allerdings klar gewesen sein, dass der Realisation auch schon eines solchen Vorschlages Schwierigkeiten im Wege standen. Schließlich konnte sich die katholische Kirche nicht einerseits jahrzehntelang verweigern, in ein institutionalisiertes Gespräch mit den anderen christlichen Konfessionen zu treten, und dann selbstverständlich annehmen, dass deren Vertreter einer Einladung zum Konzil nachkommen, wenn noch nicht einmal Klarheit darüber besteht, welche Art der Mitwirkung ihnen dort eingeräumt wird. Angesichts des jahrelang praktizierten Grundsatzes des Heiligen Offiziums, keine offiziellen Beobachter zum Ökumenischen Rat der Kirchen zu entsenden, hätte die plötzliche Einladung zum gleichberechtigten ökumenischen Austausch noch 1959 Erstaunen und Befremden hervorrufen müssen.[16] Aber auch auf Seiten der katholischen Kirche war es noch keine ausgemachte Sache, ob es ihr überhaupt möglich wäre, sich zu einer „Tagung anläßlich des Konzils" mit Vertretern anderer ‚christlicher Gemeinschaften' auf gleicher Augenhöhe an einen Tisch zu setzen.

Ein erstes Fazit: Bereits dieser erste Kommentar ist gekennzeichnet durch das Bemühen Rahners um einen realistischen Blick bezüglich der Chancen und auch der Risiken des angekündigten Konzils. Zusammen mit anderen sieht Rahner Gefahren

---

[16] Die ersten römisch-katholischen Beobachter wurden erst 1961 vom neu eingerichteten Einheitssekretariat zur in Neu-Delhi stattfindenden dritten Generalversammlung des Weltkirchenrates entsandt. Nur dadurch ist eine Einladung von Nichtkatholiken als Konzilsbeobachter möglich geworden. Allgemein zum Verhältnis zwischen Weltkirchenrat und Konzil: PH. CHENAUX, Le Conseil oecuménique des Églises et la convocation du Concile, in: M. LAMBERIGTS / C. SOETENS (Hgg.), À veille du Concile Vatican II. Vota et réactions en Europe et dans le Catholizisme orientale, Leuven 1992, 200–213.

schon allein wegen der problematischen Arbeitssituation für ein Konzil mit über 2000 Teilnehmern und rechtfertigt die Meinung, aus diesem Grund gar kein Konzil mehr einzuberufen, mit Überlegungen, wie der kollegiale Charakter der Kirche verwirklicht werden kann, ohne dass auf die ‚gefährliche' und ‚unpraktikable' Form eines Konzils zurückgegriffen werden müßte. Welche Thematik vorherrschen wird, ist für Rahner vollkommen ungeklärt. Überhaupt spiegeln die vorsichtigen Mutmaßungen in der herangezogenen Quelle die inhaltliche Unbestimmtheit der Ankündigung des neuen Konzils und die unzureichende Informationsarbeit von Beginn der Vorbereitungszeit an. Rahner enthält sich ökumenischer Unionshoffnungen. Stattdessen bedenkt er – im Blick auf die Gefahr katholischer Vereinnahmung – realistische Formen einer konziliaren Mitwirkung von nichtkatholischen Christen.

Im großen und ganzen wird man auf der Grundlage des vorliegenden Dokumentes Rahners erste spontane Reaktion auf die Konzilsankündigung als außerordentlich nüchtern und zurückhaltend, in Teilen gar als besorgt charakterisieren müssen.

2. Der institutionelle Charakter eines Konzils

Gehen wir nun bis an die Schwelle des Konzils ins Jahr 1962: Der akademische Titel des Aufsatzes „Zur Theologie des Konzils" läßt zunächst nicht vermuten, dass sich dort ein Kondensat der Rahnerschen Konzilserwartungen, so wie sie sich angesichts der Geschehnisse im Zeitraum der dreijährigen Vorbereitungszeit entwickelten, niedergeschlagen hat. Der Text wurde erstmals Anfang 1962 in den *Stimmen der Zeit* abgedruckt.[17] Wie sich dem privaten Notizbuch[18] Rahners entnehmen läßt, hat Rahner, während in Rom die Konzilsvorbereitungen voranschritten, von 1960 bis 1962 insgesamt sieben Mal einen Vortrag über das Konzil gehalten.[19] Bevor der Text schließlich als Beitrag in den *Stimmen*

---

[17] SdZ 169 (1962) 321–339; wiederveröffentlicht in: K. RAHNER, Schriften zur Theologie, Bd. V, Einsiedeln 1962, 278–302.

[18] Karl Rahner-Archiv/ Innsbruck: Rahn III E 1.

[19] Da von einem anderen Konzilsaufsatz von Rahner aus dieser Zeit nichts bekannt ist, gehe ich davon aus, dass Rahner immer wieder den Text „Zur Theologie des Konzils" vorgetragen hat. Im Notizbuch findet sich an folgenden Tagen die Eintragung „Vortrag: Das Konzil": 13. Februar 1960 (Diepoldsau/St.

erschien, ist er demnach über zwei Jahre hinweg an verschiedenen Orten in Deutschland, Österreich und der Schweiz vorgetragen, immer wieder ergänzt und überarbeitet worden. Im Januar 1962 macht Rahner im Brief an Herbert Vorgrimler eine Bemerkung, die das Interesse an dieser Stellungnahme noch steigern mag: Die *Stimmen* nehmen „meinen Artikel übers Konzil. Himmel, das kann gefährlich werden.“[20] Welche Standpunkte enthält der Text, dass Rahner sich mit der Veröffentlichung einer Gefahr ausgesetzt sehen mußte?

Die Spekulationen Rahners über das theologische Wesen eines Konzils münden am Ende in Ausführungen über gerechte „Erwartungen an das Konzil“, welche die praktisch-pastorale Zielrichtung dieses Artikels sehr deutlich hervortreten lassen. Bei historischer Lesart, die die Rahnersche Konzilstheologie als Reaktion auf die Geschehnisse im Vorfeld des II. Vatikanums liest, erscheint seine gewissermaßen ‚minimalistische‘ Konzeption in einem Licht, das erst plausibel macht, warum Rahner eine derartige Konzilstheologie hier so vehement vorträgt. Der Text ist zunächst einmal eine massive Kritik an den seit der Ankündigung öffentlich geäußerten euphorischen Konzilserwartungen. Zwei Jahre nachdem Johannes das erste Mal vom Konzil sprach, beobachtet Rahner:

> „Tausend und abertausend Forderungen und Erwartungen werden an das Konzil herangetragen. Wenn man den Großteil dieser Forderungen und Erwartungen mustert, dann sieht man nicht nur: Es wird eine Unsumme von Wünschen und Verhandlungsgegenständen an das Konzil herangetragen, daß es ein Musterkonzil von unabsehbarer Dauer werden müßte [...]. Man sieht [...] auch deutlich [...], daß sehr vieles mindestens im heutigen Augenblick der Geschichte der Kirche und ihrer Entwicklung Gegenstand charismatischen Strebens, der vom Geist Gottes getragenen Bewegung von unten, des noch inoffiziellen Versuches, der erst zu machenden Erfahrung [...] ist, aber nicht etwas, worüber die Kirche des Amtes und des Rechtes, also der Gesamtepiskopat auf einem Konzil überhaupt oder schon jetzt befinden kann.“[21]

Seit Bekanntwerden des Konzilsprojektes baute sich in der kirchlichen Öffentlichkeit eine immer intensivere Erwartungs-

---

Gallen), 14. Februar 1960 (Balgach/St. Gallen), 8. Mai 1961 (Priesterkongregation Innsbruck), 13. Dezember 1961 (Altakademiker Innsbruck), 9. Januar 1962 (Universität Köln), 10. Januar 1962 (Walberberg O.P. und St. Peter/Köln).

[20] H. VORGRIMLER, Kleine Brieffolge aus der Konzilszeit, in: DERS., Karl Rahner verstehen. Eine Einführung in sein Leben und Denken, Freiburg 1985, 171–220, 173.

[21] Zur Theologie des Konzils (wie Anm. 17), 293f.

haltung auf. Zwar versuchten einige wenige offizielle Klarstellungen die erste Desorientierung zu mildern, insgesamt aber ließ sich die in weiten Teilen des Kirchenvolkes in Gang gesetzte Dynamik nicht mehr aufhalten. Auch die schließlich anlaufenden Konzilsvorbereitungen konnten die entfachten Hoffnungen weder bestätigen noch ersticken, denn sie spielten sich weitgehend hinter verschlossenen Türen ab. Und die allgemeine Aufbruchsstimmung der optimistischen Fünfziger Jahre machte auch vor katholischen Kirchenportalen nicht halt. Warum sollte es naiv sein, daran zu glauben, dass die Nachkriegswunder, derer man sich im ungehemmten ökonomischen Progreß gewahr werden konnte, im allmählichen ersten Aufweichen der politischen Blöcke, schließlich im ersten Sieg eines Katholiken bei den nordamerikanischen Präsidentschaftswahlen – warum sollten ähnliche Fortschrittswunder jetzt unter den gütigen Augen des Roncalli-Papstes nicht in entsprechender Weise auch für den Katholizismus insgesamt gewirkt werden? Das bevorstehende Konzil hatte nach Klaus Schatz den Effekt eines „Katalysator[s] sehr unterschiedlicher Erwartungen und Hoffnungen."[22] Ungeachtet der (ohnehin unbekannten) Konzilsplanungen konnten jetzt mit dem Stichwort ‚Konzil' alle möglichen, längst als überfällig empfundenen, kirchlichen Reformdesiderate in Verbindung gebracht und gedanklich durchgespielt werden. Dieser Phantasie suchte Rahner mit seiner Konzilstheologie einhaltend zu begegnen.

Ein weiterer Faktor aus der Vorbereitungszeit mag Rahner den letzten Anstoß zu Ausarbeitung seiner Theologie des Konzils bewogen haben. In den letzten Tagen des Jahres 1961 kommt Rahner durch den Wiener Kardinal Franz König zum ersten Mal mit einem ‚Produkt' der Konzilsvorbereitung in Berührung. Selbst den nüchternen Rahner konnten die ersten vorbereiteten Schemata noch enttäuschen. Die Diskrepanz zwischen dem, was sich das Kirchenvolk über dieses Konzil ausdachte und dem, was seine Vorbereitungsorgane konkret zustande brachten, konnte größer nicht sein.

Vor dem Hintergrund von Rahners Konzilsvortrag irritiert nämlich der Anspruch, den Rahner in den König-Gutachten formuliert. In diesen Briefen an den Kardinal übt Rahner massive Kritik an den bislang erbrachten Leistungen, und es hat den An-

[22] K. SCHATZ, Allgemeine Konzilien – Brennpunkte der Kirchengeschichte, Paderborn 1997, 276.

schein, dass Rahner dort dann doch weit mehr vom bevorstehenden Konzil fordert, als er das gemäß seiner Konzilstheologie eigentlich dürfte. Hier begegnet ein scheinbar widersprüchliches Verhalten, das den gesamten Einsatz Rahners für das Konzil durchzieht: Im Verborgenen bringt Rahner seine ganze Kraft auf, damit das II. Vatikanum das Größtmögliche tut.[23] In der Öffentlichkeit aber warnt er davor, das Konzil zu groß zu nehmen. Zeitlich parallel fordert er vom Konzil einerseits „ein lebendiges und eindrucksvolles Gesamtbild des christlichen Glaubens zu entwerfen, das einem Menschen von heute die christliche Botschaft möglichst unmittelbar nahebringt“[24], anderseits entwickelt er vor Zuhörern und Lesern eine Konzilstheologie, die die Aufgabe eines Konzils auf disziplinäre Weisungen einschränkt. Rahner tut das nicht etwa, um einen vorkonziliaren Defätismus zu schüren. Vielmehr versucht er massiven Enttäuschungen in der Zeit nach dem Konzil vorzubeugen. Ein solches Verhalten läßt sich vermutlich auch mit einem Prinzip ignatianischer Spiritualität erklären, das in Rahners Biographie immer wieder wirkt: nennen wir es das Prinzip *SJ* (das „System Je-nachdem“[25]), oder besser das Prinzip *contra agere*.[26] Wo das Konzil hinter dem, was es leisten kann, zurückbleibt, agiert Rahner mit ganzer Kraft in Richtung einer Steigerung des Niveaus. Auf die kirchliche Öffentlichkeit, die vom Konzil alles erwartet, reagiert er dagegen niveausenkend, indem er die theoretischen Möglichkeiten eines Konzil *a priori* begrenzt.

---

[23] Und seiner Meinung nach tun „diese Schemata [...] nicht alles, was man tun kann“, K. RAHNER, Aus den Konzilsgutachten für Kardinal König, in: DERS., Sehnsucht nach dem geheimnisvollen Gott. Profil – Bilder – Texte, hg. von H. VORGRIMLER, Freiburg 1990, 95–175, 114.

[24] Ebd., 97.

[25] W. LAMBERT, Aus Liebe zur Wirklichkeit. Grundworte ignatianischer Spiritualität, Mainz 1991, 177: „Hundertfach findet sich in den Konstitutionen, in den Briefen und mündlichen Äußerungen von Ignatius die Formulierung ‚je-nachdem‘. Gemeint ist damit, man solle dieses oder jenes so oder so oder auch anders tun, *je nachdem* die Person, die Umstände, die Situation, die Zeit es für gut, passend, angemessen, hilfreich usw. erscheinen lassen.“

[26] In einer berühmt gewordenen Rede, die auch in die Zeit unmittelbar vor Konzilsbeginn fällt, kommt Rahner explizit auf dieses Prinzip zu sprechen. Beim Festvortrag am 1. Juni 1962 auf dem Österreichischen Katholikentag in Salzburg reflektiert er auf einen „unvermeidlichen Antagonismus in der Kirche“, Löscht den Geist nicht aus, in: K. RAHNER, Schriften zur Theologie, Bd. VII, Einsiedeln 1966, 77–90, 86f. Ähnlich schon in: Das Charismatische in der Kirche, in: K. RAHNER, Das Dynamische in der Kirche (QD 5), Freiburg 1958, 38–73, 65.

Rahner unterzieht jene Erwartungen der Kritik, die vom Konzil etwas fordern, was seinem Dafürhalten eigentlich der charismatischen, d.h. der nicht-institutionellen, nicht-amtlichen Dimension der Kirche zukommt. Er schreibt:

> „Es ist von dem Konzil nicht zu verlangen und nicht zu erwarten, dass es gewissermaßen das handelnde Subjekt und die Repräsentanz alles Charismatischen in der Kirche sei. Wer so etwas erwarten oder verlangen würde, handelte töricht und gegenüber dem Konzil ungerecht."[27]

Eine solche konziliare Aufgabenbegrenzung setzt eine bestimmte Auffassung der Struktur von Kirche insgesamt voraus, innerhalb derer dann das Konzilsinstitut seinen Platz zugewiesen bekommt. Rahner unterscheidet grundsätzlich das Amtlich-Institutionelle vom Charismatischen in der Kirche. Die kollegiale Einheit des Gesamtepiskopats mit und unter dem Papst[28] stellt die hierarchisch-amtliche Verfassung der Kirche dar. Das ganze Leben der Kirche erschöpft sich jedoch nicht in dieser christologisch begründeten institutionellen Dimension. Da Gottes freies Gnadenhandeln über den Bereich der institutionell-sakramentalen Vermittlung hinausreicht, erfährt der einzelne Mensch auch unabhängig vom Amt „die charismatischen Wirkungen des Geistes in Gestalt von neuen Erkenntnissen, von neuen Formen des christlichen Lebens für neue Entscheidungen, von denen das Geschick des Reiches Gottes abhängt, Wirkungen des Geistes, die dort in der Kirche ansetzen, wo der Geist selbst es will."[29] Selbstverständlich stehen beide Säulen, das Amt und das Charisma, auf dem vorausgehenden Grund des einen Heilshandelns Gottes. Weil es derselbe Gott ist, der das Amt eingesetzt hat und dem gesamten Volk seinen Geist sendet, daher sind Amt und Charisma strukturell affin und aufeinander bezogen. Allein vom freien Gnadenangebot Gottes hängt es ab, wenn Geistträger und Amtsträger im

---

[27] Zur Theologie des Konzils (wie Anm. 17), 293.
[28] Das Bischofskollegium bildet zusammen mit dem Papst ein einziges höchstes Subjekt kirchlicher Gewalt, das unterschiedliche Ausübungen kennt. Rahner löst so die in den *De Ecclesia*-Traktaten geführte Diskussion über die Anzahl der Subjekte höchster Vollmacht in der Kirche (entweder gibt es den Papst als alleinigen höchsten Vollmachtsträger oder aber es gibt zwei unterschiedene Subjekte: Papst und Bischofskollegium). H. J. SIEBEN, Katholische Konzilsidee im 19. und 20. Jahrhundert (Konziliengeschichte: Reihe B, Untersuchungen), Paderborn 1993, referiert die Positionen der Schulbücher (229–238) und die Lösung Rahners (266–277) ausführlich.
[29] Zur Theologie des Konzils (wie Anm. 17), 287.

Einzelfall in einer Person vereinigt sind. Grundsätzlich jedoch besteht die Kirche aus zwei zu unterscheidenden Momenten, von denen das eine Moment nie vom anderen substituiert werden kann. Daher „darf der Christ weder erwarten noch verlangen, daß das Charismatische, das in der Kirche sein muß, adäquat vom Amt in der Kirche dargestellt werde."[30]
Ein Konzil nun gehört nach Rahner primär der institutionellen Dimension der Kirche an. Dort nämlich „versammelt sich das oberste kollegiale Subjekt der Vollgewalt, die in der Kirche immer existiert, es tritt ein kollegiales Subjekt der höchsten kirchlichen Gewalt zusammen, das immer schon bestand und diese Gewalt schon immer ausübte."[31] Rahner erkennt im Konzil eine spezifische Form der immer geltenden kollegialen Amtsausübung, neben der es andere gibt. Wenn ein Konzil aber eine Versammlung des Amtes ist, und wenn Amt und Charisma in der Kirche nicht grundsätzlich in eins fallen können, dann darf von einem Konzil seinem theologischen Wesen nach auch nicht erwartet werden, dass es die Funktion des Charismas in der Kirche ausübt. Rahner konstatiert: „Es ist auf jeden Fall so, daß ein Konzil die Repräsentation des Amtes in der Kirche und nur insofern die der Kirche ist und darum als Möglichkeit und Aufgabe hat, was des Amtes, und nicht was des freien Charismas in der Kirche ist."[32]

Das heißt aber nicht, dass in dieser ganz vom Amt her konzipierten Konzilstheologie[33] das Charismatische auf einem Konzil

---

[30] Ebd., 288f.
[31] Ebd., 289.
[32] Ebd., 295. Es fällt auf, dass Rahner den Repräsentations-Begriff nur sehr vorsichtig anwendet. Rahner spricht höchstens vom „Konzil als Ausdruck der Struktur der Kirche", ebd., 289, nicht jedoch von einer im Konzil stattfindenden Repräsentation der Kirche als ganzer in ihrer institutionellen und charismatischen Dimension. Die auf dem Konzil versammelten Bischöfe repräsentieren das Charismatische nur im Sinne einer für das Amt immer geltenden „Grundrepräsentanz", ebd., 292, nach der das Amt im Leib der Kirche mit allen anderen Gliedern verbunden ist und auf sie bezogen bleibt. Von der Rahnerschen Ekklesiologie her ist diese „Grundrepräsentanz" durch die „innige, durch Gott selbst geschaffene, objektive und in ihrer Auswirkung auf den Geist der Kirche garantierte Einheit zwischen Hirten und Kirchenvolk", ebd., 291, gegeben.
[33] Auch hier basiert Rahner viel stärker als alle anderen, die sich im Vorfeld des Vatikanums um eine Theologie des Konzils kümmern (vgl. die Zusammenfassungen der Konzepte von Yves Congar, Hans Küng und Joseph Ratzinger bei H. J. Sieben, Katholische Konzilsidee im 19. und 20. Jahrhundert [wie Anm. 28], 253–277), auf der Konzilslehre der neuscholastischen Schulbücher. Rahner

schlechthin gar nicht in Erscheinung tritt. Rahner betont jedoch, dass ein Konzil von charismatischen Voraussetzungen abhängt, die es selbst nicht schaffen oder gar ersetzen kann. Ein Konzil hat das vom Geist in Kirche und Welt bereits Gewirkte zu erkennen und aufzugreifen, amtlich-institutionell zu bestätigen und zu schützen. Die Lehre eines Konzils lebt vom Leben der Kirche, das Konzil muß darin das Geistgewirkte von Bedrohungen evangeliums- und traditionsgemäß scheiden und versuchen, dieses geistgewirkte Leben bestmöglich im Ereignis zu rezipieren und in seinen Dokumenten zu verkündigen, aber ein Konzil verkörpert seinem amtlichen Wesen nach eben nicht selbst das ganze Leben der Kirche.

Im Blick auf die Nachgeschichte des II. Vatikanums zeugen seine Warnungen von geradezu prophetischem Weitblick. In vielen nachkonziliaren Interpretationen scheint sich lange Zeit eine Stimmung erhalten zu haben, die schon durch die Ankündigung ausgelöst wurde, später – abgekoppelt vom faktischen Konzilsverlauf – weiter gedieh und sich im nachkonziliar erzählten ‚Mythos von der großen Wende' selbst tradiert hat. In Anlehnung an Rahners Konzilstheologie möchte ich die These aufstellen, dass überdimensionierte Erwartungen ans Konzil – sowohl vorkonziliar als auch nachkonziliar – von einer Konzilstheologie herrühren, in der der institutionelle Charakter eines Konzils zugunsten des charismatischen stark in den Hintergrund tritt. Auch die Einschärfung des Ereignischarakters des II. Vatikanums kann schnell dazu verleiten, den grundsätzlich institutionellen Charakter von Konzilien zu verkennen und damit eine Tradition fortzusetzen, die das Konzil nur noch als geistgewirktes dynamisches Gegengewicht zur statischen Institution Kirche deutet. Das Amtlich-Institutionelle im Konzilsbegriff jedoch zu berücksichtigen wäre notwendig, um das konziliare Zusammenspiel von Flexibilität und Beharrung, von Dynamik und Statik, eben von Diskontinuität und Kontinuität zu begreifen und explizit thematisieren zu können.

---

versucht, die dort vertretene Auffassung spekulativ zu durchdringen und macht sie fruchtbar in der aktuellen Situation übersteigerter Konzilsansprüche.

3. Die Abhängigkeit eines Konzils von charismatischen Voraussetzungen

Eine Konzilstheologie, die so stark auf die außerkonziliaren charismatischen Voraussetzungen eines Konzils abhebt, wird den Ereignischarakter eines Konzils – nun im Sinne der kontextuellen Eingebundenheit in die historische Situation – in einem viel größeren Maß zur Geltung bringen können, als dies jene Konzepte vermögen, die Konzil und Kirche weithin gleichsetzen und das Konzil als höchste Aktuierung, wesenhafte Vergegenwärtigung, als Repräsentanz der Gesamtkirche begreifen (Hans Küng).[34] Während bei diesen Konzepten die konziliare Bischofsversammlung gleichsam autark den Höchstfall von Kirche verkörpert, ist in Rahners (auf den ersten Blick vielleicht eingeengt erscheinender) Konzilsauffassung der Radius des Konzils zwar enger als der der Kirche insgesamt gezogen, aber gerade weil das Konzil nicht alles ist und alles kann, werden die historische Bezogenheit und auch Angewiesenheit eines Konzils auf äußere vor- und mitzeitliche Entwicklungen viel maßgeblicher gewichtet. Eine stärkere Ableitung des Konzils von der Logik der Situation und des Kontextes ist eigentlich nicht denkbar. Weil in den konzilsexternen charismatischen Voraussetzungen quasi die apriorischen Grenzen für die Möglichkeiten eines amtlichen Konzils liegen, werden die zeitgenössischen wissenschaftlich-theologischen, pastoral-kirchlichen und gesellschaftlichen Errungenschaften geradezu zu Bedingungen *sine qua non* für das Gelingen eines Konzils.

An welche konkreten charismatischen Voraussetzungen denkt Rahner nun im Hinblick auf das kommende Vatikanum? Was hält er auf dieser Basis auf dem Konzil für möglich? Welche Erwartungen erklärt er vor diesem Hintergrund für naiv?

Dem Dogmatiker fällt zunächst einmal die vorkonziliare wissenschaftlich-theologische Arbeit ein. Die oben erwähnte ‚Gefährlichkeit' der Publikation dürfte wohl am ehesten mit dem

[34] Vgl. z.B. den Neuansatz von H. KÜNG, Strukturen der Kirche (QD 17), Freiburg 1963, der von Joseph Ratzinger einer Kritik unterzogen wurde. Ratzinger insistiert gegenüber Küng sehr ähnlich wie Rahner auf den „letztlich sekundären Charakter des Konzils." Das „Konzil ist eine Versammlung im Dienst der Leitung der ganzen Kirche [...] aber eine nachbildende Darstellung der Gesamtkirche braucht und kann das Konzil deshalb noch nicht sein", Zur Theologie des Konzils, ursprünglich in: Cath 15 (1961) 292–304, überarbeitet in: DERS., Das neue Volk Gottes. Entwürfe zur Ekklesiologie, Düsseldorf 1969, 147–170, hier: 161.

schlechten Zeugnis zu erklären sein, das er der Theologie der letzten Jahrzehnte (seine eigene ausdrücklich inbegriffen[35]) ausstellt. Hier waren durchaus Irritationen auf Seiten seiner Kollegen zu befürchten. Dabei will Rahners Urteil keineswegs sämtliche in letzter Zeit unternommenen wissenschaftlichen Bemühungen gering achten. Er bescheinigt der Theologie zwar mangelnde Zeitgenossenschaft, entschuldigt sie aber gewissermaßen durch den Hinweis auf die Rasanz, mit der sehr tiefgreifende Transformationsprozesse in modernen Gesellschaften vor sich gingen. Die Theologie sei heute vor die schwierige Aufgabe gestellt „angesichts einer mit ungeheurer Geschwindigkeit sich wandelnden und die ganze Welt ergreifenden Mentalität des positivistischen, naturwissenschaftlichen, industriellen Menschen"[36] den christlichen Glauben neu zu formulieren. Auf diese Herausforderung habe sich in der wissenschaftlichen Theologie noch keine adäquate Reaktion herausbilden können. Wie sollte man dann vom Konzil eine zeitnahe, auf den modernen Menschen reagierende Glaubensverkündigung verlangen können?

Damit das Konzil tatsächlich eine der aktuellen Problemlage begegnende Verkündigung leisten könnte, dafür hätten bereits in der vorkonziliaren Theologie die gesellschaftlichen Modernisierungsprozesse viel stärker thematisch werden müssen. Rahner nennt hier u.a. den Positivismus, den Materialismus, Relativismus und Pluralismus als die eigentlichen Foren, vor denen sich der christliche Glaube nun zu verantworten habe. Dass diese Phänomene im letzten die Gottesfrage berühren, wird von Rahner angedeutet.[37] Eine konziliare Glaubensverkündigung, die den modernen Menschen in den Blick nehmen will, müßte also die Frage nach Gott selbst aufwerfen. Vom Konzil einen modernen Gottestraktat zu erwarten, hält Rahner aber für völlig abwegig und ungerecht.

Was stattdessen schlägt Rahner als Behandlungsgegenstand für das bevorstehende Konzil vor? Im wesentlichen schränkt er das Konzil auf disziplinarische Gegenstände ein. Den Einwand, damit würde das Konzil auf eine harmlose und nicht sehr weitreichende Wirkung begrenzt, weist er vehement zurück. In einigen

---

[35] „Viele werden es sicher nicht gern hören, und wenn man es sagt, so ist damit auch nicht gemeint, man sei der Ansicht, daß man, wenn man kritisiert, es selbst besser gemacht habe", Zur Theologie des Konzils (wie Anm. 17), 297.
[36] Ebd., 296.
[37] Ebd., 299.

Beispielen versucht er zu zeigen, dass er dem kommenden Konzil trotz aller Begrenzung „große Aufgaben“[38] zuschreibt; aber eben solche, die dem Amt zukommen und von denen man seiner Meinung nach prinzipiell hoffen kann, dass sie erfüllt werden. Rahners erste Reformanliegen gelten der „Dezentralisation der Kirche in größere Territorien hinein.“[39] Weiter denkt er an eine Vereinfachung des Kirchenrechts, an die amtliche Anerkennung vieler Elemente, die bereits in der Liturgischen Bewegung erprobt wurden, an eine Erneuerung des Diakonats und schließlich an eine „Anpassung der Nüchternheits-, Fasten- und Abstinenzgesetze an das heutige Leben“[40].

Viel eher als in Rahners Konzept eine nachlässige Gewichtung der konziliaren Ereignishaftigkeit *ad extra* beklagen zu können, wird man sich fragen müssen, ob Rahner nicht den ‚internen Ereignischarakter‘ eines Konzils zu unterschätzen geneigt ist. Schließt Rahner durch die hohe Bedeutung, die er den vorkonziliaren Voraussetzungen zumißt, nicht aus, dass es auf dem Konzil selbst zu Fortschritten kommen kann, dass vorkonziliare Faktoren dort noch einmal in eine Dynamik geraten, eine Entwicklung vollziehen und durch die konziliare Kommunikation auf eine neue Ebene gehoben werden? Viel wesentlicher als im konziliaren Meinungsbildungsprozeß selbst wurzeln für Rahner die Errungenschaften eines Konzils in einer Basis, die der Geist Gottes bereits vor Beginn des Konzils in Theologie, Kirche und Welt gelegt hat und auf die die Wahrheitsfindung eines Konzils zu rekurrieren angewiesen ist.

Ob sich diese Prognose, was die Potenzen des Konzilsereignisses selbst betrifft, durch die konkrete Konzilserfahrung mit dem II. Vatikanum für Rahner selbst im nachhinein als falsch und als zu minimalistisch erwiesen hat, das wird jetzt beim Blick in eine nachkonziliaren Äußerung festzustellen sein.

Aber unabhängig davon, ob Rahner durch das Erleben des II. Vatikanums eines Besseren belehrt wurde, läßt sich aus der von ihm betonten Dependenz eines Konzils von vorkonziliaren Voraussetzungen eine Forderung an die heutige Vatikanumsfor-

---

[38] Ebd., 302.
[39] Ebd., 300. Die Formulierung „größere Territorien“ ist sehr allgemein; Rahner denkt vermutlich weniger an die Stärkung der Einzeldiözesen als vielmehr an eine gesteigerte Verantwortlichkeit der Gebiete der nationalen Episkopate (bzw. Bischofskonferenzen) und der Patriarchate.
[40] Ebd.

schung ableiten. Viele gemeinhin mit dem II. Vatikanum in Verbindung gebrachte Neuheiten relativieren sich, wenn man längere Zeiträume theologiegeschichtlicher Entwicklung überblickt. Auch auf dem II. Vatikanum sind Neuheiten nicht einfach vom Himmel gefallen. Was die französische Geschichtsschreibung für den Bereich der Sozialgeschichte im Begriff der *longue durée* gefaßt hat, dürfte auch für die Theologiehistoriographie des 20. Jahrhunderts erhellend sein. Gefordert ist eine Lesart des Konzils, die durch eine Perspektivenweitung auf den theologiegeschichtlichen Kontext den sich durchhaltenden Kontinuitätslinien und den vorausgehenden, langsam im weiten Konzilsvorfeld sich anbahnenden Innovationen verstärkte Beachtung schenken kann.

4. Das II. Vatikanum ist ein Anfang

Wer Rahners vorkonziliare Prognosen, seine Berichte während des Konzils und die nachkonziliaren Konzilsinterpretationen miteinander vergleicht, dem wird unverändert in allen drei Textgruppen ein prononciert anti-enthusiastischer Duktus ins Auge springen. Im vor- wie im nachhinein sieht sich Rahner genötigt, Wogen zu glätten und den Gefahren eines schwärmerischen Konzilstriumphalismus zu wehren. Bereits vier Tage nach Abschluß des Konzils – beim Festvortrag zum Konzilsende im Herkulessaal der Münchner Residenz – hält Rahner ein eindringliches Plädoyer, das Konzil nicht als den „Ginsterbusch“[41] zu begreifen, unter dem sich die Kirche nun ausruhen könne. Das Konzil hat der Kirche mehr aufgetragen als abgenommen. Nach Rahner ist das II. Vatikanum der initiierende Anfang für einen Anfang, für den „fast noch alles zu tun“[42] ist.

Rahner hat auch nach dem Konzil vom ihm nicht erwartet, man würde dort eine umfassende ‚Modernisierung‘ der katholischen Kirche entdecken können. Um den Fragen der Moderne auf ihrem Grund zu begegnen, hätte das Konzil ganz andere thematische Gegenstände wählen müssen. Themen, die allerdings unter den praktischen wie theologischen Bedingungen eines Konzils

---

[41] K. RAHNER, Das Konzil – ein neuer Beginn. Vortrag beim Festakt zum Abschluß des II. Vatikanischen Konzils im Herkulessaal der Residenz in München am 12. Dezember 1965, Freiburg 1966, 21.

[42] Ebd., 15.

gar nicht hätten bewältigt werden können. Sehr wohl stellt das II. Vatikanum einen Anstoß und „Wachstumsreiz“ dar, damit sich Kirche und Theologie dem Forum der Moderne zu stellen beginnen. Im Sinne einer ersten Zurüstung und Vorbereitung hat das Konzil für Rahner einer zeitgemäßeren Verkündigung einen wertvollen Dienst erwiesen.

Auch mit dieser Konzilscharakterisierung von Rahner lassen sich m.E. Empfehlungen in der gegenwärtigen konzilshermeneutischen Debatte aussprechen. Die Hervorhebung des Initialen am II. Vatikanum wird beispielsweise einer liberalkatholischen Historiographie, die das II. Vatikanum im Rahmen ihrer *whig interpretation of history* oft als den finalen Kulminationspunkt einer im 20. Jahrhundert sich durchsetzenden modernistischen Reformtheologie begreift, entgegenhalten, dass die katholische Theologie mit dem Konzil nicht zum Ende gekommen ist. Obgleich das II. Vatikanum sehr gerne als ein ‚Konzil des historischen Übergangs‘ klassifiziert wird, ist diese Charakterisierung beim Interpretieren im allgemeinen hermeneutisch viel weniger wirkmächtig geworden, als jene Einordnungen der fortschrittsorientierten Kirchengeschichtsschreibung, die im Konzil den Endpunkt und die siegreiche Erfüllung einer teleologisch aufgefaßten Vorgeschichte erkennt.[43] Dagegen ist mit Rahner das II. Vatikanum nicht als der fulminante Schlußakt eines Dramas – nicht als der *telos* einer zielgerichteten Entwicklung der Theologie im 20. Jahrhundert – aufzufassen, sondern als die irreversible Episode, die bestenfalls einen neuen Anfang innerhalb einer weiteren Handlungskette setzt. Vielleicht erweist sich das II. Vatikanum im Laufe seiner Wirkungsgeschichte als ein Meilenstein; zutiefst ungeschichtlich denkt aber, wer das Konzil als große Wasserscheide oder als Flußmündung darstellen will. Dann aber wird der Vatikanumsinterpret nicht mehr gegen den Eindruck

---

[43] Dass eine teleologische Geschichtsschau nicht nur für den Versuch einer historischen Einordnung des II. Vatikanums keine kritische Basis bietet, sondern überhaupt in der Wahrnehmung der Theologiegeschichte bis 1962 zu problematischen Verzerrungen führt, zu diesem Ergebnis kommen die vom Arbeitskreis „Die deutsche Theologie zwischen den beiden Vatikanischen Konzilien vor den Herausforderungen der Moderne“ vorgelegten Untersuchungen, vgl. insbesondere die Einleitungen zu H. WOLF (Hg.), Die katholisch-theologischen Disziplinen in Deutschland 1870 – 1962. Ihre Geschichte, ihr Zeitbezug (Programm und Wirkungsgeschichte des II. Vatikanums, Bd. 3), Paderborn 1999, 11; DERS. / C. ARNOLD (Hgg.), Die deutschsprachigen Länder und das II. Vatikanum (Programm und Wirkungsgeschichte des II. Vatikanums, Bd. 4), Paderborn 2000, 16.

arbeiten, dass die „Konzilstexte [...] bei näherem Zusehen selbst von vielen tieferen Schichten, mehrdeutigen Anspielungen und Aufgabenbeschreibungen [zeugen] – viel mehr, als daß sie einfachhin fertige Lösungen dokumentieren.“[44]

5. Das „eigentlich geistesgeschichtlich Erstaunliche“ des II. Vatikanums ist seine in Freiheit getroffene gemeinsame Aussage

Auch wenn sich Rahner in seiner nüchternen Haltung dem II. Vatikanum gegenüber grundsätzlich gleich bleibt, ist er in den Äußerungen unmittelbar nach dem Konzil hinsichtlich eines Aspektes doch immer wieder erstaunt und sehr positiv. In Rahners frühen Versuchen, die spezifischen Charakteristika des gerade zu Ende gegangenen Konzils auszumachen, hebt er stets in besonderem Maße die Freiheit der Meinungsbildung hervor, die nach seinem Dafürhalten auf diesem Konzil geherrscht hat. Dass dieser repressionsfreie Diskurs nicht in die Aporie des völligen Auseinanderdriftens von unvereinbar erscheinenden theologischen Positionen geführt hat, sondern stattdessen in einer gemeinsamen Aussage mündete (wozu auch der gemeinsam getroffene Kompromiß oder die gemeinsame Entscheidung zur Nichtbeantwortung einer *Quaestio* gehören), eben dies hält Rahner für das „eigentlich geistesgeschichtlich Erstaunliche und Wunderbare an diesem Konzil.“[45] Am 12. Dezember 1965, beim Festakt in der Münchner Residenz, formuliert er es folgendermaßen:

> „Es war ein Konzil in Freiheit. Ich habe selber gewiß hinter fast alle Kulissen des Konzils geschaut. Ich kenne die Menschlichkeiten, Schwächen, Borniertheiten, Wichtigtuereien und was es sonst noch gibt, wo Menschen eben Menschen sind und gerade so Gottes Werk tun müssen. Aber ich kann bezeugen, es war wirkliche Freiheit da, Freiheit, in der man auf allen Seiten ehrlich bemüht war, Gottes Sache, der Wahrheit und der Liebe zu dienen. [...] Das eigentlich geistesgeschichtlich Erstaunliche und Wunderbare an diesem Konzil in Freiheit

---

[44] So Karl Kardinal Lehmann mit kritischem Blick auf die Konzilsrezeption: K. LEHMANN, Der doppelte Aufbruch – und was nun? Standortbestimmung 30 Jahre nach dem Vaticanum II und 20 Jahre nach der Gemeinsamen Synode, in: A. KÄUFLEIN / T. LICHT (Hgg.), Wo steht die Kirche? Orientierung am Zweiten Vatikanischen Konzil und an der Gemeinsamen Synode (Karlsruher Beiträge zu Theologie und Gesellschaft 1), Karlsruhe 1998, 15–28, 17. Ähnlich im Beitrag des vorliegenden Bandes.

[45] Das Konzil – ein neuer Beginn (wie Anm. 41), 8.

aber besteht darin, daß es ihm gelang, *in* dieser Freiheit zu einer gemeinsamen Aussage und zu einem gemeinsamen Entschluß zu kommen. Das ist heute alles andere als selbstverständlich. Überall, und sogar auf dem Feld der Theologie, kann man heute den bestürzenden Eindruck haben, daß Freiheit zersetzt und machtvolle Tat in Denken und Handeln mit Gewalt erkauft werden muß. Das Konzil hat gezeigt, daß es mit Gottes Gnade nicht so sein muß. Natürlich ist – da und dort – solche Einheit in Freiheit mühsam errungen und gewonnen auch durch Offenlassen von Fragen oder mit etwas, das – auf den ersten Blick – wie ein schlechter Kompromiß aussehen mag. Darum möchte ich auch die skeptischen Kritiker des Konzils in der Kirche und außerhalb ihrer bitten, sich selbst vor aller Einzelkritik zu fragen, wo sonst so etwas wie diese Einheit in Freiheit, in der Tat des Gedankens und der Überzeugung auch heute noch möglich ist, auch in der Dimension der Kirchen und ihrer Theologien. Hier ist ein geistesgeschichtliches Phänomen, das sich aus den ‚ideologischen' und ‚soziologischen' Voraussetzungen der Kirche, soweit sie empirisch greifbar sind, nicht allein erklären läßt. Hier hat sich erwiesen, daß in der Kirche Einheit und Treue zur eigenen Geschichte auch heute nicht in Immobilismus erstarren und daß Freiheit des Denkens nicht zu leerem Gerede und Zerfahrenheit zerrinnen muß."[46]

Die konziliare Freiheit war schließlich auch die Voraussetzung dafür, dass es auf dem II. Vatikanum doch nicht nur zu rein kirchendisziplinären Weisungen gekommen ist. Aus der Offenheit der Meinungsbildung erwuchs nach Rahner die theologische Qualität der Aussagen des II. Vatikanums. In diesem Punkt wird man eine gewisse Korrektur in Rahners Einschätzung der Möglichkeiten eines Konzils erkennen können. Was Rahner gemäß seiner Konzilstheologie und insbesondere nach dem ersten Kennenlernen der vorbereiteten Schemata vorkonziliar nicht zu hoffen wagte, formuliert er – nachdem er auf dem Konzil erlebt hatte, wie die in der Vorbereitungszeit erarbeiteten Entwürfe fielen, das Konzil selbst produktiv wurde und plötzlich eigene Texte hervorzubringen im Stande war – nun als das spezifische Charakteristikum dieses Konzils: Das II. Vatikanum hat durch die Gewährung der Diskursfreiheit dem ‚Charisma der Theologie' Raum geboten. Es hat – freilich in Rückgriff auf die vorkonziliare theologische Arbeit – in einem gewissen Maße selbst Theologie betrieben. Die Freiheit des Denkens und die Freisetzung theologischer Kreativität führte dazu, dass vom II. Vatikanum selbst charismatische Impulse ausgegangen sind, mit denen Rahner auch seinen spezifisch pastoralen Charakter erklärt.[47] Viele Texte des II. Vatika-

---

[46] Ebd., 8f.

[47] „Dieses Konzil ist insofern ein im besonderen Sinne pastorales Konzil gewesen, als es nicht nur die bleibenden Prinzipien der Kirche, ihres Dogmas und

nums sind nicht nur gemeint als Darlegung immer schon geltender Prinzipien, sondern wollen, indem sie die Botschaft auf die konkrete Weltsituation hin reformulieren, selbst eine Art charismatischer Aufruf an die ganze Kirche und Menschheit sein.

Folgt man Rahners Eindruck, was die Freiheit des II. Vatikanums angeht, lassen sich auch hieraus Forderungen an eine adäquate Erwartungshaltung heutiger Vatikanumsinterpreten deduzieren. Zunächst einmal gilt es hervorzuheben, dass ein freigelassener Entstehungsprozess Konzilstexte aus einem einzigen Guß äußerst unwahrscheinlich macht. Wer das Zustandekommen der Dekrete des II. Vatikanums im Detail nachvollzieht, wird auf eine Vielzahl von Texten vor dem Endtext mit ganz unterschiedlichem Status stoßen. Diese Texte, in denen sich sehr verschiedene theologische Entwürfe artikulieren und die wiederum häufig bereits das Produkt eines komplexen Konsensfindungsprozesses innerhalb einer ganzen Gruppe von Konzilsteilnehmern darstellen, haben sich allesamt in den offiziellen Textstufen niedergeschlagen. Zu rechnen ist deshalb grundsätzlich mit „gewachsenen“[48] Konzilstexten. Ihre literarische Form ist wesentlich durch ihre Entstehungsgeschichte bestimmt. Sie tragen die Zeichen des Vor-

---

ihrer Moraltheologie formuliert und darüber hinaus kirchenrechtliche, also gesetzhafte Normen für das Leben der Kirche erlassen hat, sondern den Mut hatte, Weisungen zu geben im Blick auf eine konkrete Situation, Weisungen etwa charismatischer Art, die nicht einfach zwingend aus den Prinzipien, den allgemeinen Normen abgeleitet werden können, Weisungen, die auf die konkrete Situation mit einem gewissen konkreten Imperativ antworten und so die verantwortliche Freiheit der Menschen der Kirche aufrufen“, K. Rahner, Das Zweite Vatikanische Konzil. Allgemeine Einleitung, in: DERS. / H. VORGRIMLER, Kleines Konzilskompendium. Sämtliche Texte des Zweiten Vatikanums, Freiburg 1966, 13–33, 27.

[48] Der Aufsatz von K. RAHNER, Sündige Kirche nach den Dekreten des Zweiten Vatikanischen Konzils, in: Schriften zur Theologie, Bd. VI, Einsiedeln 1965, 321–347, hier 332, ist ein gutes Beispiel dafür, dass Rahners Konzilsrealismus nicht nur konzilstheoretisch bleibt, sondern in seinen einzelnen Konzilsinterpretationen Anwendung findet. Rahner erklärt dort z.B. die mangelnde Ausdrücklichkeit und Ausführlichkeit, mit der *Lumen gentium* seine Aussagen über die „Kirche der Sünder“ trifft, einerseits mit der geringen Entfaltung dieser Lehre in der vorkonziliaren Theologie, andererseits entschuldigt er den Mangel konzilshistorisch mit dem allmählichen „Wachsen“ des Textes *De Ecclesia*: „Das Dekret ist nicht *von vornherein* als gleichmäßiger und systematisch vollständiger Abriß einer ganzen Ekklesiologie konzipiert worden. Es ist in einer gewissen Zufälligkeit langsam gewachsen durch Anreicherung des vorkonziliaren Schemas, das doch von Anfang an nur bestimmte Einzelthemata beantworten wollte, die man in der Römischen Theologie für aktuell hielt, aus der vor allem das vorkonziliare Schema erwachsen ist.“

zugs wie des Preises der konziliaren Freiheit. Wie ein Brennspiegel bilden sie einerseits die faktische Perspektivenmannigfaltigkeit des ganzen Konzils ab. Andererseits zeugen ihre unvermittelten Additionen und offenen Leerstellen von den Differenzen und auch fehlenden Lösungen im freien Meinungsbildungsprozess des Konzils. Die Texte des II. Vatikanums haben eine Geschichte, die jede unkritische Erwartung einer einzigen, den Endtext organisierenden Leitidee zunächst einmal verbietet. Gefordert ist deshalb eine historisch informierte Konzilshermeneutik, die Mischungsverhältnisse und Paradoxien in den Texten zu beschreiben erlaubt, also beispielsweise dabei hilft, Elemente aus der Vorbereitung in den weiteren Textstufen und Denkformen des einen Alternativschemas im anderen zu identifizieren.

Vor dem Hintergrund dieser freien Entstehungssituation wird man mit Rahner die Tatsache für „geistesgeschichtlich erstaunlich“ und vielleicht sogar „wunderbar“ halten, dass es auf dem II. Vatikanum überhaupt zu einem gemeinsamen Ergebnis gekommen ist. Die entscheidende Frage aber wäre dann, wie es genau gelang, dass sich die auf dem Konzil zutage getretenen verschiedenen Theologien und Katholizismen bei bleibenden Meinungsverschiedenheiten doch mit einem gemeinsamen Text identifizieren konnten. Läßt sich in der Tiefe, unter den Differenzen und Brüchen, doch eine Konvergenz der theologischen Entwürfe entdecken? Wenn sich auf dem II. Vatikanum aber tatsächlich eine solche Übereinstimmung in mühsamer (weil freier) Auseinandersetzung ereignet hat, dann wird die Konzilsinterpretation die theologische Tragweite eines solchen Ereignisses nur ermitteln können, wenn sie das bleibend Trennende, das eine gemeinsame Entscheidung aber letztlich doch nicht zu verhindern vermochte, nicht zugunsten einer einzigen Position verschweigt.

Mit dem Gesagten versuchte ich in der Spur des Rahnerschen Realismus einige ergänzende Aspekte in die Diskussion über einen angemessenen Zugang zum II. Vatikanum nach einer vierzigjährigen Rezeptionsgeschichte mit Polarisierungen und Schismata einzubringen. Wenn das Konzil, weil es wesentlich Institution ist, nicht von vornherein das gesamte Wirken des Geistes in der Kirche des 20. Jahrhunderts darstellen muß, wenn das Konzil, weil es natürlicherweise auf theologische Vorarbeit aufbaut, nicht alles neu erfunden haben muß, wenn das II. Vatikanum, weil es in

Freiheit gerungen hat, nicht ein letztes und nicht ein alle Widersprüche aufhebendes Wort gesagt haben muß, dann kann der Blick auf die faktischen Leistungen dieses Konzils auch für die nachkonziliare Generation wieder frei werden.

Das Heranreifen des Konzils in der Vorkonzilstheologie

Peter Henrici, Zürich

Freund und Feind verstehen das II. Vatikanum als grossen Umbruch. Der einen Seite gilt „vorkonziliär" als Tadel, der anderen „nachkonziliär". Auf beiden Seiten nimmt man an, dass in unserer Kirche und in unserer Theologie etwas nicht mehr so ist, wie es vor dem Konzil war. Theologisch gesehen kann an dieser landläufigen Sichtweise etwas nicht ganz stimmen. Ein Konzil dient seinem Wesen nach nicht dazu, grundstürzende Neuerungen in der Kirche einzuführen. Es will vielmehr den überkommenen Glauben neu bezeugen, wenn Irrlehren aufgekommen sind, oder es will in einer kirchlichen Notsituation entsprechende Verhaltensregeln geben. Das II. Vatikanum antwortete weder auf eine kirchliche Notsituation noch formulierte es irgendwelche Verurteilungen oder neue Dogmen. Insofern nimmt es in der Geschichte der Konzilien eine Sonderstellung ein. Nach der programmatischen Eröffnungsrede Johannes' XIII. sollte es vielmehr zukunftsgerichtet die Errungenschaften unserer Zeit nutzen, um „die sichere und beständige Lehre , der gläubig zu gehorchen ist, so zu erforschen und auszulegen, wie unsere Zeit es verlangt."[1]

Schon daraus erhellt, dass die Konzilsväter sich in ihrer Arbeit auf das abstützen mussten, was der Kirche und der Theologie in den Jahrzehnten vor dem Konzil zugewachsen war. Meiner Wahrnehmung nach bestand die Leistung des Konzils vor allem darin, dass es diesen Entwicklungen einen offiziellen, lehramtlichen Status gab – und zwar auch und gerade jenen Entwicklungen, die noch kurz zuvor unter dem Verdacht gestanden hatten, vom rechten Glauben abzuweichen. Darin bestand die Neuheit des Konzils und das für Manche Überraschende. Ich möchte nun versuchen, dieser These einige Plausibilität zu geben, indem ich

---

[1] Deutsch in: M. VON GALLI, Das Konzil und seine Folgen, Luzern/Frankfurt 1966, 27.

mich auf meine persönlichen Erlebnisse mit der Theologie der Vorkonzilszeit abstütze, sowie auf meine Erinnerungen an den Konzilsverlauf. Das Ganze bleibt notwendig rhapsodisch, aus Einzelepisoden zusammengefügt, und sehr persönlich eingefärbt. Doch gerade so darf ich einige Akzente setzen, die vielleicht eine neue Perspektive für das Verständnis des Konzils eröffnen.

I

Allem voran: Die Aussagen des Konzils klangen für uns keineswegs überraschend oder gar umwälzend neu, für uns, die wir unsere theologischen Studien in der unmittelbaren Vorkonzilszeit und nicht in Rom gemacht hatten. Ich hatte in den fünfziger Jahren meine philosophischen Studien an der Jesuitenfakultät in Pullach bei München gemacht und dann die Theologie an einer der beiden Jesuitenfakultäten in Löwen studiert – genau in jenen Jahren, in denen am dortigen südamerikanischen Kolleg die ersten Überlegungen zur Befreiungstheologie gemacht wurden. Ganz überraschend kam für uns dagegen am 25. Januar 1960 die Ankündigung eines Zweiten Vatikanischen Konzils. Es war zwar allen bewusst, dass das I. Vatikanum keinen geordneten Abschluss gefunden hatte, sondern nur durch den Einmarsch der italienischen Truppen in Rom unterbrochen worden war. Nur wenige wagten zu hoffen, dass dieses offen gebliebene Konzil einmal zu seinem Ende geführt werden würde. Die überwiegende Meinung lautete, dass die im I. Vatikanum definierte päpstliche Unfehlbarkeit für alle Zukunft die Einberufung eines Konzils überflüssig gemacht habe. Von der Absicht Papst Pius‘ XII., eine abschliessende zweite Sitzungsperiode des I. Vatikanums einzuberufen, von der mir sein Privatsekretär später erzählt hat, wusste damals praktisch noch niemand.

Auch in anderer Hinsicht müssen wir heute rückblickend sagen, dass Pius XII. der erste Wegbereiter des II. Vatikanums war – nicht nur durch die große Kardinalsernennung von Weihnachten 1946, die das Kollegium der Papstwähler erstmals wirklich international werden liess, und auch nicht nur durch die Berufung von Mgr. Roncalli, der keineswegs als hervorragende Figur im päpstlichen diplomatischen Corps galt, zum Nuntius in Paris – was ihn dann, folgerichtig, als Patriarchen nach Venedig und zum Kardinalat führte. Entscheidender noch sind die Reformschritte, die Pius XII. durch seine drei großen Enzykliken von 1943 und

1947 eingeleitet hat: mit *Mystici Corporis* für das Kirchenverständnis, mit *Divino afflante Spiritu* für die biblischen Studien und mit *Mediator Dei* für die Erneuerung der Liturgie. Hier sind die drei Hauptstoßrichtungen des Konzils bereits vorgezeichnet: Das Verständnis der Kirche als Gemeinschaft der Gläubigen („Wir alle sind Glieder des Mystischen Leibes"), die Eröffnung eines neuen Bibelverständnisses mit der Unterscheidung verschiedener „genera litteraria" (Haupturheber dieser Bibelenzyklika war, wie allgemein bekannt, der Rektor des Biblikums und Beichtvater des Papstes, der nachmalige Kardinal Bea), und schliesslich, mit *Mediator Dei,* die Erneuerung der Liturgie durch eine intensive Mitbeteiligung der Gläubigen – jener „actuosa participatio", die später sprichwörtlich wurde.

Diese letzte der drei Enzykliken war die erste, die sichtbare Auswirkungen zeitigte. Unmittelbar nach ihrem Erscheinen wurde die Erneuerung der Liturgie an die Hand genommen. Schon 1951 konnten wir die Osternacht in erneuerter Form am Abend des Karsamstags feiern, und nicht mehr wie bisher am frühen Karsamstagmorgen. Viele kleinere Neuerungen folgten: die Erlaubnis Abendmessen zu feiern, die Erleichterung der eucharistischen Nüchternheit (was den Kommunionempfang auch in Spätmessen möglich machte), die neue, wiederum von P. Bea besorgte, viel verständlichere Psalmenübersetzung sowie nicht wenige Vereinfachungen des Breviergebets. Nach meiner Diakonatsweihe im Jahr 1958 konnte ich das Brevier bereits in dieser neuen und kürzeren Form beten. Doch schon Mitte der fünfziger Jahre hatte uns der gleiche P. Bea versprochen, die Liturgiereform (die u.a. auch eine neue Leseordnung vorsah) werde in spätestens fünf bis sechs Jahren abgeschlossen sein.

Das Konzil hat da, entgegen der Volksmeinung, nicht eine Revolution bewirkt, sondern eher einen Aufschub. Es war keineswegs ein Zufall, dass die Arbeit des Konzils mit der Reform der Liturgie einsetzte – mit jener Liturgiereform, die dann als symbolisch für die ganze Konzilsarbeit verstanden wurde. Das Material für diese Reform lag ja schon fertig vorbereitet da. An Eigenem haben die Konzilsväter nur die Erlaubnis zur Konzelebration eingebracht sowie zur allgemeinen Einführung der Volkssprache und zur Formulierung neuer (bzw. uralter) eucharistischer Hochgebete. Im Rückblick mag man es bedauern, dass diese Aufsehen erregenden Neuerungen den Blick auf das Wichtigste, nämlich auf die zentrale Stellung des Paschamysteriums, etwas verdunkelt haben – um nicht mehr zu sagen.

Ich möchte nun nicht weiter alle angeblichen Neuerungen des Konzils im Einzelnen durchgehen und aufzeigen, wie sie in der Vorkonzilstheologie bereits angelegt und vorbereitet waren. Ich werde mich hier darauf beschränken drei Grundtendenzen dieser Theologie aufzuzeigen, so wie ich sie in meiner Studienzeit wahrnehmen konnte, und dann einige Hinweise darauf geben, wie diese Tendenzen im Konzil zum Durchbruch gekommen sind.

II

Eine erste und die wohl grundlegendste dieser Tendenzen war ein erneuerter Sinn für Geschichte und Geschichtlichkeit. Das Problem stand seit langem an; es war der Kernpunkt der Auseinandersetzungen rund um den Modernismus. Bezeichnenderweise trägt jene Schrift aus den Kampfjahren, die bis heute immer wieder aufgelegt und in verschiedene Sprachen übersetzt wurde und die somit die weitreichendste Wirkungsgeschichte gehabt hat, den Titel *Geschichte und Dogma (Histoire et Dogme)*.[2]

Im katholischen Raum war die Frage nach der Geschichtlichkeit durch die intensiven historischen Forschungen in der zweiten Hälfte des 19. Jahrhunderts aktuell geworden: durch die Wiederentdeckung der echten mittelalterlichen Scholastik, „wie sie wirklich gewesen ist", durch Kardinal Ehrle, Artur Landgraf, Martin Grabmann, Etienne Gilson, Marie-Dominique Chenu und viele andere; dann durch die Wiederentdeckung der Vätertheologie mit ihrem ganzen Reichtum und in ihrer ganzen Breite – die Väterausgabe *Sources chrétiennes*[3] steht am Ursprung der sogenannten „théologie nouvelle"; schliesslich durch die Entdeckung der reichen geschichtlichen Ausformungen auch der römischen

---

[2] M. BLONDEL, Histoire et dogme, Les lacunes philosophiques de l'exégèse moderne (1904), in: Les premiers écrits de M. Blondel, Paris 1956, 149–228; deutsch: Geschichte und Dogma, Mainz 1963.

[3] *Sources chrétiennes* ist eine von P. Victor Fontoyonont SJ initierte und anfänglich von den PP. de Lubac und Daniélou geleitet Reihe von kommentierten Ausgaben der Kirchenväter. Vgl. dazu C MONDÉSERT, Lire les Pères de l'Eglise dans „Sources chrétiennes", Paris 1988, und K.H. NEUFELD, Christliche Erfahrung und theologische Reflexion, in: Stimmen der Zeit 193 (1975) 270–272, sowie das Vorwort zum ersten Band der Reihe von Jean Daniélou und H. de Lubac, in: GRÉGOIRE DE NYSSE, Contemplation sur la vie de Moïse ou traité de la perfection en matière de vertu, Paris 1942.

Liturgie – Josef Andreas Jungmanns *Missarum sollemnia*[4] soll hier stellvertretend für viele andere Forschungsarbeiten genannt werden.

Der gleichen Tendenz ist auch die Neubewertung der historisch-kritischen Methode in der Bibelauslegung zuzurechnen, die für die katholischen Exegeten lange Zeit keineswegs selbstverständlich war. Als Pionier sei hier der Dominikaner P. Marie-Joseph Lagrange genannt, einst gemassregelt, jetzt Kandidat für eine baldige Seligsprechung.

Um was ging es in diesen Aufbrüchen? Um nicht weniger als um die Geschichtlichkeit der Wahrheit. Konnte man unerschüttert daran festhalten – wie das mancherorts noch bis in die fünfziger Jahre hinein der Fall war –, die katholische Lehre sei in den Verlautbarungen des Lehramts ein für allemal festgeschrieben, und davon abkömmlich auch in den massgeblichen, auf Latein abgefassten und deshalb weit verbreiteten theologischen Lehrbüchern? Musste man sich nicht mit dem Gedanken der Dogmenentwicklung anfreunden und mit der Reformierbarkeit dogmatischer Formulierungen? Während meiner philosophischen Studien stand die Frage nach der Geschichtlichkeit der Wahrheit erst am Rande des Interesses. Ich erinnere mich, dass ich für P. Lotz eine scholastische Disputation (das gab es damals noch) über dieses Thema zu halten hatte, wesentlich inspiriert durch Max Müllers Darstellung der Existenzphilosophie.[5] Für ein Erfassen der wirklichen Probleme des geschichtlichen Seins warfen diese abstrakt-begrifflichen Überlegungen jedoch wenig ab.

Doch in der Theologie wurde dann gleich zu Anfang, in der Fundamentaltheologie, die eng mit der Ekklesiologie verknüpft war, der Frage der Dogmenentwicklung breitester Raum gewährt. Den theologisch am meisten Interessierten empfahl unser Studienpräfekt, P. Léopold Malevez, als erste theologische Lektüre die ersten Kapitel von Henri de Lubacs *Surnaturel*[6] – damals dem verbotensten aller verbotenen Bücher – und dann sein *Corpus*

[4] J.A. JUNGMANN, Missarum sollemnia, Eine genetische Erklärung der römischen Messe, Bde. I–II, Wien 1948.

[5] M. MÜLLER, Existenzphilosophie im geistigen Leben der Gegenwart, Heidelberg 1949.

[6] H. DE LUBAC, Surnaturel, Etudes historiques, Paris 1946. Die ersten Kapitel wurden wieder veröffentlicht in: Augustinisme et théologie moderne, Paris 1965; deutsch: Die Freiheit der Gnade, I. Das Erbe Augustins, Einsiedeln 1972.

Mysticum[7], beides um einen Sinn dafür zu bekommen, wie zu verschiedenen Zeiten und in einem verschiedenen Kontext scheinbar gleichlautende Aussagen theologisch einen ganz anderen, ja entgegengesetzten Sinn haben konnten.

Dieses neue Verständnis für geschichtliche Bedingtheiten und für die Dogmengeschichte wurde für die Konzilstheologie in einem doppelten Sinn von Bedeutung. Einerseits erkannte man, dass die scheinbaren Neuerungen der „nouvelle théologie" und der liturgischen Bewegung in Tat und Wahrheit nichts waren als ein Zurück zu den Quellen – schon der Name *Sources chrétiennes* spricht dafür Bände (im wörtlichsten Sinn). Andererseits ergab sich so für die Konzilsväter die Möglichkeit eines echten „aggiornamento" theologischer Lehraussagen, ohne damit schon einer Geschichtlichkeit der Wahrheit das Wort zu reden. Zwei kleine Anekdoten mögen dies beleuchten. Als manche Konzilsväter zweifelten, ob man die Kirche wirklich als „Volk Gottes" bezeichnen dürfe, lud Papst Paul VI. alle Bischöfe und Kardinäle zu einer Nachmittagsfeier nach Sta. Maria Maggiore ein. Dort hatten sie während der langen Wartezeit ständig den Triumphbogen mit seiner Widmung vor Augen: „Xystus episcopus plebi Dei" (Papst Sixtus für das Volk Gottes). Der Fall war gelöst. Und in der Debatte, ob man wirklich von einer Kollegialität der Bischöfe und schon der Apostel sprechen könne, half ein Hinweis auf die gleichentags gebetete Oration vom Fest des Apostel Matthias weiter: „collegio apostolorum sociasti" – du hast ihn dem Apostelkollegium beigesellt. Bezeichnender noch als diese Episoden ist jedoch die Tatsache, dass einige der hervorragendsten Konzilstheologen, wie Henri de Lubac, Yves Congar und Karl Rahner, ausgewiesene Kenner der Dogmengeschichte waren.

Besonders bedeutsam erwies sich der erneuerte Sinn für Geschichtlichkeit hinsichtlich des Bibelverständnisses. Unmittelbar vor dem Konzil war ein Sturm gegen das Päpstliche Bibelinstitut in Rom entfesselt worden, nicht zuletzt weil dort die historisch-kritische Methode der Bibelauslegung gelehrt wurde.[8] Die-

---

[7] H. DE LUBAC, Corpus mysticum, L'Eucharistie et l'Eglise au moyen âge, Paris [2]1949; deutsch: Corpus mysticum, Kirche und Eucharistie im Mittelalter, Einsiedeln [2]1995.

[8] A. ROMEO, L'enciclica "Divino afflante Spiritu" e le 'opiniones novae', in: Divinitas 4 (1960) 387–456. Sprichwörtlich sind aus diesem Artikel die "brume nordiche" geworden, die angeblich die Sonnenklarheit römischer Theologie verdunkeln.

ser Sturm konnte erst während der Konzilszeit zwar nicht beigelegt, aber wenigstens zur Ruhe gebracht werden. Er hatte zur Folge, dass P. Maximilian Zerwick und P. Stanislas Lyonnet mit einem Lehrverbot belegt wurden – was letzterem erlaubte, seine ganze Zeit für die Beratung der Konzilsväter und für die Vorbereitung der Dogmatischen Konstitution *Dei Verbum* einzusetzen.[9] Diese fasst die Offenbarung Gottes, wie wir das schon in unserem Theologiestudium gelernt hatten, nicht so sehr als eine Übermittlung von Botschaften, sondern vielmehr als eine Heilsgeschichte auf – eine Sichtweise, die sich auch in den anderen Konzilstexten findet. Einer der entscheidenden Vermittler dieser heilsgeschichtlichen Schau war schon in unserer Studienzeit der spätere reformierte Konzilsbeobachter Oskar Cullmann[10] und, von ihm beeinflusst, katholischerseits Jean Daniélou.[11]

III

Damit komme ich zu einem Zweiten. Unser Theologiestudium in Belgien stand in ständigem Dialog mit Werken nichtkatholischer Theologen. Löwen lag da an einem bevorzugten Ort, nicht nur intensiv von Frankreich her beeinflusst. „Wenn es in Frankreich regnet, tröpfelt es in Belgien", pflegte man zusagen. Löwen nahm (vielleicht zum Ausgleich) immer auch die Einflüsse von England und von Deutschland auf. War es ein Zufall, dass ein Löwener Theologe, Mons. Gérard Philips, zum Hauptredaktor der Kirchenkonstitution wurde?

In unseren Vorlesungen lag zumindest für die exegetischen und bibeltheologischen Teile der Rückbezug auf englische oder deutsche, und damit meist nichtkatholische Autoren jedenfalls nahe. Sie waren einfach führend, nicht zuletzt in bibeltheologischer Hinsicht. Das bibeltheologische Standardwerk, der „Kittel", das *Theologische Wörterbuch zum Neuen Testament* war damals

---

[9] Vgl. dazu S. LYONNET, L'elaborazione dei capitoli IV e V della "dei Verbum", in: R. LATOURELLE, Vaticano II. Bilancio e prospettive, Bd. I, Assisi 1987, 152–192.

[10] Namentlich in seinem klassischen Werk: O. CULLMANN, Christus und die Zeit. Eine urchristliche Zeit- und Geschichtsauffassung, Zollikon 1946.

[11] J. DANIÉLOU, Essai sur le mystère de l'Histoire, Paris 1953; deutsch: Vom Geheimnis der Geschichte, Stuttgart 1956.

zwar noch nicht abgeschlossen[12]. Doch die bereits vorhandenen Artikel waren so sehr ständige Referenzpunkte, dass man sich als Student immer wieder bewusst machen musste, dass sie nicht aus katholischer, sondern aus evangelisch-lutherischer Sichtweise abgefasst waren. Wenn Karl Rahner in jenen Jahren öfters eine „Denzinger-Thelogie" kritisierte, um darauf hinzuweisen, dass die katholische Lehrtradition bedeutend weiträumiger sei als die im Denzinger festgehaltenen Auszüge, dann hätte man wohl auch von einer „Kittel-Theologie" sprechen und ihr die umfassendere Sicht beispielsweise der patristischen Bibelauslegung entgegenstellen können.

Es blieb jedoch nicht bei der bibeltheologischen Ökumene. Auch die von der evangelischen Dogmatik aufgeworfenen Fragen wurden wahrgenommen. Karl Barth war fast schon ein Kirchenvater, nahe gebracht durch die einfühlsamen Dialoge, die Hans Urs von Balthasar[13] und Henri Bouillard[14] mit ihm geführt hatten, aber auch durch seine Westschweizer Schüler, nicht zuletzt die Gründer von Taizé. Der Dialog mit den Ostkirchen war dagegen – trotz der Nähe des Klosters Chevetogne mit seiner Zeitschrift *Irénikon* – seltener, aber für mich zumindest an einer Stelle entscheidend. Unser Ekklesiologe, P. Georges Dejaifve, nachmaliger Rektor des Päpstlichen Orientalischen Instituts in Rom, hatte schon 1952 einen Artikel über *Sobornost oder Papsttum* veröffentlicht[15], in dem er die Vorzüge des ostkirchlichen Synodalsystems herausstellte und seine Vereinbarkeit mit der Struktur der römisch-katholischen Kirche aufzeigte – nicht zuletzt auf Grund der Kollegialitätsvorstellungen der Väter des I. Vatikanischen Konzils, wie sie sich in den Konzilsakten zeigt.

Die ökumenische Bewegung als solche wurde dagegen in unseren Studien noch wenig thematisiert, wenn auch die Bände der von Yves Congar betreuten Reihe *Unam sanctam* leicht greifbar in unserer Studentenbibliothek standen und auch gelesen wurden, namentlich sein *Vraie et fausse réforme dans l'Eglise.*[16]

---

[12] G. KITTEL, Theologisches Wörterbuch zum Neuen Testament, Stuttgart 1933 ff. Bis 1959 waren die Bände I–VI erschienen.

[13] H.U. VON BALTHASAR, Karl Barth, Darstellung und Deutung seiner Theologie, Köln/Olten 1951.

[14] H. BOUILLARD, Karl Barth, 3 vol., Paris 1957.

[15] G. DEJAIFVE, Sobornost ou Papauté?, in: Nouvelle Revue Théologique 74 (1952) 355–371, 466–484.

[16] Y. CONGAR, Vraie et fausse réforme dans l'Eglise, Paris 1950.

Diese ökumenischen Öffnungen der katholischen Vorkonzilstheologie haben gewiss nicht weniger zur ökumenischen Prägung des ganzen Konzils beigetragen – weit über die ausdrücklich ökumenischen Texte hinaus – als die Anwesenheit der ökumenischen Beobachter, die ihr bedeutendes theologisches Fachwissen und Gewicht nicht zuletzt durch informelle Kontakte mit den Konzilsvätern und Konzilstheologen in die Debatte einbringen konnten.

Dazu wäre noch Folgendes zu bedenken. Ökumene ist immer auch ein sprachlich-kulturelles Problem, weil sich auch die Kirchenspaltungen in aller Regel entlang sprachlich-kulturellen Bruchlinien ereignet haben. Die deutsch- und englischsprachigen Theologen und Konzilsväter waren nun vom ökumenischen Dialog viel stärker geprägt als jene aus dem französischen, italienischen oder spanischsprachigen Raum. Die Theologie des Konzils aber erwuchs, das ist wohl allgemein bekannt, wesentlich aus der Begegnung zwischen französischer und deutscher theologischer Tradition, und somit, vereinfachend gesagt, aus der Begegnung zwischen der Auseinandersetzung mit evangelisch-reformierter Denkart und der vertieften Beschäftigung mit der Theologie der Kirchenväter. Bei diesen interkulturellen und intertheologischen Begegnungen spielten die theologisch gebildeten Konzilsjournalisten eine nicht unbedeutende, wenn auch meist anonyme Vermittlerrolle. Schon seit 1946 hatte die in Offenburg von Jean Du Riveau begründete deutsch-französische Zeitschrift *Dokumente/Documents* zwischen französischer und deutscher katholischer Geisteswelt zu vermitteln versucht. Einer ihrer Mitherausgeber, P. Mario von Galli, war auch einer der großen Vermittler im Hintergrund des Konzils - eine Vermittlung, die bis in die päpstliche Anticamera hineinreichte. Ähnliches liesse sich von den Theologen und Journalisten um das Pressezentrum *IDOC* sagen, welche täglich ein inoffizielles Konzilsbulletin veröffentlichten und Konferenzen für die Konzilsväter veranstalteten. Von seinen niederländischen Wurzeln her war dieses Pressezentrum ebenfalls nachdrücklich ökumenisch ausgerichtet. Die Geschichte dieses „Konzils hinter dem Konzil“ ist meines Wissens noch wenig erforscht. Es wäre dringlich, dies nachzuholen, solange die letzten Augen- und Ohrenzeugen noch leben.

Eine dritte Einwirkung der Vorkonzilstheologie auf das Konzil ist zugleich die am wenigsten fassbare und die umgreifendste. Es handelt sich um das, was man als „anthropologisch gewendete Theologie" zu beschreiben pflegt, mit einem Ausdruck, der vorab für die Theologie Karl Rahners geprägt wurde. Dabei handelt es sich weniger um eine Wende als um eine notwendige Ergänzung und Akzentsetzung in der Theologie, um die Mitberücksichtigung und den Einbezug des Menschen in allen theologischen Aussagen, oder, wie das *Lexikon für Theologie und Kirche* formuliert, um die „Verstehensausrichtung aller theologischen Aussagen auf den Menschen hin".[17]

In meiner Studienzeit war mir diese anthropologische Ausrichtung zunächst in der neuscholastischen Philosophie in Pullach als „transzendentaler Thomismus" eines Karl Rahner und eines Johann Baptist Lotz begegnet.[18] Angeregt vom Denken Martin Heideggers und von Joseph Maréchals thomistischer „Relecture" Kants (oder vielleicht besser seiner kantianischen „Relecture" des Thomas von Aquin)[19] unterstrichen diese Autoren die Rolle der sich selbst begreifenden Subjektivität nicht nur in der Erkenntnislehre, sondern auch und vor allem in der Metaphysik und damit in unserem ganzen Welt- und Gottesverständnis. Bei Karl Rahner hat dieses anthropologische Apriori später zu seiner anthropologisch akzentuierten Gnaden- und Sakramentenlehre geführt.

Nach dieser ersten, noch sehr scholastisch-formalistischen Begegnung mit einem „anthropologisch gewendeten" Denken, konnte ich dann während dem Theologiestudium in Belgien die echte Maréchal-Schule kennen lernen. Dabei wurde mir deutlich, dass Maréchals Erkenntnis-Metaphysik erst auf dem Hintergrund seiner Mystik-Studien[20] und einer augustinisch interpretierten

---

[17] G. GRESHAKE, Anthropologie, II. Systematisch und theologisch, in: LThK[3], 726–729.

[18] O. MUCK, Die transzendentale Methode in der scholastischen Philosophie der Gegenwart, Innsbruck 1964.

[19] J. MARECHAL, Le point de départ de la métaphysique, Leçons sur le développement historique et théorique du problème de la connaissance, I–V, Louvain/Paris 1923–47, insbesondere V: Le thomisme devant la philosophie critique.

[20] J. MARECHAL, Etudes sur la psychologie des mystiques, Bde. I–II, Bruxelles/Paris 1924–1937.

thomistischen Gnadenlehre entstanden ist – also aus einem theologischen und nicht aus einem ursprünglich anthropologischen Interessen. Zugleich wurde ich ausdrücklicher als zuvor mit der – historisch einzig verwirklichten – Ausrichtung eines jeden Menschen auf das übernatürliche Ziel der Gottesschau konfrontiert – wie das vor allem Henri de Lubac und Henri Bouillard in ihren Thomas-Interpretationen herausgestellt haben.

Neu war mir diese Sichtweise allerdings nicht. Schon vor meinem Ordenseintritt hatte uns Hans Urs von Balthasar mit dieser Problematik der „théologie nouvelle" bekannt gemacht, und meine langjährige Beschäftigung mit der *Action* Maurice Blondels[21] hatte mich an die gemeinsamen Wurzeln von Maréchal und de Lubac herangeführt.

Gemeinsam ist allen drei Richtungen – Rahner, de Lubac und Blondel –, dass sie die strukturelle, von allem Anfang an gegebene Ausrichtung eines jeden Menschen auf die göttliche Selbstoffenbarung in Jesus Christus hervorheben. Rahner verstand diese jedoch als transzendentale Ausrichtung des menschlichen Geistes auf das unendliche Sein, welche den Menschen als „Hörer des Wortes" für eine „kategoriale" Offenbarung empfänglich macht. Im Gegensatz zu diesem grundsätzlich philosophischen und spekulativen Ansatz, stützte sich de Lubac vor allem auf die theologische Tradition der Väterzeit, bis hin zu Thomas von Aquin. Diese sah das Geschöpf Mensch ausnahmslos auf seine (einzig mögliche) Vollendung in der übernatürlichen Teilhabe an Gott, der „Theiosis" ausgerichtet.

Blondel dagegen, von dem de Lubac und Rahner direkt oder indirekt ihre Anregung empfangen hatten, wandte sich in seiner „Philosophie des Konkreten" an jeden einzelnen konkret existierenden Menschen und suchte ihn dialektisch und phänomenologisch zur Einsicht zu bringen, dass sein Leben und Wirken nur gelingen kann, wenn ihm Gott in „übernatürlicher", vom Menschen nicht einforderbarer Weise zu Hilfe kommt. Mit diesen eben angedeuteten Lehrdifferenzen konnten sich die Konzilsväter natürlich nicht auseinandersetzen. Umso nachdrücklicher ist in ihren Aussagen das gemeinsame Anliegen aller drei Richtungen zum Ausdruck gekommen. Es ist meines Erachtens ein doppeltes.

---

[21] M. BLONDEL, L'Action, Essai d'une critique de la vie et d'une science de la pratique, Paris 1893, [3]1973; deutsch: Die Aktion, Versuch einer Kritik des Lebens und einer Wissenschaft der Praktik, Freiburg/München 1965.

Wenn die Ausrichtung auf die Gottesschau oder die Vergöttlichung oder auf eine übernatürliche Gnadenhilfe zum Grundbestand (Rahner sagt: „zum Existential“) eines jeden Menschen gehört, dann gelten zum einen die theologischen Aussagen über den Menschen für alle Menschen und für jeden einzelnen Menschen. Das Konzil hat deshalb in seinen Aussagen sehr oft nicht nur die Gläubigen, sondern alle Menschen im Auge. Jesus Christus, „der Sohn Gottes hat sich in seiner Menschwerdung in gewisser Weise mit jedem Menschen vereinigt“ – diesen Satz aus der Pastoralkonstitution *Gaudium et Spes* (Nr. 22) zitiert Papst Johannes Paul II. unermüdlich. Zum anderen erhält mit der konstitutiven Ausrichtung jedes Menschen auf Gott auch die ganze Welt des Menschen ein solche Ausrichtung und wird damit theologisch bedeutungsvoll. In dieser Beachtung aller Menschen, eines jeden Menschen als solchen und in der Einholung auch der scheinbar profanen Welt in die Heilsgeschichte besteht meines Erachtens die „anthropologische Wende“ des Konzils.

Lassen Sie mich dies noch ein wenig weiter ausführen. Viele Konzilstexte wenden sich nicht nur, wie manche spätere Enzykliken, „an alle Menschen guten Willens“, sie befassen sich auch ausdrücklich mit den Menschen, die ausserhalb der Kirche leben. Es sind dies die eigentlich „neuen“ Aussagen des Konzils, für die es keine geschichtlichen Vorbilder gab, und die denn auch entsprechend umstritten waren: allen voran die Pastoralkonstitution *Gaudium et Spes* und sodann die Erklärungen über die Religionsfreiheit, über die nichtchristlichen Religionen, über die christliche Erziehung und über die Massenmedien. Sie alle sind aus der Sorge für *den* Menschen und damit für alle Menschen erwachsen. In ihnen findet das seinen Ausdruck, was die – weitgehend unausgesprochene – Grundüberzeugung des II. Vatikanums war: der Glaube an den alle Menschen umfassenden allgemeinen Heilswillen Gottes. Das ist vielleicht das Neueste am II. Vatikanum. Noch nie zuvor war der allgemeine Heilswille Gottes, der keinen Menschen ausschliesst, so sehr zum tragenden Gedanken kirchlicher Aussagen geworden wie hier. Es ist nicht von ungefähr, dass sich der Widerstand gegen das Konzil in erster Linie gegen diesen allgemeinen Heilswillen Gottes gerichtet hat – oft verkappt hinter dem Widerstand gegen gewisse liturgische Formen oder gegen eine ökumenische Öffnung.

Für mich war diese Perspektive dagegen keineswegs neu. Schon P. Balthasar war unter uns Studenten wegen seiner Auffassung von der hoffentlich leeren Hölle bekannt, und in unseren theologischen Studien wurde die augustinisch-jansenistische Verengung des Heils auf wenige Auserwählte eindeutig als Irrlehre verurteilt. Man hoffte heimlich darauf, die Kirche möchte doch einmal den allgemeinen Heilswillen Gottes ausdrücklich definieren. Das Konzil hat das nicht getan; doch es setzt diese Wahrheit so selbstverständlich voraus, dass man wohl sagen kann, dass sie fortan zum allgemeinen Glaubensgut der Kirche gehört.

Nochmals zurück zur theologischen Vorbereitung des Konzils. Die Sorge der Konzilsväter um den Menschen, und um den modernen Menschen äußerte sich auch in ihrer Aufwertung der Laien und, damit verbunden, der später so genannten „weltlichen Welt“. Beides war mir von meinem Theologiestudium her vertraut. Yves Congars monumentales Werk *Jalons pour une théologie du laïcat*[22] gehörte zur Pflichtlektüre. Ich erinnere mich noch gut, wie ich mich über den Titel einer Kleinschrift geärgert habe: *Les laïcs aussi sont de l'Eglise* – Die Laien gehören *auch* zur Kirche. Nein, sie *sind* die Kirche, und der Klerus ist für die Laien da. Die Aufwertung der Laien war uns schon seit langem durch Balthasars kleine, viel gelesene Schrift *Der Laie und der Ordensstand*[23] nahe gebracht worden – über die er sich dann mit Karl Rahner entzweite. Die Apostolische Konstitution *Provida Mater Ecclesia,* welche 1947 die Säkularinstitute gutgeheissen hatte, hatte auch die Brücke geschlagen zwischen der Aufwertung der Laien und dem Weltauftrag der Kirche. Diesen Weltauftrag hatten die damals sehr umstrittenen Arbeiterpriester auf ihre Weise zu erfüllen versucht. Von ihnen angeregt beschäftigte man sich mit einer Theologie der Arbeit[24] und mit Gustave Thils‘ *Théologie des réalités terrestres*[25] – alles heimliche Vorarbeiten für die Pastoralkonstitution über die Kirche in der Welt von heute.

---

[22] Y. CONGAR, Jalons pour une théologie du laïcat, Paris 1954.

[23] H.U. VON BALTHASAR, Der Laie und der Ordensstand, Freiburg 1948.

[24] M.D. CHENU, Pour une théologie du travail, Paris 1955. H. RONDET, Eléments pour une théologie du travail, in: Nouvelle Revue Théologique 77 (1955), 27–48, 123–143. Die Bezugnahme auf die Problematik der Arbeiterpriester ist unüberhörbar.

[25] G. THILS, Théologie des réalités terrestres, Bde. I–II, Louvain 1946–49. Hier spielen bereits südamerikanische Erfahrungen mit hinein.

V

Wenn so das Konzil in einer gewissen Vorkonzilstheologie schon weitgehend vorbereitet war, darf man doch nicht übersehen, dass dies nicht *die* Vorkonzilstheologie schlechthin war. Wie schon angedeutet, regten sich auch massive Widerstände gegen alle drei hier dargestellten Grundtendenzen. Alle drei standen, hier oder dort, unter dem Verdacht mangelnder Rechtgläubigkeit. Das Bild der Vorkonzilstheologie, so wie ich sie erlebt habe, wäre nicht vollständig, wenn nicht auch diese Widerstände wenigstens kurz zur Sprache kämen.

Ich erinnere mich noch gut, wie wir im Winter 1946/47 in einem kleinen Kreis von Studenten zusammensassen, um bei einer Tasse Nescafé (damals eine Kostbarkeit) angeregt zu diskutieren. Völlig unerwartet, fast wie eine Geisterscheinung, tauchte plötzlich P. Balthasar in unserem Kreis auf – wir wähnten ihn in Basel und nicht in Zürich. Er eröffnete uns, jetzt sei es soweit, er, P. Daniélou und ihr Lehrer P. de Lubac seien zusammen mit andern der Häresie bezichtigt worden – keine harmlose Sache.[26] Die Geschichte hatte indes auch ihre humorvolle Seite: Auch P. Karl Rahner wurde der häretischen Schule von Fourvière zugezählt – während er doch sein Theologiestudium im erzkonservativen und erzscholastischen Scholastikat der deutschen Jesuiten in Valkenburg gemacht hatte.

Meine Studienjahre blieben dann stets vom Modernismusvorwurf gegen die „théologie nouvelle" überschattet. Wir wussten zwar, dass dieser Vorwurf ungerechtfertigt war, und dass weder de Lubac, noch Blondel, noch Balthasar die echte Gratuität des Übernatürlichen leugneten. Und doch blieb das unerfreuliche Bücherverbot bestehen (das allerdings mit Hilfe verständiger Studienpräfekten umgangen werden konnte), und doch war schon 1950 die Enzyklika *Humani Generis* „über einige gefährliche Tendenzen in der heutigen Philosophie und Theologie" erschie-

---

[26] Ausgelöst worden war die Kontroverse durch eine Besprechung der PP. Nicolas und Labourdette in der Revue Thomiste 1946 (vgl. dazu M.M. LABOURDETTE / M.J. NICOLAS / R.L. BRUCKBERGER, Dialogue Théologique. Pièces du débat entre la „Revue thomniste" d'une part et les rr.pp. de Lubac, Daniélou, Fessard, Von Balthsar sj, d'autre part, Saint Maximin 1947), und dann durch den fulminanten Artikel von P. R. GARRIGOU-LAGRANGE, La Nouvelle Théologie où va-t-elle?, in: Angelicum 23 (1946) 126–145. Vgl. auch H. DE LUBAC, Meine Schriften im Rückblick, Einsiedeln/Freiburg 1996, 59f., 87f., 189f., 220–232.

nen, die uns Jahre hindurch vielleicht weniger Kopfzerbrechen als Bauchschmerzen machte – ähnlich wie nach dem Konzil die viel konziliantere Enzyklika *Humanae vitae*. In den Jahren nach 1952, als ich Repetitor im Germanikum war, trennte dort eine eigentliche Front die „Naturalisten" von den „Supernaturalisten", d.h. die Verteidiger der Lehre von einer „natura pura" von den Anhängern der (nicht immer richtig verstandenen) „théologie nouvelle". Der Anführer der letzteren hat sich später einen Namen gemacht: Hans Küng.

Die Berufung von de Lubac, Daniélou, Karl Rahner und Congar als Konzilstheologen kam in diesem Kontext einer eigentlichen Rehabilitation gleich – die Balthasar damals noch nicht zuteil wurde. Dass diese angeblich so revolutionären Theologen gar keine Revolutionäre waren, bewies ihre ebenso angebliche konservative Wende nach dem Konzil. Sie war gar keine Wende. Die Autoren der „théologie nouvelle" sind nur sich selbst treu geblieben, während sich die Theologie um sie herum verändert hat.

Der Widerstand gegen das geschichtliche Denken trat dagegen erst im schon erwähnten Sturmlauf gegen das Bibelinstitut offen zutage und der Widerstand gegen die Ökumene regte sich erst auf dem Konzil selbst und noch stärker in der Nachkonzilszeit – wohl weil diese oppositionellen Kreise die Ökumene vor dem Konzil anscheinend gar nicht wahrgenommen hatten.

VI

Rückblickend und zusammenfassend wird man sagen müssen, dass es im Konzil mit den drei erwähnten Grundtendenzen um nichts weniger ging als um die Aufarbeitung der Modernismuskrise vom Anfang des Jahrhunderts und um die Überwindung der Antithese Modernismus-Antimodernismus, welche die katholische Theologie bis in die Konzilszeit hinein in Spannung gehalten hatte. Die Widerstände gegen das geschichtliche Denken und die „théologie nouvelle", ja auch noch die nachkonziliären Widerstände der Lefèvre-Gruppe stützten sich auf die klassischen Argumente des Antimodernismus, wie sie in den Schulbüchern tradiert worden waren. Die im Konzil rehabilitierte Theologie hatte dagegen die Anliegen des Modernismus aufgenommen und sie im Sinne der katholischen Tradition beantwortet.

In seiner abschliessenden Bilanz am Ende des Konzils macht einer der berufensten Konzilschronisten, der Konzilstheologe

Yves Congar, zur Methode des Konzils die folgende Bemerkung: „Wenn wir die theologische Methode des Konzils mit einem Wort umschreiben müssten, würden wir auf das Erkenntnisideal Maurice Blondels hinweisen, das er mit einem recht bizarren Wort gegen den „Monophorismus“ durchsetzen wollte.“[27] Als „Monophoristen“, Leute, die alles nur von einer Seite herleiten, hatte Blondel sowohl die Modernisten wie die Antimodernisten bezeichnet, weil sie alles entweder nur vom Menschen oder nur von Gott herleiten wollten. Blondel drängt dagegen auf eine konkrete, geschichtlich und menschlich realistische Erkenntnis, welche einsieht, dass der göttliche und der menschliche Anteil bei jedem Tun untrennbar mit einander verbunden und auf einander angewiesen sind. Eine derart konkrete Theologie, welche Gott und Mensch in ihrer engen geschichtlichen Verknüpfung mit einander sieht, und welche die Anthropologie unlösbar in der Christologie verwurzelt und deshalb vom Menschen nicht ohne Gott, aber auch von Gott nicht ohne den Menschen spricht, hat das II. Vatikanum gutgeheissen und weitergeführt. Damit hat es die Antithese Modernismus-Antimodernismus hoffentlich endgültig überwunden.

---

[27] Y. CONGAR, Un catholicisme rajeuni et ouvert, Bilan et perspectives, in: Informations Catholiques Internationales, 1-1-66, 13. Der Ausdruck "monophorisme" stammt aus einer anti-integralistischen Schrift Blondels: TESTIS (M. BLONDEL), La semaine sociale et le monophorisme, Paris 1910; neu aufgelegt als: Une alliance contre nature: catholicisme et intégrisme, La Semaine sociale de Bordeaux 1910, Bruxelles 2000.

Hermeneutik für einen künftigen Umgang mit dem Konzil

Karl Kardinal Lehmann, Mainz

1. Konzil im Prozess

Alles kommt auf den Anfang und den Ansatz an. Darum ist es notwendig, sich über die Voraussetzungen zu verständigen, wenn man über die Hermeneutik des Zweiten Vatikanischen Konzils spricht. Dabei ist es gut, dass wir heute über das Entstehen des Zweiten Vatikanischen Konzils besser Bescheid wissen als noch vor einigen Jahren. Es ist, nicht zuletzt dank der Forschungen von Giuseppe Alberigo, heute ziemlich klar, dass Papst Johannes XXIII. dieses Konzil vor allem im Blick auf die Zukunft der Kirche gewollt hat. Schon in der Ansprache vom 25. Januar 1959 hielt der Papst ein Konzil für zweckmäßig, da die Kirche im Begriff sei, in eine geschichtliche Phase von außergewöhnlicher Tragweite einzutreten. Später ist von der „Grenzlinie zu einer neuen Epoche" die Rede. Die Akzente wurden dann etwas verschieden gesetzt. Die Einheit der Christen spielte z.B. eine immer größere Rolle.

Der Papst hatte kein fertiges Konzilskonzept. „Ziele und Wesen des Konzils wurden fortschreitend entworfen; sobald etwas als richtig erkannt war, wurde es festgehalten und vertieft in seinen Stärken und Zusammenhängen in der persönlichen Reflexion des Papstes."[1] Dem widerspricht nicht, dass Johannes XXIII. mit großer Beharrlichkeit das Konzilsvorhaben verfolgte. „Papst Johannes wollte ein Konzil des historischen Übergangs, folglich ein Konzil, das der Kirche den Weg weist aus der nachtridentinischen Epoche und in gewissem Maße aus der

---

[1] G. ALBERIGO / K. WITTSTADT (Hgg.), Geschichte des Zweiten Vatikanischen Konzils (1959–1965), Bd. I, Mainz 1997, 38.

jahrhundertelangen konstantinischen Zeit in eine neue Phase des Zeugnisses und der Verkündigung; dabei sollte auf die wichtigen und dauerhaften Elemente der Tradition zurückgegriffen werden, die als geeignet beurteilt wurden, den evangelischen Charakter eines so schwierigen Übergangs zu befruchten und zu garantieren."[2] Man kann diese Zielsetzung nicht genügend hervorheben, denn sie war weder den Bischöfen in der Weltkirche noch der Kurie selbstverständlich. Manche sahen in einem solchen Konzil nur einen Nachtrag zum Ersten Vatikanum. Der Papst war in einem tiefen und unerschütterlichen Glauben an einen solchen Schritt nach vorne überzeugt, befand sich aber nach einem Wort von Yves Congar in einer „institutionellen Einsamkeit".[3]

Für das Verständnis des Konzils ist dieser Ansatz außerordentlich wichtig. In gewisser Weise darf man hier wohl auch einen neuen Akzent bei einem strukturellen Vergleich der Konzile untereinander sehen. Denn dieses Programm unterscheidet sich deutlich von den Einberufungsgründen anderer großer Kirchenversammlungen, wo sehr oft bestimmte Lehr- und Disziplinentscheidungen getroffen werden mussten.[4] In dieser Perspektive, die allerdings ziemlich rückwärts gewandt ist, kann man auch die Bedenken verstehen, die sich gegen eine solche „diffuse" Konzilsidee richteten. Auf jeden Fall erscheint dadurch das Konzil ganz grundlegend als ein Prozess. Natürlich gilt dies zunächst für jedes historische Phänomen, aber im Blick auf dieses Konzil gehört die bewusste Gestaltung dieser Kirchenversammlung als „Übergang" zu einer neuen Zeit doch ganz grundlegend in die Konzeption selbst. So hat sich die Konzilsidee beim Papst selbst immer wieder auch verändert, indem neue Horizonte und Dimensionen eröffnet wurden: „Der Horizont des Papstes scheint sich immer mehr zu weiten, bis ausdrücklich die Menschheit in ihrer Gesamtheit einbezogen wird; nicht nur der missionarische Impuls ist hier entscheidend, sondern auch der immer strenger werdende Einsatz für den Frieden in der Welt."[5] Dafür gab es keinen her-

---

[2] Ebd., 46.

[3] Vgl. ebd., 48. Dies zeigt sich auch noch am Tag der Konzilseröffnung, vgl. dazu K. LEHMANN, Ein kräftiger Anfang. Heute vor vierzig Jahren wurde das Zweite Vatikanische Konzil eröffnet – eine Erinnerung, in: Süddeutsche Zeitung 58 (2002) Nr. 235, 11. Oktober 2002, 13.

[4] Vgl. G. ALBERIGO (Hg.), Geschichte der Konzilien, Düsseldorf 1993, 13ff., 414ff. (Lit.).

[5] G. ALBERIGO (Hg.), Geschichte des Zweiten Vatikanischen Konzils (wie Anm. 1), 44.

kömmlichen „Typ“ des Konzils und darum auch keine direkt brauchbaren Modelle. Freilich konnte Johannes XXIII. das geplante Konzil auch in ziemlich traditionellen Formen beschreiben. Ich möchte diesen Ansatz „Konzil als Prozess“ zum Verständnis des Konzils einer Kennzeichnung als „aggiornamento“, „Modernisierung“ usw. vorziehen oder mindestens gleichstellen.

Von dieser offenen Strukturanlage des Zweiten Vatikanischen Konzils her ergibt sich natürlich auch die hier besonders wichtige Aufgabe, den Verlauf des Konzils und damit die Verwirklichung dieser Konzilsidee sehr genau zu verfolgen. G. Alberigo hat 1992 vor diesem Hintergrund auch das historiografische Projekt der Geschichte des Zweiten Vatikanischen Konzils begründet: „In den hinter uns liegenden Jahren sind zwar Studien über einzelne Entscheidungen des Konzils oder über den einen oder anderen Aspekt seines Verlaufs produziert worden, aber es handelte sich dabei immer um Arbeiten, die nicht aus dem organischen Bemühen um die Kenntnis des tatsächlichen Verlaufs der konziliaren Versammlung erwachsen waren. Dies hat sich dahingehend ausgewirkt, dass einer bloß fragmentarischen Kenntnis der Konzilsarbeit Nahrung gegeben wurde, wobei im Schatten blieb, welch umfassende historische Bedeutung das Zweite Vatikanum gehabt hat, nämlich als Ereignis des Übergangs des Katholizismus – und im großen Ausmaß auch des gesamten Christentums – von einer Epoche in die andere. Überdies hat das Fehlen einer Gesamtschau des Konzils dazu geführt, dass auch ein Impuls von Belang zur wissenschaftlichen Vertiefung der Einsicht in die Erneuerungsbemühungen ausgeblieben ist, denen das Konzil selbst die Richtung gewiesen oder die es selbst angeregt hat. Die Unsicherheiten und die Langsamkeit der Rezeption haben eben darin eine nicht unbedeutende Ursache.“[6]

2. Das Problem von Rezeption und Wirkung

Es scheint mir von großer Bedeutung zu sein, dass man diesen vielfältigen Prozesscharakter des Konzils selbst im Auge behält.

---

[6] G. ALBERIGO, 1962–1992: Dreißig Jahre nach Beginn des Zweiten Vatikanischen Konzils, in: Concilium 28 (1992), 113f. Vgl. F.-X. KAUFMANN / A. ZINGERLE (Hgg.), Vatikanum II und Modernisierung, Paderborn 1996; P. HÜNERMANN (Hg.), Das II. Vatikanum – christlicher Glaube im Horizont globaler Modernisierung, Paderborn 1998.

Dies ist nicht einfach. Man muss nämlich im selben Augenblick in die Vergangenheit und in die Zukunft blicken. Darum erscheinen auch manche Ereignisse und Texte in einer gewissen Zwiespältigkeit. Sie sind wie ein Januskopf, der auch Rätsel aufgeben kann, in welche Richtung man blickt. Gewiss ist dies bei jedem historischen Phänomen ähnlich, aber beim Konzil ist es Programm. Nicht zuletzt deshalb steht auch das Konzil als Ereignis, nicht nur als Textsammlung im Vordergrund.

Wir sind gewohnt, dass wir als Ausgangspunkt für Rezeptionsprozesse eine eindeutige, umgrenzbare und „fixe" Größe haben. Von da aus lassen sich dann die Rezeptionsprozesse sehr viel besser verfolgen, typisieren und vielleicht sogar als „Modelle" kategorisieren. Dies ist beim Zweiten Vatikanischen Konzil anders. Es gibt nicht nur eine sonst nie gekannte Quantität von Texten und ein überaus breites Spektrum an Aussagen, sondern darin auch eine zum Teil recht spannungsgeladene Bewegung. Ich würde jedoch weniger behaupten wollen, damit seien die Texte gleichsam von vornherein „uneindeutig", was dem äußeren Anschein nach zutreffen kann. Lieber würde ich zunächst einmal von der Vieldimensionalität der Texte sprechen. Dies muss jede Hermeneutik, die unabtrennbar von der Rezeption ist, beachten.

Der Rezeptionsbegriff ist sehr anspruchsvoll. Er bezieht sich ja vor allem auf die Adressaten im Verstehensprozess von Lebensäußerungen. Sprecher und Hörer, Text und Leser gehören hier irgendwie immer zusammen. „An der wechselseitigen und prinzipiell offenen Auseinandersetzung im Verstehensakt sind demnach die Vormeinungen und Erwartungen des Rezipienten, seine situative Eingebundenheit in Lebenskontexte und seine Verfahren der Sinnerschließung gleichermaßen beteiligt wie die Vorgaben des Sprechers oder des Textes. Das Vorverständnis des Empfängers darf im Austausch beider Seiten nicht letztlich zu Gunsten einer trügerischen Objektivität als auslöschbar aufgefasst werden, da es dauerhaft mitbestimmend bleibt."[7] Gerade beim Zweiten Vatikanischen Konzil scheint es mir wichtig zu sein, dem Ausgangspunkt, also dem konziliaren Geschehen mit seinen Resultaten, sehr genau nachzugehen. Die Uneindeutigkeit mancher Texte darf nicht zu einem Steinbruch werden, aus dem jeder nachher aus-

---

[7] K. LORENZ, Art. Rezeptionstheorie, in: Enzyklopädie Philosophie und Wissenschaftstheorie III, Stuttgart 1995, 611–613, Zitat 611.

wählt, was ihm passt, sondern man muss die konkreten Bestimmungen der Konzilsaussagen mit ihren Kontexten selbst genau verfolgen. Sonst verlieren sie ihre Normativität. In diesem Sinne scheint mir die historisch-kritische Erschließung des Konzils, wie es durch das fünfbändige internationale Werk unter Führung von G. Alberigo[8] geschieht, auch für eine systematische Fragestellung von großer Bedeutung zu sein. Man darf hier den normativen Ursprung nicht zu schnell überspringen in die Rezeption hinein.

Es kommt noch ein weiteres Element hinzu. Ein Konzil vereinbart Texte, aber dabei bleibt es nicht. Ein Konzil schreibt Geschichte. Überall wird das gegenwärtige und das künftige Leben der Kirche auf vielen Ebenen mitbetroffen. Auch die gewesene Geschichte rückt oft in ein anderes Licht. Dies steigert sich noch, wenn wir im Zusammenhang der Frage der Rezeption die Frage erörtern, wo das Konzil selbst nicht nur positive Errungenschaften gebracht hat, sondern wo seine Verwirklichung auch mit Einbruchsstellen und Mängel verbunden ist. Die Forschung der letzten Jahre hat ja schon deutlich aufgezeigt, dass viele Symptome der kirchlichen Krise, die oft dem Konzil und seinen Folgen selbst angelastet werden, in Wirklichkeit schon vor der Konzilszeit oder während des Konzils zu verzeichnen sind. Ich denke z.B. an den Rückgang geistlicher Berufungen, die Probleme katholischer Medienerzeugnisse, eine gewisse Krise der Verbände usw. Wenn man nicht sorgfältig die verschiedenen Schichten und Horizonte bestimmt, entsteht ein kaum mehr zu entwirrender Knoten recht unterschiedlicher Stränge. Man muss also, gerade um einer gediegenen Rezeption willen, immer wieder zu den Quellen zurück, die hier aber identisch sind mit der großen Baustelle des Konzils. Man muss sorgfältig unterscheiden, in welchem Horizont bestimmte Aussagen ergangen sind. Nur dann ist man in der Lage, dem besonders wichtigen Phänomen der „Horizontverschmelzung“ nachzugehen, um so die Lagerung vieler Schichten und die Staffelungen mehrerer Horizonte – oft in einer Aussage – zu verstehen.[9]

---

[8] Von der deutschen Übersetzung „Geschichte des Zweiten Vatikanischen Konzils“ sind bisher drei Bände erschienen. Die italienische Urausgabe „Storia del Concilio Vaticano II“ (Bologna 1995ff.) wurde 2001 mit dem V. Band abgeschlossen.

[9] Vgl. H.G. GADAMER, Wahrheit und Methode (= Gesammelte Werke 2), Tübingen 1986, 228ff., 239ff.

Ein Konzilstext ist nicht identisch mit dem Elaborat eines Wissenschaftlers. Eine Konzilsaussage hat eigentlich fast immer Konsenscharakter. Mindestens entstammen die meisten Aussagen einem solchen Prozess und tragen die entsprechenden Spuren des Durchgangs durch ihn an sich. Darum handelt es sich oft um Kompromisse, auch wenn es einmütige Abstimmungen waren. Darum sind die Aussagen einzelner Gelehrter oder auch wissenschaftlicher Teams auf ihre Weise eindeutiger und bestimmter. Dies muss kein Mangel lehramtlicher und besonders konziliarer Texte sein, sondern zeigt zunächst nur ihre Eigenart auf, die auch eine Stärke sein kann. Gerade deshalb brauchen aber Konzilstexte eine eigene Hermeneutik. Man muss die Konstellation ihres Zustandekommens und das Verschmelzen verschiedener Horizonte vor Augen haben.

In dieser Hermeneutik geht es zunächst darum, konziliare Texte gerade des Zweiten Vatikanischen Konzils in ihrer umfassenden Komplexität zu lesen. Ein interessengeleitetes Suchen und Auswerten der Texte wird in diesem Horizont fast notwendig eklektisch. Man zitiert von verschiedener Seite, ob konservativ oder progressiv, oft nur Textsplitter. Auslassungen werden oft nicht kenntlich gemacht. Ergänzungen und gar Parallelen mit neuen Akzenten werden nicht beachtet. So werden nur einzelne Teilaussagen verwendet, die im Grunde bloß das Absprungsbrett für Gedanken sind, die man ohnehin schon hat. Dies ließe sich zeigen an den Aussagen z.B. über die Wertung des Atheismus (LG 16; GS 18-22; AG 7), über die oft erörterte „Hierarchie der Wahrheiten“ (UR 11), über Kriterien der Gliedschaft in der Kirche (LG 14) usw. Die innere Vielschichtigkeit zahlreicher Aussagen des Konzils muss den Primat behalten vor aller relativ wenig reflektierten Auswahl oder einer selektiven Wahrnehmung der Texte.

Missverständnisse gibt es jedoch nicht nur wegen einer mehr oder weniger oberflächlichen oder gar willkürlichen Behandlung der Texte. Deswegen darf man auch nicht alles den Rezeptionsprozessen ankreiden. Man darf gewisse Spannungen in den Aussagen des Konzils selbst nicht übersehen. Ein Teil ist sachlich bedingt, wie z.B. zwischen der anerkannten Religionsfreiheit und dem eigenen Wahrheitsanspruch der Kirche, zwischen der Anerkennung eines ekklesialen Status der nichtkatholischen Kirchen sowie kirchlichen Gemeinschaften und der „Subsistenz" der Kirche Jesu Christi in der katholischen Kirche (vgl. LG 8). Hier darf man nicht „einseitig" interpretieren, sondern muss eine sehr komplexe Realität zusammenhalten, die nicht zuletzt auch den Geheimnischarakter von Kirche mit ausmacht. Andere Texte verraten jedoch, dass das Ringen verschiedener Strömungen und Tendenzen auf dem Konzil noch nicht in einer höheren Synthese aufgehoben werden konnte. Dies gilt z.B. für das Nebeneinander von Aussagen des Vaticanum I und des Vaticanum II über den Primat des Papstes, aber auch über die Struktur und das Subjekt der höchsten Vollmacht in der Kirche im Zusammenspiel von Papst und Bischofskollegium. Ähnliche Spannungen lassen sich auch in den Aussagen über das Priesterbild erkennen (vgl. LG 28, PO), in denen neben der Bestimmung des Priestertums von einem umfassenden Verkündigungsauftrag her unverbunden auch andere Elemente wiederum einen Vorrang bekommen, wie z.B. die sazerdotal-kultische Umschreibung. Manchmal kam das Konzil zu Konsensus-Aussagen, die zweifellos einen großen Raum wahrer Gemeinsamkeit zum Ausdruck bringen, jedoch nicht darüber hinwegtäuschen dürfen, dass hier eher Abgrenzungen nach verschiedenen Seiten aufgestellt worden sind und nicht schon gültige Antworten gegeben werden konnten.

Dies kann soweit gehen, dass das Konzil noch keine Lösung für ein Problem unmittelbar formulieren kann, aber nach mehreren Seiten hin so etwas wie Leitplanken aufstellt, die nach außen hin abgrenzen, um besser den inneren Raum zu markieren, innerhalb dessen die Lösung erst noch gefunden werden muss. Ich glaube, dass dies neben dem schon erwähnten Beispielen auch z.B. bei den wichtigen Ausführungen in der Dogmatischen Konstitution „Dei Verbum“ zu den Fragen der Inspiration und der Irrtumslosigkeit der Heiligen Schrift gilt.

Im Übrigen kommt hier die Differenz von Lehramt und Theologie gut zur Anschauung. Ein Konzil kann viele anstehende theologische Fragen nicht ausreichend lösen. Es ist hier freilich auch abhängig von der Theologie der jeweiligen Zeit. Das Konzil von Trient konnte deshalb entscheidende Elemente z.B. einer Theologie des Bischofsamtes nicht realisieren. Dies kann Konzilien nicht angelastet werden, weil dies nicht ihre unmittelbare Aufgabe ist, besonders bei einer Funktionsdifferenzierung von Lehramt und Theologie, wie dies heute möglich und notwendig ist. Die Theologie sollte aber im Gefolge solcher unerledigt gebliebener Aufgaben diese auf ihre eigene Verantwortung hin mutig aufnehmen und weiterführen, wie es nach dem Zweiten

Vatikanischen Konzil auch in weiten Teilen geschehen ist. Dabei muss die Theologie zum Teil weit über die konziliaren Texte hinausgehen. Ich erwähne als Beispiel die sehr wenigen Aussagen zur Pfarrei innerhalb der konziliaren Ekklesiologie und die intensiven Bemühungen in der nachkonziliaren Ära um eine Theologie der (Einzel-)Gemeinde.

Gerade weil das Konzil in der Art des lehramtlichen Sprechens einen neuen Stil wählte und sich nicht mit der Verurteilung abweichender Lehren begnügen wollte, muss diese vielschichtige, spannungsreichere und offenere Struktur der Aussagen stärker beachtet werden. Dies zeigt allerdings auch, wie schwierig in nicht wenigen Fällen ein bloßes Festschreiben, eine Kanonisierung oder manchmal auch ein Umsetzen der konziliaren Sprache in z.B. Rechtsterminologie bleiben, wenn die aufgezeigte Struktur nicht zur Geltung kommt. Wenn es richtig ist, das Konzil zwischen Überlieferung und Erneuerung, zwischen Tradition und Innovation zu verorten, dann muss auch sorgfältig darauf geachtet werden, wie das Vaticanum II im Licht der umfassenderen Glaubenstradition der Kirche verstanden werden muss. Eine solche Sicht bedeutet keine Einebnung des neuen Aufbruchs und neuer Perspektiven, auch nicht eines wachsenden Glaubensverständnisses und einer fortschreitenden theologischen Reflexion. Wohl aber verbietet ein solcher Grundsatz z.B. das Übergehen früherer Konzilsentscheidungen, die das Zweite Vatikanische Konzil nach seinem eigenen Verständnis ergänzen. Es besteht ja kein Zweifel, dass das Konzil mithilfe der Hl. Schrift, der Theologie der Väter, verschiedener theologischer Schulen und mit den Zeugnissen der Spiritualität manche eng geführte theologische Position aufbrechen konnte. Dabei darf der Rang der liturgischen Überlieferung nicht vergessen werden. Hier konnten oft nur neue, bisher sogar vernachlässigte Quellen Engpässe in der Konzeption und im Verstehen aufsprengen. Dies war glänzend vorbereitet worden durch die liturgiegeschichtliche Forschung bis zum Konzil.

Gerade die Überlieferung im Sinne des theologischen Traditionsprinzips hat nicht nur einen bewahrenden Charakter, sondern schränkt dies ein auf die wirklich verbindliche Überlieferung, die außerdem – gerade wenn sie in ihrer ganzen Breite aufgenommen wird – innovatorische Impulse enthält. Viele Elemente der konziliaren Erneuerung verdanken sich der Wiederentdeckung des biblischen, patristischen und spirituellen Erbes der Kirche sowie dem neuen Gewicht, das ursprüngliche liturgische Formen (wieder) bekamen. Wenn dies besser beachtet würde, dann würde man auch Anschauungen kritischer begegnen, die im Konzil einen totalen Neubeginn sehen, einen Bruch zwischen der „vorkonziliaren“ und der „nachkonziliaren“ Kirche erblicken wollen oder im Zweiten Vatikanischen Konzil eine Wiederentdeckung des ursprünglichen Evangeliums sehen wollen, das vorher weitgehend verdunkelt oder gar verdeckt gewesen sei. Das Zweite Vatikanische Konzil steht zweifelsfrei in der Tradition aller bisherigen Konzilien. Dass auch neue Anstöße, wie z.B. aus der Ökumene, wirksam wurden, ist ebenso wenig zu bestreiten wie die Einwirkung pastoraler Erfahrungen.

Interpretationen, die sich auf ausgewählte Textsplitter, einzelne Perspektiven beschränken oder im Vaticanum II einen totalen Neubeginn mit fortwährend sich überstürzender Dynamik sehen, sind nicht selten der Gefahr erlegen, sich auf den „Geist“ des Konzils mit, ohne oder auch gegen den Buchstaben zu berufen. Der „Buchstabe“ und der „Geist“ des Zweiten Vatikanischen Konzils gehören zusammen und lassen sich nicht voneinander trennen. Die Härte und Bestimmtheit der einzelnen Aussagen gehört in den weiten und offenen Horizont des Ganzen, wie umgekehrt sich der Geist des Ganzen im Detail bewährt und konkretisiert.

Viele Missverständnisse und Irrwege in der Rezeptionsgeschichte des Konzils entspringen auch einem verhängnisvollen Dualismus zwischen einer ausschließlich „pastoralen“ Sicht der Wirklichkeit und dogmatischen Aussagen. Nun gibt es gewiss eine legitime Differenz zwischen Theorie und Praxis, in ihrer Konsequenz auch zwischen pastoraler Perspektive und dogmatischen Prinzipien. Das auf die Menschen in der heutigen konkreten, individuellen und gesellschaftlichen Situation bezogene theologische Sprechen kann man „pastoral“ nennen. Es steht so in keinem wirklichen Gegensatz zu einem verantwortlichen dogmatischen Denken. Im Gegenteil, „pastoral“ meint das Geltendmachen der bleibenden Aktualität des Dogmas. Gerade weil das Dogma wahr ist, muss und kann es immer wieder neu lebendig zur Wirksamkeit gebracht werden, muss man es pastoral auslegen. Es strebt von selbst in seiner Geltung in die Gegenwart.

Zweifellos gibt es im konziliaren Geschehen das Wehen des Gottesgeistes. Dieser kann gewiss nicht gegenständlich ausgemacht werden. Er ist und bleibt unverfügbar. Aber zweifellos bezeugt er im konziliaren Geschehen auch seine innovatorische Kraft. Gewiss kann nicht jede „Neuerung“ unmittelbar auf ein pneumatisches Wirken zurückgeführt werden. Aber manche

Durchbrüche haben doch wohl etwas mit dieser erneuernden Dynamik des Gottesgeistes zu tun. Es ist z.B. heute noch überraschend, in welcher Weise die Aussagen über die Wirksamkeit des Heilswillens Gottes, besonders den Nichtchristen und auch den Nichtglaubenden gegenüber, als beinahe selbstverständlich vom Konzil angenommen worden sind, obgleich dies theologisch nur bedingt vorbereitet war. Hier spielte die Deutung der Lebenswirklichkeit und der täglichen Erfahrungen, vor allem auch der Bischöfe aus Mittel- und Osteuropa, eine wichtige Rolle. Dabei hat jedoch niemand den Atheismus und gerade den militanten Atheismus verharmlost.

4. Konkretisierungen

Die Geschichte der Rezeption ist auch zugleich die Geschichte der Verweigerung von Rezeption oder einfach einer nicht stattfindenden Rezeption. Wir brachten schon Beispiele. Dabei gibt es nicht nur eine Distanzierung von weniger geglückten Aussagen, wie z.B. das Dekret „Inter mirifica“ über die sozialen Kommunikationsmittel, das bald durch die Verlautbarung „Communio et progressio“ (1971) abgelöst und faktisch ersetzt wurde. Es gibt aber auch Texte, die eine hohe Qualität haben und bis heute in manchen Partien wenig rezipiert worden sind, wie z.B. die Offenbarungskonstitution „Dei Verbum“[10]. Auch die Kirchenkonstitution ist streckenweise nur sehr selektiv rezipiert worden. Bei den wichtigen Kapiteln V bis VIII muss fast Fehlanzeige erstattet werden.

Darum ist es notwendig, nicht nur einzelne Rezeptionsmodelle, die es in hoher Trennschärfe wohl auch gar nicht so leicht zu unterscheiden gibt, zu behandeln, sondern man muss alle oder wenigstens die wichtigsten Texte auf ihre jeweilige Wirkungsgeschichte hin verfolgen, wobei die regionalen Unterschiede und Akzentuierungen nicht zu vergessen sind. So wäre etwa die Rezeption in Lateinamerika durch die Dokumente von Medellín

[10] Vgl. B. CALATI u.a., Un documento dimenticato, la „Dei verbum“, Reggio Emilia 1984; Concilii Vaticani II Synopsis, „Dei verbum“, hrsg. von F.G. HELLIN, Vaticano 1993.

1968 eine eigene Aufgabe. Dies kann hier selbstverständlich nicht einmal im Ansatz erfolgen.[11]

Stattdessen soll hier wenigstens noch ein Blick auf eine besondere Verlautbarung des Konzils geworfen werden. Dies ist die Pastoralkonstitution „Gaudium et spes“, die schon als „literarisches Genus“ konzilsgeschichtlich ein Novum darstellt, was gewiss auch mit der eingangs erörterten Aufgabe des Konzils zu tun hat. Sie bringt die konziliare Öffnung der Kirche zur Welt von heute unübersehbar deutlich zum Ausdruck.[12]

Mit diesem Text wurde eine grundlegende Aussage gesucht, die das Thema der Begegnung von Christentum und moderner Welt auf dem Boden des katholischen Glaubensverständnisses behandelt. Dabei zeigten sich viele Schwierigkeiten: belastete Geschichte, Suche nach einer angemessenen Sprache und nach adäquaten Modellen, Ermüdungserscheinungen in der häufigen Überarbeitung eines großen Dokumentes. Schließlich zeigten sich schon unter den Theologen und Bischöfen neue, bisher weniger in Erscheinung getretene Frontstellungen. Die Phalanx der „Progressiven“ brach langsam auseinander. Dennoch kam nach langen Bemühungen (Schema XIII, Schema XVII) ein überraschend guter und differenzierter Gesamttext zustande, für den es allein in der letzten Phase 20.000 Abänderungsanträge gab. Am letzten Tag des Konzils, dem 7. Dezember 1965, stimmten 2.309 Konzilsteilnehmer mit Ja- gegen 75 Nein-Stimmen.

Eine dualistische Frontstellung von Kirche und Welt wird weitgehend überwunden. Die irdischen Dinge erscheinen in ihrer „sachgerechten Eigengesetzlichkeit“. An wichtigen Themen wird dies exemplarisch durchgeführt: Ehe und Familie, Krieg und Frieden, Kultur und Wissenschaft, Glaube und technischer Fortschritt, Menschenwürde und Menschenrechte. Manche Passagen sind bis heute wenig beachtet, andere durch viele Dokumente fortgeschrieben, wie z.B. die Verlautbarungen zum Frieden. Auch methodisch hat die Pastoralkonstitution viele Aufgaben, die nur bedingt wahrgenommen wurden, gestellt: Kriteriologie für die

---

[11] Vgl. G. ALBERIGO / J. P. JOSSUA (Hgg.), La réception de Vatican II, Paris 1985. Vgl. auch R. LATOURELLE (Hg.), Vaticano II. Bilancio e prospettive 1962/1987, 2 Bde, Assisi 1987.

[12] Vgl. „Zwischen Hoffnung und Angst hin und her getrieben.“ Die nachkonziliare Aufnahme der Pastoralkonstitution über die Kirche in der Welt von heute (Zusammenfassung), in: Berichte und Dokumente 101, hrsg. vom Generalsekretariat des Zentralkomitees der deutschen Katholiken, Bonn 1996, 9–12.

„Zeichen der Zeit", Rolle von Erfahrung und Empirie, induktive Methode, Frage der Denkformen, Problematik einer „Pastoralkonstitution" usw. Im Blick auf viele Probleme, wie z.B. das Verhältnis von Heil und Wohl, technischem Fortschritt und Glauben ist „Gaudium et spes" viel differenzierter, als viele Kritiker meinen. Oft argumentiert man von früheren Textstufen her. Manche Konzilstheologen und Bischöfe haben offenbar im Endstadium des Konzils die Veränderungen der letzten Redaktion nicht mehr so nachhaltig wahrgenommen. Der verabschiedete Text trägt der Vielschichtigkeit der Welterfahrung durchaus Rechnung, auch im Blick auf die Macht der Sünde in der Welt. Vielleicht gibt es da und dort einzelne Spuren eines zeitbedingten Fortschrittsoptimismus. Aber das Wissen um die Schattenseite des Fortschritts und die bleibende Zweideutigkeit vieler Entwicklungen ist durchaus präsent. In manchem mag die Vermittlung von Christentum und Moderne etwas voreilig erscheinen. Auch ökumenische Beobachter warnten vor einer solchen Sicht. „Gaudium et spes" stellt in manchem gewiss noch keine hinreichende Lösung dar, die in diesem Bereich ohnehin immer wieder weiterbedacht werden muss. Man kann heute die Texte von 1965 nicht mehr naiv lesen, sondern muss sie durch die Nach- und Wirkungsgeschichte hindurch in ihrer komplexen ursprünglichen Intention und Struktur für heute zu verstehen suchen.[13]

So muss man auch den Rezeptionsprozess von „Gaudium et spes" kritisch verfolgen. Es gibt eine gewisse „progressive" Interpretationslinie, die in der Gefahr steht, „Gaudium et spes" von den anderen Konzilsdokumenten, die sich um eine Neuinterpretation der Identität des christlichen Glaubens mühen, abzukoppeln und im Dialog sowie der Solidarität mit der Welt den Unterschied (nicht die Trennung!) zwischen säkularer Welt und Glaube/Kirche zu vernachlässigen. Es gibt aber auch den „traditionalistischen" Vorwurf, „Gaudium et spes" sei hauptverantwortlich für die tief greifende Erschütterung für die Kirche in der Folgezeit; durch sie sei der „Geist der Welt" in die Kirche eingezogen und habe zu verhängnisvollen Anpassungen und schließlich zu einem konformistischen Substanzverlust des Glaubens geführt.

Viel wichtiger ist jedoch die Frage, warum es trotz „Gaudium et spes" zu einer Krise der Öffnung zur Welt hin gekommen ist.

---

[13] Vgl. dazu A. LOSINGER, „Iusta autonomia". Studien zu einem Schlüsselbegriff des II. Vatikanischen Konzils (Abhandlungen zur Sozialethik 28), Paderborn 1989.

Vieles war im Lauf der Neuzeit in der Kirche angestaut. H.U. von Balthasar sprach schon 1950 von der „Schleifung der Bastionen". Man war im verantwortungsvollen Dialog und einer wirklich hilfreichen, jedoch kritischen Solidarität eingeübt. Aus der notwendigen Öffnung wurde nicht selten eine ungewollte Anpassung. Mancher hat sich naiv der Welt zugewandt, ohne die umklammernde Kraft ihrer Fangarme in Rechnung zu stellen. Aber dies darf nicht der Pastoralkonstitution angelastet werden. Es fehlte in vieler Hinsicht gerade bei der Vermittlung dieses Dokumentes eine differenzierte Auseinandersetzung mit den intellektuellen und spirituellen Grundfragen. Überhaupt scheint mir die Frage begleitender Bildungsmaßnahmen bei der Einführung der Konzilstexte und ihrer Rezeption bisher zu sehr übersehen zu werden.

Obgleich sich viele Herausforderungen schon vor dem Konzil ankündigten, wie wir eingangs kurz bemerkten, kam es besonders im Jahr 1968 (Stichworte: Biafra, Vietnam, Ende des Prager Frühlings, Studentenunruhen, „Humanae vitae", „Königsteiner Erklärung," Essener Katholikentag) und in den Folgejahren zu einem Wechsel der geistigen Großwetterlage. Die Ideologiekritik im Blick auf das Gottesverständnis überhaupt, den Rang von Tradition und auch die Institution brach mächtig durch. Die „Welt" war plötzlich sehr anders geworden. Man empfand sie vor allem als ein Ensemble zu verändernder Verhältnisse. Es wurde ein starker kultureller Umbruch erkennbar. Die religionssoziologischen Untersuchungen bestätigen für die Zeiträume 1968 bis 1971 und wiederum um 1974 kräftige Schübe einer wachsenden Säkularisierung. In dieser Zeit ist die Kirche nach dem Konzil jedoch sehr stark binnenorientiert und – wenigstens in Mitteleuropa – zu sehr mit sich selbst beschäftigt, d.h. vor allem mit der Liturgiereform und dem Auf- und Ausbau der Räte. Die Theologie entwickelt verschiedene Entwürfe des Weltverständnisses, die sich jeweils als Fortbildung von „Gaudium et spes" verstehen. „Welt" wird nun zunehmend nicht nur als Geschichte begriffen. Die ökologische Thematik verändert zudem sehr stark ein Weltverständnis, das nur von der Veränderung her konzipiert ist und regt neu die Beschäftigung mit „Welt" als Schöpfung an.

Man muss heute den Text von „Gaudium et spes" im Licht der Rezeptionsgeschichte lesen. Es ist unvermeidlich, dass man einerseits in einem erneuten Anlauf die Intention von „Gaudium et spes" und den Text selbst unter den gegenwärtigen Bedingungen interpretiert und dass man anderseits zugleich im Sinne eines

Korrektivs jene Dimensionen besser zur Geltung bringt, die bisher zu kurz kamen. Deswegen lohnt es sich, vielen Aussagekomplexen nachzugehen, die vielschichtig, spannungsvoll und manchmal auch widersprüchlich sind und quer zum zeitgenössischen Bewusstsein liegen. Die „widerborstigen" Gesichtspunkte müssen zur Geltung gebracht werden. Darum kann man im Rezeptionsprozess auch die vorläufige und unabgeschlossene Form des Dokumentes noch besser akzeptieren als früher. Vielleicht ist das „Ethos" des Textes wichtiger als seine Lösungen. So fordert „Gaudium et spes" selbst ein beständiges Weiterbedenken der Sache. Es gibt jedoch auch einige Gesichtspunkte mehr inhaltlicher Natur, die der Beachtung bedürfen: Es gibt keine theologisch neutrale Welt; der stetige Entscheidungscharakter von Welt und Geschichte lässt sich nicht übersehen; ethische Verantwortung und biblischer Gerichtsgedanke dürfen hier nicht fehlen. Die Ambivalenz der Moderne muss tiefer erkannt, ernster angenommen und gründlicher ausgetragen werden. Das Kreuz Jesu Christi muss im Weltverständnis eine viel größere Bedeutung erhalten: Ausgeliefertsein an eine unausweichliche Realität, Leiden, Vergeblichkeit, Mühsal, Scheitern. Die einzige wirkliche Weltveränderung geschieht in der Passion der Liebe, in der „Zivilisation der Liebe", wie Papst Johannes Paul II. immer wieder formuliert.

Kirche und Welt lassen sich nicht fein säuberlich voneinander unterscheiden. Der Geist Gottes weht auch außerhalb der Kirche – in der Welt. Und die Kirche selbst ist bis zum Ende der Tage immer auch ein Stück Welt. Die Welt bleibt für den Christen unaufhebbar dialektisch beides, nämlich Ort der Sendung und des Kampfes, der Hoffnung und des Todes, der Liebe und der Verwundung. Sie ist stets Heimat und Fremde zugleich. Deshalb gibt es kein Ja des Glaubens zur Welt, das in dieser aufgehen könnte. Wer die Welt nicht absolut setzt oder sie gar vergötzt, kann sie tiefer bejahen.

„Dialog" und „Solidarität" bilden in „Gaudium et spes" miteinander eine zentrale Achse, eine durchlaufende Perspektive. Wenn auch beide Grundworte in der Gefahr bleiben, dass sie zu Schlagworten verkommen, so müssen sie immer wieder neu bedacht und tiefer verankert werden. Die Rezeptionsgeschichte lehrt uns, dass beide Perspektiven nicht ersetzt werden können. „Gaudium et spes" hat aber auch die Sprache des Lehramtes verändert, jedenfalls, wenn es um kirchliche Stellungnahmen zu aktuellen Problemen geht. In diesem Sinne ist „Gaudium et spes" vielleicht in der Tat doch das am meisten gelungene Dokument des Zweiten Vatikanischen Konzils.[14]

Diese kurze Überlegung zeigt, dass die Rezeptionsgeschichte keine Einbahnstraße ist. Sie ist auch nicht nur Nachgeschichte oder Wirkungsgeschichte, sondern sie erhellt immer wieder den Grundtext selbst und spielt die Rezeption zwischen dem gelegten Grund und seiner Nachwirkung durch. So rückt der Text immer wieder neu in den Kontext des kirchlichen Lebens.

5. Blick in die Zukunft

Man kann sich fragen, ob es in dem nun 40jährigen Rezeptionsprozess verschiedene Phasen gibt. Dies ist nicht so leicht zu beantworten, weil die einzelnen Problemfelder und die regionalen Akzente recht verschieden sind. Es ist im Übrigen auch nicht leicht, zwischen Erwartungen aufgrund konziliarer Aussagen oder auch nur zwischen Erwartungen im „Geist" des Konzils *und* ihrer Einlösung oder Verweigerung zu unterscheiden. Dadurch wird aber das Rezeptionsklima sehr bestimmt.

Unter diesen Voraussetzungen möchte ich die Möglichkeit einer durch *drei Phasen* gekennzeichneten Gesamtrezeption erwägen. Eine *erste Periode* lässt sich als *Phase des Aufbruchs und des Überschwangs* zugleich kennzeichnen. Neben der festen Zuversicht, mithilfe der Konzilsbeschlüsse ein neues Kapitel der Kirchengeschichte eröffnen zu können, zeigte sich eine etwas enthusiastische Einschätzung des Konzils: absoluter Neubeginn, Initialzündung einer weiteren Dynamik, die die Konzilstexte bald als eigentlich schon überholt vorkommen ließ. Hier war die vage Berufung auf den „Geist" des Konzils besonders wirksam und hat einen ernsthaften Rezeptionsprozess eher gefährdet. Auf der anderen Seite muss man sehen, dass in dieser ersten Epoche gerade von den führenden Konzilstheologen sehr viel für eine sachgerechte Kommentierung der Texte geschehen ist, die heute noch in vielen Teilen Bestand hat. Diese Periode wurde zwangsläufig bald abgelöst durch eine *Phase enttäuschter Hoffnung*. Das Erwartete wurde nicht im ersehnten und gewünschten Maß erreicht. Den Erneuerungsbemühungen stellten sich Hindernisse in den Weg. Heftige Auseinandersetzungen über Richtung und

[14] Vgl. O.H. PESCH, Das Zweite Vatikanische Konzil, Würzburg 1993, 311–350.

Gangart der nachkonziliaren Erneuerung stellten sich ein. Karl Rahners Stichwort „Marsch ins Getto?“ – wir brachten zusammen ein gleichnamiges Buch heraus (München 1973) – gehört in diese Zeit. Die Polarisierung unterschiedlicher Einschätzungen verfestigte sich: Die progressiven Reformer klagen über die Beharrungskraft der Institution Kirche, die Konservativen sprechen von Auflösungserscheinungen. Kontestation und Protest stehen gegen Restauration und Traditionalismus. Vielleicht hat schon längst *eine dritte Phase* begonnen. Man erkennt die relative Unfruchtbarkeit der bisherigen Auseinandersetzungen. Es gibt Hinweise für eine Neuorientierung und Neubesinnung. Hier hat die Außerordentliche Bischofssynode des Jahres 1985 eine positive Bedeutung bekommen. Das Bild ist jedoch uneinheitlich. Die wichtigsten Teilnehmer des Konzils sind auf der Seite der Bischöfe und Theologen zum größten Teil nicht mehr am Leben. Restriktive Maßnahmen, die z.T. auch auf Missbräuche zurückgehen, lähmen. Das Problem von Freiheit und Bindung ist weithin ungelöst. Viele haben das Empfinden, dass ein Neuaufbruch Not tut. Nicht wenige rufen darum nach einem Vaticanum III. Aber das Feuer des Zweiten Vatikanischen Konzils ist nicht erloschen. Ich hoffe *auf eine vierte Phase*, in der neue Generationen die heute noch gültigen Impulse neu entdecken. Die Erinnerung an die Konzilseröffnung vor 40 Jahren ist eine gute Gelegenheit, um eine solche „relecture“ des Konzils und damit erste Schritte einzuleiten.

Es gibt noch manche Gesichtspunkte, die man für eine künftige Rezeption und die dafür notwendige Hermeneutik[15] anführen könnte.[16] Aber dies soll einstweilen und vorerst genügen. Wir bleiben ja im Prozess Konzil.

Aber am Ende möchte ich wiederum – wie im Titel angekündigt – nochmals einen Blick in die Zukunft tun. Es geht ja um den künftigen Umgang mit dem Zweiten Vatikanischen Konzil, seinen Beschlüssen und seinen Texten, aber auch mit seinem Geist.

---

[15] Vgl. dazu auch K. LEHMANN, Hermeneutik, in: Sacramentum mundi II, Freiburg 1968, 676, 684.

[16] Vgl. dazu A. MARCHETTO, Das Zweite Vatikanische Konzil. Hermeneutische Tendenzen von 1990 bis heute, in: Annuarium Historiae Conciliorum 32 (2000) 371–386; G. ALBERIGO, Treue und Kreativität bei der Rezeption des Zweiten Vatikanischen Konzils. Hermeneutische Kriterien, in: A. AUTIERO (Hg.), Herausforderung Aggiornamento. Zur Rezeption des Zweiten Vatikanischen Konzils (MthA 62), Altenberge 2000, 13–35.

Was hat sich in den vier Jahrzehnten am meisten geändert und wie soll dies im Umgang mit dem Konzil und seiner Wirkungsgeschichte berücksichtigt werden? Dies lässt sich hier gewiss nur sehr allgemein darstellen. Ich würde jedoch folgende Gesichtspunkte nennen:

Bald nach dem Konzil wurde deutlich, dass inzwischen die *Gottesfrage* in eine grundlegende Krise kam. Das Konzil konnte noch relativ beruhigt von Gott reden und dies voraussetzen. Inzwischen sind alle Selbstverständlichkeiten, wenn sie es je waren, in diesem Bereich Vergangenheit. Eine schleichende Säkularisierung, die sich steigert, aber keineswegs unumkehrbar sein muss, hat auch radikal und tief das religiöse Bewusstsein erfasst. Alles kommt nun darauf an, stets wieder das Antlitz des lebendigen Gottes zu suchen. Darum steht eine Erneuerung der Frage nach Gott an erster Stelle aller Aktivitäten.

Es gibt unerwartete Einbrüche in der Glaubensvermittlung seit dem Zweiten Vatikanischen Konzil. Es sind für die Zeit vor allem zwischen 1968 und 1972 starke Säkularisierungsschübe festgestellt worden. Darum erscheint der Bruch zur „vorkonziliaren" Zeit noch größer. Vor allem die *Weitergabe des Glaubens an die künftigen Generationen* hat schwer gelitten, was freilich nicht kirchlich verengt gesehen werden darf, sondern auch einen Umbruch in der Tradierung kulturellen Wissens bedeutet. Darum müssen wir mit allen Kräften die religiöse Erziehung des Kindes fördern, das Gespräch mit jungen Erwachsenen und jungen Eltern neu suchen und um das Vertrauen der Frauen überzeugender werben, vor allem in der jüngeren Generation.

Das Konzil hat sich wie vorher noch keine Kirchenversammlung und keine Epoche in der Glaubensgeschichte ausführlich und direkt mit der Kirche beschäftigt. Dies war aus vielen Gründen notwendig. Das Konzil hatte damit jedoch keineswegs eine Selbstbespiegelung angezielt. Wir sind in der nachkonziliaren Zeit jedoch oft sehr auf uns selbst zurückgefallen, weil wir mit vielen innerkirchlichen Reformen, Diskussionen und Auseinandersetzungen beschäftigt waren. Hier müssen wir gründlich umlernen und *die Kirche* noch viel stärker *in ihrer dienenden Hinordnung auf Gott und den Menschen* zu einem glaubwürdigen Zeugnis machen.[17]

---

[17] Vgl. K. LEHMANN, Neuer Mut zum Kirchesein, Freiburg 1982; J. RATZINGER / K. LEHMANN, Mit der Kirche leben, Freiburg 1977.

Dienst und Dialog[18] sind dafür die entscheidenden Stichworte. Alles zielte im Konzil darauf, den Christen neu für seinen Dienst an der Welt und den Dialog mit ihr zu befähigen. Das Resultat ist auf weite Strecken hin eher enttäuschend.

Wir haben viel Anpassung an die Strukturen der Gesellschaft und der Welt erfahren müssen, aber auch neue Formen der Weltflucht hinnehmen müssen. In einer Zeit, in der sich tief greifende Umbrüche vollzogen haben, war die *aktive Verantwortung der Christen für die Gestaltung gesellschaftlicher und politischer Verhältnisse* oft wie in einem Dornröschenschlaf. In Zukunft muss es viel entschiedener auf das lebendige, personale *Zeugnis* der Christen ankommen.

Mit den bisher schon genannten Perspektiven hängt es zusammen, dass wir eine *neue missionarische Initiative* brauchen. Wem der Glaube etwas bedeutet, der wird andere zu gewinnen suchen. Dies gilt nicht nur für die ferne Weltmission oder Nichtchristen fremder Herkunft, die bei uns leben, sondern es gilt für die vielen Nichtchristen, vor allem auch in den neuen Bundesländern, aber auch für eine wachsende Zahl in der alten Bundesrepublik Deutschland. Dann hätten wir auch eine Chance, in der geistigen Auseinandersetzung von einer Verteidigungsstellung mit dem Rücken zu Wand loszukommen und inmitten des vielfältigen Pluralismus in unserer Gesellschaft den eigenen Standort offensiver zu markieren.

Ich möchte schließen mit einer Überlegung, die ich im Zusammenhang eines Rückblicks nach 25 Jahren seit Konzilsende schon einmal angestellt hatte: Wir lassen uns durch das Jubiläum an ein geistiges und geistliches Erbe erinnern, das wir der Vergesslichkeit unserer schnelllebigen Gesellschaft entreißen und in Dankbarkeit neu annehmen wollen. Solche Erinnerung führt uns durch Verkrustungen aller Art wieder zurück zu den unverbrauchten Quellen christlichen Lebens, vor allem zum Wort Gottes. So kann die Erinnerung neue schöpferische Kräfte entbinden, die faszinierender und wagemutiger sind als die neuesten Moden des Zeitgeistes, die morgen schon wieder von gestern

---

[18] Vgl. dazu: Evangelium und Dialog. Ein Vortrag zum 25jährigen Konzilsjubiläum, in: Herder-Korrespondenz 45 (1991) 84–90; auch in: E. KLEINDIENST / G. SCHUTTERMAYR (Hgg.), Kirche im Kommen. Festschrift für Bischof Josef Stimpfle, Frankfurt / Berlin 1991, 401–422; weitere Abdrucke.

sind. In diesem Sinne ist das Gedächtnis des Konzils ein herausforderndes Abenteuer, das die Wachheit und Bereitschaft, die Umkehrfähigkeit und die Sensibilität unseres Glaubens auf die Probe stellt. Gerade darum tut Erinnerung Not.

„Die sichtbarste Frucht des Konzils“

Anspruch und Wirklichkeit der erneuerten Liturgie

Helmut Hoping, Freiburg i.Br.

„Die Kirche befriedigt nicht Erwartungen, sie feiert Geheimnisse“
(Carlo Maria Kardinal Martini)

Vorbemerkung

Im Streit um das II. Vatikanische Konzil ist heute nichts so erbittert umkämpft wie die Liturgiereform. Wer sich hier zu Wort meldet, betritt seit längerem ideologisch vermintes Gelände. Man könnte versucht sein, sich auf historische Fragen der Reform zu beschränken. Doch begibt man sich damit, wie die von schweren Konflikten begleitete Erarbeitung des „Missale Romanum“ (1970) zeigt, keineswegs auf friedlicheres Gebiet. Die überaus positive Beurteilung der Liturgiereform durch Annibale Bugnini († 1982), dem Sekretär des mit der Durchführung der Reform betrauten „Consilium“, wird ja auch keineswegs von allen, die seinerzeit damit befasst waren, geteilt.[1]

Vielversprechend und mit großen Hoffnungen verbunden war der Anfang der Reform, als am 4. Dezember 1963 die Liturgiekonstitution „Sacrosanctum Concilium“ als erstes Konzilsdokument überraschend schnell und fast einstimmig verabschiedet wurde.[2] Für die katholische Kirche bedeutete die „Magna

---

[1] Vgl. A. BUGNINI, Die Liturgiereform 1947–1975. Zeugnis und Testament. Deutsche Ausgabe, hg. von J. Wagner unter Mitarbeit von F. Raas, Freiburg-Basel-Wien 1988; N. GIAMPIETRO, Il Cardinale Fernandino Antonelli e gli sviluppi della riforma liturgica dal 1948–1970, Roma 1998.

[2] Zur Geschichte von „Sacrosanctum concilium“ vgl. M. PAIANO, „Sacrosanctum Concilium“. Der schwierige Weg zur Liturgiekonstitution des II. Vaticanums, in: HlD 53 (1999) 82–94.154–167.

Charta“[3] der Liturgiereform eine Zäsur, die man ohne Zögern als epochal bezeichnen kann. Die durch „Sacrosanctum Concilium“ ermöglichte volkssprachliche Liturgie stellt nicht nur einen wichtigen Schritt zur Inkulturation der römischen Liturgie dar. Mit ihr war zugleich das Ende jener Klerusliturgie besiegelt, der die Gläubigen wie stumme Zuschauer beiwohnten und die sie je länger je mehr nicht mehr verstehen konnten. Doch schon bald waren gegenüber der erneuerten Liturgie auch kritische Stimmen zu hören und sie sollten an Bedeutung und Einfluss gewinnen.

1. Der „Geist der Liturgie“. Der Kampf um die Liturgiereform

Das Schlussdokument der Außerordentlichen Bischofssynode (1985) über das „Geheimnis der Kirche“ nennt die erneuerte Liturgie die „sichtbarste Frucht des Konzils“[4]. Zu Beginn der Liturgiekonstitution lesen wir, die Liturgie stelle der Welt die Kirche als ein „Zeichen“ sichtbar vor Augen (SC 2). Durch ihren „öffentlichen Kult“ (SC 7) zeige die Kirche der Welt, wie sie sich selbst versteht.[5] In der Tat ist die Kirche nirgendwo so sehr bei sich selbst wie in ihrer Liturgie. Denn in Gottes Wort und Sakrament vergewissert sie sich ihres Ursprungs und ihrer Identität. Dies setzt freilich voraus, dass der „wahre Geist der Liturgie“, von dem in „Sacrosanctum Concilium“ immer wieder die Rede ist (SC 37 u.ö), in ihrer Feiergestalt auch zum Tragen kommt.

Unter dem Titel „Vom Geist der Liturgie“ veröffentlichte Romano Guardini († 1968) seine Jahrhundertschrift über das Wesen der christlichen Liturgie (1918). Gut achtzig Jahre später hat Joseph Kardinal Ratzinger seine Einführung in die Liturgie unter den fast gleichlautenden Titel „Der Geist der Liturgie“ (2000)[6] gestellt. Weht hier, wie von liturgiewissenschaftlicher

---

[3] Schon C. VAGGAGINI sprach während des Konzils von der Liturgiekonstitution als „Magna Charta“ der liturgischen Reform (vgl. Die Hauptlinien der vom Konzil gebilligten liturgischen Reform, in: MusAl 15 [1963] 49–56, hier 55). Papst Paul VI. hat in seiner Ansprache an das „Consilium“ vom 10.4.1970 die Rede von der „Magna Charta“ aufgegriffen (vgl. DEL 1, 2073).

[4] DEL 3, 5790.

[5] Das Apostolische Schreiben „Vicesimus quintus annus“ zum 25. Jahrestag der Liturgiekonstitution nennt die Liturgie eine „Epiphanie der Kirche“ (DEL 3, 6271).

[6] J. KARDINAL RATZINGER, Der Geist der Liturgie. Eine Einführung, Freiburg-Basel-Wien 2000.

Seite verschiedentlich vermutet wird, einen anderer, hinter das Konzil zurückführender „Geist"? Pierre-Marie Gy OP, er war Konsultor des „Consilium", hat dem deutschen Kurienkardinal Verrat am Konzil vorgeworfen.[7] Zweifel an dessen Treue zum Konzil haben auch andere Liturgiewissenschaftler geäußert.[8] Die Antwort des Kardinals ließ nicht lange auf sich warten.[9]

Die heftigen Reaktionen, die Ratzingers Liturgiebuch ausgelöst hat, sind signifikant für die Polarisierung innerhalb der katholischen Kirche mehr als eine Generation nach Eröffnung des II. Vatikanischen Konzils. Es geht hier um mehr als einen Konflikt zwischen kirchlicher Hierarchie und wissenschaftlicher Theologie, wie man nach dem heftigen Schlagabtausch zwischen Kardinal Ratzinger und dem Liturgiewissenschaftler Reiner Kaczynski meinen konnte.[10] In Fragen der Liturgie stehen Theologen gegen Theologen, Bischöfe gegen Bischöfe. So hat der inzwischen emeritierte Erzbischof von Milwaukee, Rembert Weakland OSB, wie Gy war er Konsultor, später auch Mitglied des „Consilium", gegenüber Kardinal Ratzinger jüngst den Vorwurf erhoben, die Sache der Restauration zu betreiben.[11] Diesen Vorwurf handeln sich auch Theologen ein, die sich wie Aidan Nichols OP zur Liturgiekonstitution des Konzils bekennen, zugleich aber auf fatale Fehlentwicklungen der erneuerten Litur-

---

[7] Vgl. P.-M. GY OP, Ist der „Geist der Liturgie" Kardinal Ratzingers dem Konzil treu?, in: LJ 52 (2002) 59–65.

[8] Vgl. die beiden Rezensionen von K. RICHTER (ThRv 96 [2000] 324–326) und R. FALSINI (Lo spirito della liturgia da R. Guardini a J. Ratzinger, in: Rivista di pastorale liturgica 39 [2001] 3–7). – Ausgewogene Besprechungen des Liturgiebuches von Kardinal Ratzinger haben A. GERHARDS (HerKorr 54 [2000] 263–268) und W. HAUNERLAND (ThpQ 149 [2001] 317f) vorgelegt. Einen kritischen Vergleich der beiden Liturgiebücher von Guardini und Ratzinger hat A. SCHILSON angestellt: vgl. Der Geist der Liturgie. Von Guardini bis Ratzinger, in: M. KLÖCKENER / E. NAGEL / H.-G. WIRTZ (Hgg.), Gottes Volk feiert...: Anspruch und Wirklichkeit gegenwärtiger Liturgie, Trier 2002, 92–117.

[9] Vgl. J. KARDINAL RATZINGER, „Der Geist der Liturgie" oder: die Treue zum Konzil, in: LJ 52 (2002) 111–115.

[10] Vgl. R. KACZYNSKI, Angriff auf die Liturgiekonstitution? Anmerkungen zu einer neuen Übersetzer-Instruktion, in: StZ 219 (2001) 651–668; J. KARDINAL RATZINGER, Um die Erneuerung der Liturgie. Antwort an Reiner Kaczynski, in: StZ 219 (2001) 837–843.

[11] Vgl. R. WEAKLAND OSB, Liturgie zwischen Erneuerung und Restauration, in: StZ 127 (2002) 475–487 (= HID 56 [2002] 83–93). Der englischsprachige Originalbeitrag erschien am 11.1.2002 unter dem Titel „The liturgy as a battlefield" in der Zeitschrift „Commonweal".

gie aufmerksam machen.[12] In die gleiche Richtung geht die vom „Centre for Faith & Culture“ am Westminster College verabschiedete „Oxford Declaration on Liturgy“ (1996), die im englischen und nordamerikanischen Katholizismus große Resonanz gefunden hat, hierzulande aber weitgehend unbekannt geblieben ist. Sie verteidigt die volkssprachliche Liturgie, die Stärkung der Wortverkündigung und die richtig verstandene aktive Teilnahme (*actuosa participatio*) der Gläubigen, wendet sich aber entschieden gegen die symbolische Verarmung der Liturgie, das Verblassen ihres sakralen und kultischen Charakters und plädiert für eine Neuentdeckung des reichen liturgischen Erbes der katholischen Kirche sowie eine Wiederbelegung der liturgischen Bewegung.[13]

Zur Klärung der Frontlinien im Kampf um die Liturgiereform lassen sich im Anschluss an den amerikanischen Theologen Francis Mannion[14] fünf Positionsbestimmungen unterscheiden: 1) Verteidigung und Fortschreibung der vom „Consilium“ durchgeführten Liturgiereform[15]; 2) tradionalistische Rückkehr zur vorkonziliaren Liturgie[16]; 3) Ruf nach einer „Reform der Reform“[17], zum Teil inklusive einer Abkehr von der *celebratio versus populum*[18]; 4) eine gegen die Entsakralisierung der Liturgie gerichtete

---

[12] Vgl. A. NICHOLS, Looking at the Liturgy. A Critical View on Its Contemporary Form, San Francisco 1996.

[13] Vgl. OXFORD DECLARATION ON LITURGY, in: Beyond the Prosaic: Renewing the Liturgical Movement, ed. by S. CALDECOTT, Edinburgh 1998, 163–165. – Gegen eine Verarmung der Zeichen und Symbole sprach sich auch das Apostolische Schreiben zum 25. Jahrestag der Liturgiekonstitution aus. Vgl. DEL 3, 6272.

[14] Vgl. F. MANNION, America, 30. November 1996; DERS., The Catholicity of the Liturgy: Shaping a New Agenda, in: Beyond the Prosaic, 11–48, hier 12–31.

[15] A. NOCENT, A Re-reading of the Renewed Liturgy, Collegeville 1994. – Nocent war wie Gy und Erzbischof Weakland Konsultor des „Consilium“.

[16] Vgl. PRIESTERBRUDERSCHAFT ST. PIUS X., Das Problem der Liturgiereform. Die Messe des II. Vaticanum und Pauls VI. Eine theologische und liturgische Studie, Stuttgart 2001.

[17] Vgl. J. KARDINAL RATZINGER, „Der Geist der Liturgie“ oder: Die Treue zum Konzil (s. Anm. 9).

[18] Vgl. K. GAMBER, Die Reform der römischen Liturgie. Vorgeschichte und Problematik, Regensburg 1981; DERS., Alter und Neuer Messritus. Der theologische Hintergrund der Liturgiereform, Regensburg 1983; DERS., Zurück zum gemeinsamen Erbe. Kritische Überlegungen zur Situation von Liturgie und Kirche. Ausgewählte Texte aus dem Lebenswerk von K. Gamber, hg. von M. Reinecke, St. Ottilien 1999; J. FESSIO SJ, The Mass of Vatican II, in: Catholic Dossier 6 (5/2000); A. NICHOLS, Looking at the Liturgy (wie Anm. 12), 115–123.

„Re-katholisierung der Reform“[19]; 5) Inkulturation der Reform mit konsequenter Pluralisierung, Diversifizierung und Dezentralisierung des liturgischen Lebens[20].

Die genuinen Anliegen der Liturgiekonstitution können meines Erachtens nur dann glaubwürdig zur Geltung gebracht werden, wenn man sich der Kritik an der erneuerten Liturgie stellt, auch wo sie in polemischer Zuspitzung vorgetragen wird. Denn immer deutlicher zeigt sich, dass zwischen dem Liturgieverständnis von „Sacrosanctum Concilium“ und der Entwicklung, welche die Liturgie nach dem Konzil vielerorts genommen hat, eine Differenz klafft, die es ausschließt, in Sachen Liturgie einfach weiter zu machen wie bisher.

2. *Entsakralisierung und Herrschaft des Alltäglichen*

Die veränderte geistige Situation unserer Zeit bestimmt den Standort, von dem wir 40 Jahre nach der Eröffnung des II. Vatikanischen Konzils auf die damit verbundenen Erwartungen und

---

[19] Vgl. F. MANNION, The Catholicity of the Liturgy (wie Anm. 14), 11.23–36.

[20] Vgl. D.N. POWER, Worship: Culture and Theology, Washington D.C. 1990; A.J. CHAPUNGCO, Cultural Adoption of the Liturgy, New York 1982; DERS., Liturgy of the Future: The Process and Methods of Inculturation, New York 1989; DERS., Liturgical Inculturation: Sacramentals, Religiosity and Catechesis, Collegeville 1992. – Die genannten Positionen werden auch im deutschsprachigen Raum eingenommen, doch scheint die Beurteilung der Liturgiereform hier insgesamt positiver auszufallen als im anglo-amerikanischen Raum. Vgl. E.J. LENGELING, Liturgiereform 1948–1975. Zu einem aufschlußreichen Rechenschaftsbericht, in: ThRv 80 (1984) 265–284; DERS., Zum 20. Jahrestag der Liturgiekonstitution, in: LJ 34 (1984) 114–124; R. KACZYNSKI, Zwanzig Jahre Liturgiereform. Rückschau und Ausblick, in: MThZ 36 (1985) 52–66; B. NEUNHEUSER, Ein Vierteljahrhundert Liturgiereform. 25 Jahre „Sacrosanctum Concilium“, in: Alw 30 (1988) 265–277; K. RICHTER, Das Verhältnis von Kirche und Liturgie. Zur Rezeption des Zweiten Vatikanischen Konzils, in: HlD 54 (2000) 171–180; F. SCHNEIDER, Reform der Liturgiereform?, in: LJ 50 (2000) 166–179. – Vgl. auch den Überblick von J. GREGUR, Die nachkonziliare Bewertung der Liturgiekonstitution „Sacrosanctum Concilium“, in: M. KLÖCKENER – B. KRANEMANN (Hgg.), Liturgiereform. Historische Studien zu einem bleibenden Grundzug des christlichen Gottesdienstes. FS A.A. Häußling OSB, Teil II, Münster 2002, 751–784. Auf die Grenzen der Liturgiereform hinsichtlich der kulturellen Veränderungen in der zweiten Hälfte des letzten Jahrhunderts macht aufmerksam: A. SCHILSON, Liturgie (-Reform) angesichts einer sich wandelnden Kultur. Perspektiven am Ende des 20. Jahrhunderts, in: ebd. 965–1002.

Hoffnungen zurückblicken. Jürgen Habermas hat unsere Zeit vor kurzem treffend als postsäkular bezeichnet.[21] Modernisierung und Säkularisierung haben nicht, wie man seit Émile Durkheim († 1917) und Max Weber († 1920) angenommen hatte, zu einem Rückgang von Religion und des für sie konstitutiven Kultes geführt. Nun hatten sich nach dem Konzil nicht wenige von der Liturgiereform eine Entsakralisierung der Liturgie erhofft; der Alltag sollte in die Liturgie hineingeholt werden.[22] Natürlich lässt sich nicht bestreiten, dass die Liturgie aufgrund ihrer genuin diakonischen Dimension einen inneren Bezug zum alltäglichen Leben hat. Doch das Programm einer Entsakralisierung der Liturgie konnte auf Dauer nicht überzeugen, da sich Liturgie und Kult, obschon nicht einfach identisch, ebenso wenig trennen lassen wie Glaube und Religion. Mögen Religion und Kult religionsgeschichtlich gesehen auch etwas durchaus Ambivalentes sein, so gibt es doch einen inneren Zusammenhang von Kultur, Kult und Liturgie, über den sich die deutschsprachige Liturgiewissenschaft nach dem Konzil wohl nicht immer genügend Rechenschaft abgelegt hat.[23] Christliche Liturgie und Kult sind keine antithetischen Gegensätze, wie Emil Joseph Lengeling gemeint hat.[24] Wie die frühchristlichen Anfänge zeigen, ist das Kreuz vom Kult her und der sich entwickelnde christliche Kult vom Kreuz her verstanden worden.[25] So geht es bei der christlichen Liturgie nicht

---

[21] Vgl. J. HABERMAS, Glauben und Wissen. Friedenspreis des Deutschen Buchhandels 2001. Laudatio: Jan Philipp Reemtsma. Sonderdruck Frankfurt/Main 2001, 9–31.

[22] So schrieb der Pastoraltheologe N. Greinacher kurz nach dem Konzil: „Unsere Eucharistiefeier darf nicht sakral [...] sein", vielmehr stellt sich "die folgenschwere Frage, ob nicht eine grundsätzliche Entsakralisierung vorgenommen werden müßte, die sowohl der Botschaft des Christentums [...] als auch dem Welt- und Selbstverständnis des heutigen Menschen besser gerecht wird" (Der Seelsorger 36 [1966] 365). – Zur Diskussion um die Forderung nach Entsakralisierung der Liturgie vgl. H. SCHÜRMANN, Neutestamentliche Marginalien zur Frage der Entsakralsisierung. Recht und Grenzen des theologischen Säkularismus, in: DERS., Ursprung und Gestalt. Erörterungen und Besinnungen zum Neuen Testament, Düsseldorf 1970, 299–325.

[23] Vgl. A.A. HÄUẞLING, Kult V. Liturgisch-theologisch, in: LThK 6 (^{3}1997) 509–512.

[24] Vgl. E.J. LENGELING, Liturgie als Grundvollzug christlichen Lebens, in: B. FISCHER U.A., Kult in der säkularisierten Welt, Regensburg 1974, 63–91; DERS., Liturgie – Dialog zwischen Gott und Mensch, hg. und bearb. von K. RICHTER, Freiburg-Basel-Wien 1981.

[25] Vgl. K. BACKHAUS, Kult und Kreuz. Zur frühchristlichen Dynamik ihrer theologischen Beziehung, in: ThGl 86 (1996) 512–533; DERS., Kult IV. Neues

um eine Verinnerlichung, Spiritualisierung oder Aufhebung des Kultes, sondern um seine eschatologische Erfüllung. Kult ist christliche Liturgie vor allem als „repräsentativer" Kult, sofern in ihr das für den Glauben zentrale heilsstiftende Gründungsereignis (Pascha-Mysterium Christi) in Wort und Sakrament je neu gegenwärtig wird, dann aber auch Kult im Sinne der Anbetung und Verehrung.[26]

a) Kritik von außen: Dass die erneuerte Liturgie nicht nur von der Teilnehmerperspektive, sondern ebenso von der Beobachterperspektive aus beurteilt wurde, zeigte die weithin bekannt gewordene Kritik des inzwischen verstorbenen Psychoanalytikers und Soziologen Alfred Lorenzer († 2002).[27] Von dem katholischen Philosophen Alois Halder ist sie vor kurzem im Rahmen eines Beitrages zur Sinnlichkeit, Leiblichkeit und Symbolik der

---

Testament, in: LThK 6 (³1997) 507–509. – Zum kultischen Charakter der frühchristlichen Liturgie vgl. auch K. BERGER, Theologiegeschichte des Urchristentums. Theologie des Neuen Testaments, Tübingen ²1995, 95–100.

[26] Der Gedanke des „repräsentativen" Kultes findet sich nicht nur in der Mysterientheologie Odo Casels († 1948), sondern auch bei Josef Pieper († 1997). Vgl. O. CASEL, Das christliche Kultmysterium, Regensburg ⁴1960; J. PIEPER, Muße und Kult, München ⁶1961, 78. Vgl. auch R. SCHAEFFLER, Kultur und Kult, in: LJ 41 (1991) 73–87; DERS., Kultisches Handeln – die Frage nach Proben seiner Bewährung und nach Kriterien seiner Legitimation, in: DERS. / P. HÜNERMANN (Hgg.), Ankunft Gottes und Handeln des Menschen. Thesen über Kult und Sakrament (QD 77), Freiburg-Basel-Wien 1986, 7–50; DERS., Kultus im Leben des Menschen und der Gesellschaft. Eine anthropologische Grundlegung, in: K. BAUMGARTNER u.a. (Hgg.), Unfähig zum Gottesdienst? Liturgie als Aufgabe aller Christen, Regensburg 1991, 9–34; E. SALMANN, Was ist Kult? Zum Verhältnis von Liturgie und Leiblichkeit, in: EO 12 (1995) 245–251; B. LANG, Kult, in: HRWG 3 (1993) 474–488.

[27] Vgl. A. LORENZER, Das Konzil der Buchhalter. Die Zerstörung der Sinnlichkeit, Frankfurt/Main 1981; DERS., „Sacrosanctum concilium". Der Anfang der „Buchhalterei". Betrachtungen aus psychoanalytisch-kulturkritischer Perspektive, in: H. BECKER / B.J. HILBERATH / U. WILLERS (Hgg.), Gottesdienst – Kirche – Gesellschaft. Interdisziplinäre und ökumenische Standortbestimmung nach 25 Jahren Liturgiereform, St. Ottilien 1991, 153–161; DERS., Erfahrungen mit den Gottesdiensten der 5. Theologischen Studientagung. Ein Brief, in: ebd. 499–502. Vgl. auch G. SCHMIED, Die Liturgiekonstitution in soziologischer Sicht. Eine systematische Skizze, in: ebd. 145–152; P. FUCHS, Gefährliche Modernität. Das Zweite Vatikanische Konzil und die Veränderung des Messritus, in: KZfSS 44 Heft 1 (1992) 1–11; – Zu Lorenzer vgl. G. WILHELMS, Sinnlichkeit und Rationalität. Der Beitrag Alfred Lorenzers zu einer Theorie der religiösen Sozialisation, Stuttgart 1991.

Liturgie aufgegriffen worden.[28] Lorenzers Einwände gegen die erneuerte Liturgie lassen sich auf die Formeln bringen: Entbildlichung und Verbalisierung der Liturgie, Verschiebung vom kultischen Ritual zum Wort, Schwächung des Ensembles nicht-diskursiver Symbole, Ausgrenzung der Volksfrömmigkeit. Bei der Liturgiereform mit ihrer einseitigen „Bindung des Sinns an die Sprache", handelt es sich für Lorenzer um ein „sacrificium culturae", ein „Modernisierungsopfer am falschen Gegenstand"[29].

Nun hat Lorenzer sicherlich nicht genügend zwischen der Liturgiekonstitution, der Liturgiereform und der Entwicklung, welche die erneuerte Liturgie nach dem Konzil genommen hat, unterschieden. Kritik ist nicht an ein „Konzil der Buchhalter" zu richten, sondern an jene „Buchhalter des Konzils", denen das von Johannes XXIII. angezielte *aggiornamento* zu einer „Anpassung an den Zeitgeist" geworden ist. So war und ist das gottesdienstliche Leben der katholischen Kirche nach dem Konzil durch eine Dominanz des gesprochenen Wortes sowie eine Entritualisierung geprägt, die – orientiert am Kriterium der für jedermann verständlichen Liturgie – je länger je mehr die von „Sacrosanctum Concilium" beschriebene Sinngestalt der Liturgie berührt.

Nach Meinung des irischen Religionssoziologen Kieran Flanagan stellt die von Pastoralliturgikern seit der Aufklärung erhobene Forderung einer maximalen Vereinfachung der Riten und Symbole ein Missverständnis des liturgischen Rituals, seines sakralen, zeremoniellen, formalen und allegorischen Charakters dar.[30] Das komplexe, von der neueren Kulturanthropologie und Religionssoziologie ins Auge gefasste Verhältnis von religiösem Kult und Kultur zeigt, dass es soziologisch gesehen keineswegs plausibel ist, ein kultisches Ritual in einer gleichsam nachholenden Modernisierung veränderten sozialen Strukturen anzupassen. Denn ein kurzes, einfaches und unmittelbar verständliches Ritual besitzt für das religiöse Leben keineswegs ein größeres transformatives Potential als ein reiches und verschwenderisches Ritual. Vielmehr zerstört eine konsequent modernitätsverträglich gestal-

---

[28] Vgl. A. HALDER, Verlust der Sinnlichkeit. Kritik der Liturgiereform?, in: A. KELLER / S. MÜLLER (Hgg.), Esoterik als neue Volksreligion. Hat das Christentum ausgedient?, Augsburg 1998, 163–169.

[29] A. LORENZER, Erfahrungen mit den Gottesdiensten der 5. Theologischen Studientagung (wie Anm. 27), 499.

[30] Vgl. K. FLANAGAN, Sociology and Liturgy. Re-presentations of the Holy, London 1991, 8–13.

tete Liturgie auf Dauer ihre sakrale Struktur, das heißt ihren Charakter als repräsentativen Kult, in dem das für den christlichen Glauben zentrale heilstiftende Gründungsgeschehen in Wort und Sakrament vergegenwärtigt wird.[31]

Mag auch in einer Kultur, die immer weniger eine *culture of presence* ist, in der Zeichen und Symbole weitgehend auf arbiträrer Konvention beruhen, vor allem die sakramentliche Liturgie nicht mehr unmittelbar plausibel erscheinen, so kann doch die Sprache der Liturgie ihren Maßstab nicht einfach in der Alltagssprache haben.[32] Das kultische Ritual ist ja auch nicht eine Arbeit zeitgenössischer Improvisationen, sondern ein gewachsenes Werk von Generationen. Wer den durch die überlieferte Liturgie eröffneten Raum des Sakralen betritt, so der Kulturanthropologe Viktor Turner († 1983), überschreitet die säkularen Strukturen, begegnet er doch im christlichen Kult dem ewigen Gott. Für die Gott angemessene Verehrung und Anbetung aber, so Flanagan, sind die Momente des Geheimnisses, der Distanz und des Schweigens konstitutiv, weshalb das liturgische Ritual von einer relativen Unbestimmtheit und Opazität seiner Worte, Zeichen und Symbole lebt.[33] Zum liturgischen Ritual gehören zudem seine strenge Formalisierung und Wiederholbarkeit, die es den daran Beteiligten zu jeder Zeit und an jedem Ort ermöglichen, gleich-

---

[31] Flanagan (vgl. Sociology and Liturgy [wie Anm. 30], 34) beruft sich in diesem Zusammenhang auf I.A DALMAIS, The Liturgy as Celebration of the Mystery of Salvation, in: The Church at Prayer, vol. 1: Principles of the Liturgy, ed. by A.G. MARTIMORT, transl. by M.J. O'CONNEL, London 1987, 259: "Liturgy belongs in the order of 'doing' (*ergon*), not of 'knowing' (*logos*). Logical thought cannot get very far with it; liturgical actions yield their intelligibility in their performances, and this performance takes place entirely at the level of sensible realities, not as exclusively material but as vehicles of overtones capabel of awakening the mind and heart to acceptance of realities belonging to a different order."

[32] Die erneuerte Liturgie hat dagegen vielfach eine Entwicklung genommen, bei der das gottesdienstliche Handeln auf der Oberfläche einer vorübergehenden zwischenmenschlichen Kommunikation dahinfließt (vgl. V. TURNER, Ritual, Tribal and Catholic, in: Worship 50 [1976] 504–526). Eine einseitige Betonung des Mahlcharakters der Eucharistie hat zudem dazu geführt, dass die Eucharistie zunehmend über die als gemeinschaftliches Essen und Trinken verstandene Kommunion definiert wird, als Zeichen für die durch Christus gewährte Gemeinschaft untereinander, immer weniger als sakramentales Zeichen seines Lebensopfers, seiner Todeshingabe.

[33] K. FLANAGAN, Sociology and Liturgy (wie Anm. 30), 52.

sam selbstvergessen ihre Rolle spielen zu können, hinter die sie in ihrer alltäglichen Selbstrepräsentation zurücktreten.[34]

Die von soziologischer und kulturanthropologischer Seite vorgebrachte Kritik an der Entwicklung der erneuerten Liturgie mag im Einzelnen überspitzt erscheinen. Doch wäre die katholische Liturgiewissenschaft schlecht beraten, sie nicht ernst zu nehmen. Denn wenn das Konzil vom Mysterium der Liturgie spricht, ihrem sakralen und kultischen Charakter, sowie ihrer eucharistischen und eschatologischen Dimension, dann konturiert es die Liturgie nicht in Analogie zu unserer säkularen Festkultur, sondern vielmehr als „Unterbrechung" unseres alltäglichen kommunikativen Handelns. Es war kein Geringerer als Jürgen Habermas, der vor einigen Jahren die Theologen darauf aufmerksam gemacht hat, dass eine am alltäglichen kommunikativen Handeln orientierte Liturgie in der Konsequenz auf eine Aufhebung des ihr eingeschriebenen religiösen Sprachspiels und eine Auflösung ihres Mysteriencharakters hinauslaufen müsse.[35]

b) Kritik im Innenraum der Kirche: Louis Bouyer, Konsultor des Liturgierates und ein enger Vertrauter von Papst Paul VI. († 1978), hat die Liturgiekonstitution als eines der bedeutendsten religiösen Ereignisse des 20. Jahrhunderts bezeichnet. In ihr werde nicht nur die christliche Spiritualität neu bestimmt, sondern erstmals durch ein Konzil das Wesen der Liturgie beschrieben.[36] An der nachkonziliaren Liturgiereform fand Bouyer weniger Gefallen, ja er sollte zu einem ihrer schärfsten Kritik werden. Auch wenn man Bouyers pauschales Urteil über die Liturgiereform nicht teilt und seine polemische, zum Teil sarkastische

---

[34] Vgl. ebd. 44. – Der Kommunikationswissenschaftler M. Gottschlich erhebt ähnliche Bedenken wie Flanagan: Die Forderung nach allgemeiner Verständlichkeit der Liturgie macht aus dem „Geheimnis" ein „sinnentleertes sprachliches Versatzstück" und die zunehmende Profanisierung der Liturgie lässt keinen abgesonderten Raum des „Heiligen", des Sakralen mehr zu. So droht die Liturgie so zu einem organisierten Gemeinschaftserlebnis einer entmystifizerten Kirche zu werden, in der die „tätige Teilnahme" an einem durchgestylten Gottesdienst zunehmend die „geistliche Teilnahme aller am Mysterium" ersetzt. Vgl. Bewußtseinsindustrie und Heilsmysterium. Kommunikations-theologische Anmerkungen zur Selbstentfremdung des Christentums, in: Gottesdienst – Kirche – Gesellschaft, 163–177, hier 175.

[35] Vgl. J. HABERMAS, Exkurs: Transzendenz von innen, Transzendenz ins Diesseits, in: DERS., Texte und Kontexte, Frankfurt/Main 1991, 134–140.

[36] Vgl. L. BOUYER, Erneuerte Liturgie. Geistlicher Kommentar zur Liturgiekonstitution, Salzburg 1965.

Kritik der Sache, um die es ihm geht, wenig dienlich ist[37], so erkannte er doch sehr früh, dass die erneuerte Liturgie die Tendenz hat, das Unvergleichliche der christlichen Liturgie dem Alltagsleben so sehr anzugleichen, dass unter den Gläubigen der Sinn für das Mysterium der Liturgie schwindet.[38]

Zu den Kritikern der Entwicklung der erneuerten Liturgie gehörte am Ende seines Lebens auch Max Thurian († 1996). Von dem evangelischen Konzilsbeobachter und Berater des Liturgierates, der unter Johannes Paul II. zum Katholizismus übergetreten war, erschien 1996, kurz vor seinem Tod, ein Beitrag, der auf eine bedenkliche Eindimensionalität im gottesdienstlichen Leben aufmerksam machte.[39] Thurian sieht die Entwicklung der Liturgie nach dem Konzil durch eine Inflation von Worten, Erklärungen und Kommentaren geprägt, die immer weniger Raum lassen für die Kontemplation des in der Liturgie gefeierten Mysteriums und die entsprechende Anbetung.[40] Verliert die Liturgie aber ihren kontemplativen Charakter, droht sie zu „einem ermüdenden religiösen Vortrag" zu werden.[41] Durch die ständige *face to face*-Beziehung von Priester und Gemeinde, wie sie die katholische Messliturgie nach dem Konzil durchgehend prägt, wird zudem der Eindruck erweckt, als ob es in ihr vor allem um einen Dialog zwischen Zelebrant und Gläubigen gehe. Der Ausfall einer gemeinsamen Gebetsrichtung, wie sie im evangelischen Gottesdienst zum Teil erhalten geblieben ist, hat die Tendenz, die Liturgie in sich abzuschließen.[42] Von ihrer Sinngestalt her ist die Liturgie aber auf die Nähe des auferweckten Gekreuzigten in Wort und Sakrament bezogen, dessen Parusie die christliche Gemeinde erwartet.[43]

---

37 Vgl. DERS., Der Verfall des Katholizismus, München 1970, 120: „Es gibt gegenwärtig in der katholischen Kirche keine Liturgie mehr, die diesen Namen verdiente. Das muss einmal ohne Umschweife gesagt werden. Die Liturgie von gestern war nicht viel mehr als ein einbalsamierter Leichnam; was heute ‚Liturgie' heißt, ist kaum mehr derselbe Leichnam im Zustand der Auflösung".

38 Vgl. DERS., Das Handwerk des Theologen. Gespräche mit Georges Daix. Übersetzt von Hans Urs von Balthasar (Theologia Romanica XI), Einsiedeln 1980, 51f.

39 Vgl. M. THURIAN, La liturgie, contemplation du mystère, in: Notitiae 32 (1996) 690–697.

40 Vgl. ebd. 690.

41 Vgl. ebd. 690f.

42 Vgl. ebd. 691.

43 Vgl. ebd. 696. – Ein anderer Konzilsbeobachter, der russisch-orthodoxe Theologe A. Schmemann († 1983), hat die symbolische Verarmung der erneuerten

In den letzten Jahren hat sich vor allem Kardinal Ratzinger immer wieder kritisch zur Entwicklung der Liturgie nach dem Konzil geäußert. Was sich für den Kardinal im gottesdienstlichen Bewusstsein vor allem verändert hat, ist das Verhältnis zur gewachsenen Liturgie der Kirche. Die Liturgiereform mit ihrer Orientierung an der Zeit der Patristik wurde vielfach als Absetzung von der nachfolgenden abendländischen Liturgieentwicklung verstanden und hat die Vorstellung einer gleichsam neu zu erfindenden, „selbstgemachten Liturgie“ befördert[44], was vielerorts zu einem „Zerfall der Liturgie“ führte.[45] Für die Verfassung der katholischen Kirche, die davon überzeugt ist, dass in ihrer Liturgie zum Ausdruck kommt, was sie ist und wie sie sich versteht, kann dies auf Dauer nicht folgenlos bleiben. Ein weiteres Problem sieht Ratzinger in der Tendenz einer unreflektierten Anpassung der Liturgie an die „moderne Welt“, bei der die kurze, gut moderierte, geschickt inszenierte und an der „Oberflächenverständlichkeit“[46] der Alltagssprache orientierte Liturgie als ihr Idealfall erscheint.[47]

Zum Grundproblem der Entwicklung, welche die Liturgie der katholischen Kirche nach dem Konzil genommen hat, schreibt Johannes Hoff in seinem Beitrag „Das Verschwinden des Körpers. Eine Kritik an der ‚Wut des Verstehens‘ in der Liturgie“: „Die unkritische Propagierung einer volksnahen und verständlichen Liturgie [...] riskiert, jene Momente von Fremdheit zu zer-

---

Liturgie der katholischen Kirche sowie eine fatale Dominanz des gesprochenen Wortes beklagt, durch welche die kosmische und eschatologische Dimension der eucharistischen Liturgie zunehmend verblasse. Vgl. Aufzeichnungen 1973–1983, Freiburg 2002, 332f.

[44] Vgl. J. KARDINAL RATZINGER, Aus meinem Leben. Erinnerungen (1927–1977), Stuttgart 1998, 173f. – Wo aber die Liturgie „selbstgemacht“ ist, da vermag sie nicht mehr das zu schenken, was ihre eigentliche Gabe ist und sein sollte: „die Begegnung mit dem Mysterium, das nicht unser Produkt, sondern unser Ursprung und die Quelle unseres Lebens ist“ (ebd. 174).

[45] In diese Richtung geht auch Kritik des Schriftstellers Martin Mosebach an der erneuerten Liturgie, die allerdings streng traditionalistisch motiviert ist und für eine Rückkehr zur Messlitugie des Missale Romanum von 1962 plädiert: Häresie der Formlosigkeit. Die römische Liturgie und ihre Feind, Wien 2002; dazu: J.-H. TÜCK, Zwischenruf eines Laien. Martin Mosebach über den römischen Ritus, in: NZZ vom 12. März 2003, 59.

[46] Vgl. DERS., Salz der Erde. Christentum und katholische Kirche an der Jahrtausendwende. Ein Gespräch mit Peter Seewald, Stuttgart 1996, 186f.

[47] Vgl. neben A. Nichols auch G. MUSCHALEK, Kult, Kultur und christliche Liturgie, Tübingen 1988; E. DUFFY, Catholicism and Its Past. The Albert Cardinal Meyer Lectures, Mundelein/Illinois 2000.

stören, die kultischen Handlungen einen Gedächtniswert verleihen“[48]. Eine für jedermann verständliche Liturgie war die Sache des Konzils nicht, vielmehr betonte es neben dem neu entdeckten gemeinschaftlichen Charakter der Liturgie ihr Mysterium sowie ihren sakralen und kultischen Charakter.

3. Der christliche Liturgie im Spiegel von „Sacrosanctum Concilium“

Auf dem Dritten Deutschen Liturgischen Kongress im April 1964 in Mainz, sagte der Mainzer Bischof und spätere Kardinal Hermann Volk († 1988) – kurz vor dem Mainzer Kongress war er zum Mitglied des „Consilium“ berufen worden: „Das Wichtigste an dieser Konstitution über die Liturgie sind nicht die vorgesehenen Änderungen, vielmehr die theologische Beschreibung der Liturgie, ihrer Bedeutung für die Kirche und ihrer Struktur. Änderungen sind ja nur deshalb vorgesehen, weil davon eine Verdeutlichung und Intensivierung des liturgischen Handelns der Kirche erwartet werden“[49]. Die Liturgiekonstitution trägt zwar nicht, wie „Dei Verbum“ und „Lumen gentium“ den Titel „Dogmatische Konstitution“. „Sacrosanctum Concilium“ ist aber keine Pastoralkonstitution. Sie muss deshalb von den theologischen Prinzipien der christlichen Liturgie, wie sie zu Beginn der Konstitution entfaltet werden, interpretiert werden.[50] Bei einer Re-lecture von „Sacrosanctum Concilium“ ist deshalb mit den Aussagen zum „Wesen der Liturgie“, von dem die Konzilsväter ganz unbefangen sprechen, zu beginnen.

Es war ein zentrales Anliegen des Konzils, die enge Verbindung von Wort und Sakrament sowie den Gemeinschaftscharakter liturgischer Feiern wieder stärker hervorzuheben, um jene individualistisch verengte Sicht der von der Andacht des Volkes separierten Klerusliturgie zu überwinden. So nennt das Konzil die Liturgie die Feier der versammelten Gemeinde (SC 6), betrachtet sie als Quelle und Höhepunkt allen kirchlichen Handelns (SC 10;

---

[48] J. HOFF, Das Verschwinden des Körpers. Eine Kritik an der „Wut des Verstehens“ in der Liturgie, in: HerKorr 54 (2000) 149–155, hier 154.

[49] Vgl. Zitiert nach K. KARDINAL LEHMANN, Geleitwort, in: Gottesdienst – Kirche – Gesellschaft (wie Anm. 27), XI.

[50] Vgl. auch das Apostolische Schreiben zum 25. Jahrestag der Liturgiekonstitution (DEL 3, 6281).

vgl. LG 11) und sieht die Erneuerung der ganzen Liturgie im Dienste der Vertiefung des christlichen Lebens (SC 1). Die Aussagen, die das Konzil zum „Wesen der Liturgie“ macht, kreisen nun allerdings nicht, wie man angesichts des Ablaufs so mancher unserer sonntäglichen Eucharistiefeiern meinen könnte, um die versammelte Gemeinde, sondern um das in Wort und Sakrament gefeierte Heilsmysterium.

Beeinflusst durch die Mysterientheologie Odo Casels[51] sieht „Sacrosanctum Concilium“ die Mitte der christlichen Liturgie im rituellen Gedächtnis des Pascha-Mysteriums Christi (SC 6), das seine tiefste Bestimmung in der dankbaren Anbetung findet. Die Feier des Pascha-Mysterium Christi und die Anbetung Gottes, so Louis Bouyer, sind das doppelte Sinnziel der christlichen Liturgie, in der zugleich das Geheimnis der Kirche aufscheint.[52] Treffender konnte man, was das Konzil zum Wesen der Liturgie sagt, nicht auf den Punkt bringen. Das Konzil nennt die Liturgie insgesamt den „öffentlichen Kult“ der Kirche (SC 7) und bezeichnet die beiden Teile der Messliturgie, den Wortgottesdienst und die Eucharistiefeier, als einen „einzigen Kultakt“ (SC 56). In SC 33 heißt es von der Liturgie, sie sei vor allem Anbetung und Verehrung (*cultus*) Gottes, Anbetung nicht im Sinne des *cultus debitus*, des Gott geschuldeten Dienstes[53], sondern als freie Antwort auf die Heiligung des Menschen durch das sich in der Feier der Liturgie vollziehende „Werk unserer Erlösung“ (SC 7).[54] Doch Kult ist die christliche Liturgie nicht allein im Sinne der Verehrung und Anbetung Gottes, sondern in erster Linie als „repräsentativer Kult“.[55] Denn was in der Liturgie in Wort und Sakrament gegenwärtig wird, ist die befreiende und heilende Nähe des gekreuzigten und auferweckten Messias, der als der wahre Hohepriester ein

---

[51] Vgl. Anm. 26.

[52] Vgl. L. Bouyer, Erneuerte Liturgie (wie Anm. 36), 7–58.

[53] SC 59 finden wir noch eine Reminiszenz dieses Kultbegriffs.

[54] Den Charakter der Liturgie als Anbetung und Verehrung betont auch das Schlussdokument der Außerordentlichen Bischofssynode von 1985: „Die Liturgie muss sehr klar den Sinn für das Heilige fördern und ihn aufleuchten lassen. Sie muss vom Geiste der Ehrfurcht vor Gott, der Anbetung und der Verherrlichung durchtränkt sein“ (DEL 2, 5790). Zum differenzierten Kultbegriff im Kirchenrecht, der nicht auf den Begriff des „cultus debitus“ reduziert werden kann, sondern sich auf die freie, danksagende Antwort auf das Christusgeschehen bezieht, vgl. CIC/1983, cann. 222, 834–836, 840, 897.

[55] Vgl. Anm. 26.

für allemal das Allerheiligste für uns durchschritten hat (vgl. Hebr 7,25-8,6).

So beschreibt „Sacrosanctum Concilium“ die Liturgie als „Vollzug des Priesteramtes Jesus Christi“, in dem durch „sinnenfällige Zeichen“ die „Heiligung des Menschen bezeichnet und in je eigener Weise bewirkt“ wird (SC 7). Die Konzilsväter sprechen von der „heiligen Liturgie“ (SC 9 u.ö.) und nennen das in ihr vollzogene „Werk Christi, des Priesters, und seines Leibes, der die Kirche ist, eine „sakrale Handlung“ (SC 7 u.ö). Der Kultbegriff bezieht sich hier nicht nur auf die anabatische Dimension der Liturgie, also ihren latreutischen Charakter, sondern umfasst das sich im Gedächtnis des Pascha-Mysteriums Christi ereignende *commercium sacrum.*

Die angemessene Antwort auf das priesterliche Tun Christi in der Liturgie ist die Danksagung (Eucharistie). Sie ist zugleich der Sinn jenes „vernünftigen Gottesdienstes“, der unser ganzes Leben bestimmen soll und in dem wir uns Gott „als lebendiges, heiliges Opfer“ darbringen (Röm 12,1; vgl. Röm 1,21). Im liturgischen Gottesdienst werden wir durch die Danksagung, vor allem das eucharistische Gebet, dem ewigen Hohepriester und seinem liturgischen Dienst verbunden. In der irdischen Liturgie mit ihren Zeichen und Symbolen, mit ihrem Glanz und ihrer Schönheit, gewinnen wir so Anteil an der himmlischen Liturgie und erwarten die Wiederkunft Christi, bis er am Ende in Herrlichkeit erscheint als unser Leben (SC 8). Konstitutiv ist für die Liturgie deshalb neben ihrer eucharistischen Dimension ihre eschatologische Ausrichtung auf die Parusie Christi.

Mitte der christlichen Liturgie ist die Feier der Eucharistie, die in SC 47 das große „Sakrament des Erbarmens“ und das „Zeichen der Einheit“ genannt wird. Dass die Liturgie „Vollzug des Priesteramts Christi“ ist, zeigt sich vor allem im Geheimnis des eucharistischen Opfers (SC 2), von dem die Konzilsväter sagen, dass es der Priester zusammen mit den Gläubigen darbringt (SC 48). Ausdrücklich wollte das II. Vatikanische Konzil an der Substanz der vom Tridentinum vorgetragenen Lehre vom eucharistischen Opfer festhalten.[56] Papst Paul VI. hat deshalb darauf bestanden, dass der Opfergedanke in den Gebeten der erneuerten Messliturgie unverkürzt zum Ausdruck kommt.[57]

---

[56] Vgl. auch LG 10–11.

[57] Vgl. L. BOUYER, Erneuerte Liturgie (wie Anm. 36), 52f.

Für die Reform der Liturgie des römischen Ritus hatte „Sacrosanctum Concilium" auch festgelegt, dass an ihrer überlieferten Gestalt nur solche Änderungen vorgenommen werden dürfen, bei denen die gesunde Überlieferung bewahrt wird, die allgemeinen Strukturen und Sinngesetze der Liturgie beachtet werden und durch die ein wirklicher und organischer Fortschritt der Liturgie gefördert wird (SC 4, 23; vgl. OE 2, 6). An grundsätzlichen Reformen sieht die Liturgiekonstitution vor:

- Die Gläubigen sollen der Liturgie nicht wie Außenstehende (*adstantes*) beiwohnen, sondern an ihr als Handelnde (*agentes*) voll, bewusst und tätig teilnehmen (SC 14, 30, 31, 50, 79, 113).
- Das Wort Gottes soll wieder vorrangige Quelle des Lebens für alle Christen werden, weswegen die Konzilsväter eine Vermehrung und bessere Auswahl der Schriftlesungen in der Liturgie wünschen. Zugleich erklären sie die Predigt über das Wort Gottes zum unverzichtbaren Teil der sonntäglichen Messliturgie (SC 24, 35, 51-52); erlaubt wird unter bestimmten Bedingungen der Laienkelch (SC 55).
- In den einzelnen Riten soll die edle Einfachheit" (*nobilis simplicitas*) der römischen Liturgie besser zum Ausdruck kommen (SC 34); anzustreben ist deshalb eine leichtere Verständlichkeit von Riten und Texten (SC 34, 50).
- Der Sonntag ist als Ur-feiertag der Christen wiederzugewinnen (SC 106). Die Messliturgie soll so überarbeitet werden, dass der Sinn der einzelnen Teile und ihr Zusammenhang deutlicher hervortritt (SC 50); ebenso gilt dies für die Sakramentalien und Ritualien (SC 67-79.81).
- Der Volkssprache ist in der Liturgie der Eucharistie und in den anderen sakramentlichen Liturgien ein breiterer Raum zu geben, wobei der Gebrauch der lateinischen Sprache erhalten bleiben soll (SC 36, 62, 114, 116).
- Gewünscht wird eine begrenzte Inkulturation der römischen Liturgie (SC 37-40, 63, 65, 119).
- Schließlich fordern die Konzilsväter einen stärkeren Respekt vor den unterschiedlichen liturgischen Diensten. Jeder soll das, aber auch nur das tun, was ihm aus der Natur der Sache und gemäß den liturgischen Regeln zukommt (SC 28, 29).

Zu den zentralen Reformzielen einige Erläuterungen:

Actuosa participatio: Obschon die von Pius X. († 1914) und der liturgischen Bewegung geforderte aktive Teilnahme der Gläubigen sich in Gebeten, Gesängen, gemeinsamen Gebärden,

Haltungen und Handlungen ausdrückt, ist sie primär doch nicht eine äußere, sondern eine innere Teilnahme, da ja nicht alle alles tun können. Die missverständliche Rede von der „demokratisierten Liturgie" (Lambert Beauduin, † 1960) ist nach dem Konzil allerdings vielfach so aufgefasst worden, dass eine aktive Teilnahme der Gläubigen an der Liturgie nur bei einer möglichst umfassenden Partizipation an einzelnen liturgischen Diensten gegeben sei, bis hin zur Übertragung priesterlicher Funktionen an Männer und Frauen ohne sakramentale Ordination, was zu einer zunehmenden Klerikalisierung von Laien geführt hat.

Liturgie des Wortes Gottes: Das Konzil wünschte, dass im Leben der Kirche und ihrer Liturgie die Heilige Schrift als primäre Urkunde unseres Glaubens stärker zum Tragen kommt. Für die katholische Kirche bedeutete dies einen Paradigmenwechsel, der für die christliche Ökumene von kaum zu unterschätzender Bedeutung war. Er führte nicht nur zur neuen Leseordnung der Messliturgie, sondern zu einer größeren Vertrautheit mit den beiden Testamenten der christlichen Bibel. Da auf der anderen Seite in den Kirchen der Reformation das Sakrament des Abendmahls neu entdeckt wurde, ist es heute nicht mehr möglich, den Kirchen der Reformation mit Heiliger Schrift und Predigt die katholische Kirche mit Tradition und Sakrament gegenüberzustellen. Gemeinsam ist den christlichen Kirchen Evangelium und Predigt, Wort und Sakrament. Von der stärkeren Gewichtung des Wortes Gottes ist nun allerdings die einseitige Orientierung der Liturgie am gesprochenen Wort (Erklärungen, Erläuterungen etc.) und der damit einhergehende Rückgang an Zeichen und Symbolen in der Liturgie zu unterscheiden.

Einfachheit und Transparenz der Riten: Mit dem Gedanken der edlen Einfachheit greift „Sacrosanctum Concilium" auf den von dem englischen Liturgiehistoriker Edmund Bishop († 1917) gebrauchten Begriff der *noble simplicity* zurück, den dieser zur Charakterisierung des im Vergleich zu den Riten der orientalischen Kirchen nüchternen und weniger komplexen Ritus der römischen Liturgie verwendete.[58] Ein ritueller Minimalismus war damit eben sowenig angezielt wie eine für jedermann verständliche Liturgie. Dafür kann man sich auch nicht auf die von den Konzilsvätern geforderte Transparenz der liturgischen Riten und die bewusste und tätige Teilnahme der Gläubigen berufen. Denn

---

[58] Vgl. E. BISHOP, Le génie du rit romain, Paris 1920.

Transparenz der Liturgie und tätige Teilnahme setzen – wie man in der liturgischen Bewegung sehr wohl wusste – eine entsprechende liturgische Bildung voraus. Der Preis, der bei einer für jedermann verständlichen Liturgie zu zahlen ist, besteht darin, dass sie immer weniger als Mysterium und heilige Handlung gefeiert und erfahren wird.

Inkulturation der Liturgie: Die Liturgie der Kirche, so heißt es in „Sacrosanctum Concilium", besitzt einen unveränderlichen Bestand und veränderliche, dem Wandel unterworfene Teile (SC 21), ohne dass gesagt würde, worin diese bestehen. Die christliche Liturgie verlangt deshalb keine starre Uniformität (SC 37). „Sacrosanctum Concilium" hat sich gleichwohl nicht für die Schaffung neuer Liturgiefamilien ausgesprochen, sondern für eine begrenzte Inkulturation der römischen Liturgie bei Wahrung ihrer „substantiellen Einheit" (SC 37-40), was die Entstehung neuer anerkannter Riten in Zukunft nicht ausschließt (SC 4). Die volkssprachliche Liturgie ist ein Teil der vom Konzil gewünschten liturgischen Inkulturation. Was ihren Anteil in der Messliturgie betrifft, so haben sich die Konzilsväter dafür nur zaghaft geöffnet. Sie optierten für eine Koexistenz von überlieferter lateinischer Kultsprache und volkssprachlicher Liturgie (SC 36, 54).[59] Doch zeigte sich schnell, dass die intendierte Mischliturgie aus zentralen lateinischen Gebeten wie dem eucharistischen Hochgebet und volkssprachlichen Teilen wie Lesungen, Orationen und Gesängen wenig realistisch war. Eine in zentralen Teilen weiterhin in lateinischer Sprache gefeierte Liturgie hätte für die meisten Gläubigen, selbst im westlichen Kulturraum, auf Dauer unüberwindbare Verständnisbarrieren darstellen müssen.[60]

---

[59] B. FISCHER, Die Grundaussagen der Liturgie-Konstitution und ihre Rezeption in fünfundzwanzig Jahren, in: H. BECKER / B.J. HILBERATH / U. WILLERS (Hgg.), Gottesdienst – Kirche – Gesellschaft (wie Anm. 27), 417–428, hier 425.

[60] Das anerkennt auch ausdrücklich J. KARDINAL RATZINGER, Salz der Erde (wie Anm. 46), 188. – Doch ist es keineswegs im Sinne des Konzils, dass die lateinische Messe heute fast vollständig verschwunden ist, man ihr selbst in Bischofskirchen nur noch äußerst selten begegnet.

Viele halten die *celebratio versus populum* für die entscheidendste Änderung der vom Konzil eingeleiteten Liturgiereform. Doch die Liturgiekonstitution sieht eine Änderung der Gebets- bzw. Zelebrationsrichtung gar nicht vor. Zwar wurde eine *celebratio versus populum* noch während des Konzils von der Ritenkongregation zusammen mit dem Liturgierat durch die Instruktion „Inter Oecumenici" (1964) möglich gemacht. Sie ist aber niemals im strengen Sinne gefordert oder vorgeschrieben worden.[61] Die Ritenkongregation hat damals auch darauf hingewiesen, dass eine *celebratio versus orientem* bzw. *apsidem*, wenn sie auf das eucharistische Hochgebet beschränkt ist, ganz dem Geist der erneuerten Messliturgie entspricht.[62] Vor einigen Jahren hat eine Orientierung der Gottesdienstkongregation auch noch einmal bestätigt, dass die *celebratio versus populum* aus pastoralen Gründen ermöglicht wurde und dahinter keine theologischen Überlegungen standen.[63]

Die alte Gebets- und Zelebrationsrichtung war aber schon bald nach dem Konzil fast vollständig verschwunden, da man meinte, die *celebratio versus populum* entspreche besser dem gemeinschaftlichen Charakter der Liturgie, der dann auch gegenüber ihrem Charakter als Anbetung und Verehrung zunehmend in den Vordergrund trat.[64] Da die Liturgiereform für den ersten Teil der Messliturgie keine einheitliche Gebets- bzw. Zelebrationsrichtung mehr vorsah, musste bei den Gläubigen zunehmend der Eindruck entstehen, entscheidend sei für die erneuerte Messliturgie der von der *face to face*-Beziehung bestimmte Dialog zwischen Priester und Gemeinde. Das damit verbundene Problem wird heute stärker empfunden als in den ersten Jahrzehnten nach dem Konzil.

So dreht sich der gegenwärtige Streit um die Liturgiereform nicht zufällig um die mit der gemeinsamen Gebets- bzw. Zelebrationsrichtung zusammenhängende Frage des kultischen und sakralen Charakters der christlichen Liturgie. Nun lässt nicht bestreiten, dass die *celebratio versus populum*, die sichtbarste

---

[61] Vgl. DEL 1, 289.
[62] Vgl. Notitiae 1 (1965) 251.
[63] Vgl. Notitiae 29 (1993) 245–249.
[64] Ohne auf die damit verbundene Problematik einzugehen, war der Preis für die Änderung der Gebets- bzw. Zelebrationsrichtung nicht selten eine Zerstörung der Raumstruktur.

Veränderung innerhalb der römischen Messliturgie, stärker den Mahlcharakter der Eucharistie betont. Allerdings ist die *celebratio versus populum* mit dem Opfercharakter der Eucharistie keineswegs unvereinbar. Auf der anderen Seite darf die *celebratio versus populum* nicht zum entscheidenden Kriterium erhoben werden, das über die Treue zum Konzil entscheidet. Die Feier der Eucharistie kann weder allein von ihrem Charakter als Mahl noch ausschließlich von ihrem Opfercharakter her verstanden werden. Gestützt auf die liturgiehistorischen Forschungen zur Frage der Gebets- bzw. Zelebrationsrichtung, wäre dringend notwendig, in der katholischen Kirche endlich die ideolologischen Grabenkämpfe zu überwinden, bei denen im einen Lager die *celebratio versus orientem* bzw. *apsidem* zum Sündenfall der Liturgiegeschichte und im anderen Lager die *celebratio versus populum* als Verrat am wahren Geist der Liturgie erklärt wird.[65] Die Frage der angemessenen Gebets- und Zelebrationsrichtung – darauf hat der Bonner Liturgiewissenschaftler Albert Gerhards in letzter Zeit immer wieder hingewiesen – kann nur in Verbindung mit der Gestalt und Ausstattung des liturgischen Raumes beantwortet werden, bei der deutlich werden muss, dass die zur Liturgie versammelte Gemeinde zusammen mit dem Priester durch die befreiende und heilende Nähe des auferweckten Gekreuzigten vor Gott gestellt ist.

Um den sakralen und kultischen Charakters der Liturgie wieder deutlicher zum Ausdruck zu bringen, bedarf es aber wohl nicht nur einer Wiederentedeckung der reichen Zeichen- und Symbolsprache des römischen Ritus, auf die man nach dem Konzil vielerorts meinte verzichten zu können, sondern ebenso einer Durchbrechung der *face to face*-Beziehung von Priester und

---

[65] Vgl. zum Forschungsstand: O. NUSSBAUM, Die Zelebration versus populum und der Opfercharakter der Messe (1971), in: DERS., Geschichte und Reform des Gottesdienstes. Liturgiewissenschaftliche Untersuchungen, hg. von A. Gerhards und H. Brakmann, Paderborn-München-Wien-Zürich 1996; M. WALLRAFF, Christus verus sol. Sonnenverehrung und Christentum in der Spätantike, Münster 2001; A. GERHARDS, "Blickt nach Osten!". Die Ausrichtung von Priester und Gemeinde bei der Eucharistie – eine kritische Reflexion nachkonziliarer Liturgiereform vor dem Hintergrund der Geschichte des Kirchenbaus, in: M. KLÖCKENER / A. JOIN-LAMBERT (Hgg.), Liturgia et unitas. FS B. Bürki, Freiburg/Schweiz 2001, 197–217; DERS., Versus orientem – versus populum. Zum gegenwärtigen Diskussionsstand einer alten Streitfrage, in: ThRv 98 (2002) 15–22; W.M. LANG, Conversi ad Dominum. Zu Gebetsostung, Stellung des Liturgen am Altar und Kirchenbau, in: FKTh 16 (2000) 81–123.

Gemeinde, von der die Messliturgie nach dem Konzil durchgehend bestimmt ist. Das Plädoyer zur Durchbrechung der *face to face*-Beziehung sollte nicht als Aufforderung missverstanden werden, zur vorkonziliaren Messliturgie zurückzukehren. Es geht nicht darum, die zentralen Gebets- und Zeichenhandlungen der Eucharistie (Epiklese, Verba Testamenti, Anamnese) nun wieder überall *versus orientem* bzw. *versus apsidem* zu vollziehen. Doch sollte über eine gemeinsame Gebets- bzw. Zelebrationsrichtung etwa beim Introitus, beim Schuldbekenntnis, Tagesgebet oder auch beim Allgemeinen Gebet der Kirche nachgedacht werden. Im Sinne einer Durchbrechung der *face to face*-Beziehung ist wohl auch der Vorschlag von Kardinal Ratzinger zu verstehen, auf den Altar als gemeinsamen Richtpunkt des Gebets ein weithin sichtbares Kruzifix zu stellen, das wie das Kreuzsymbol in den geosteten Apsiden als Symbol für den auferweckten Gekreuzigten dient, dessen Wiederkunft die christliche Gemeinde erwartet.[66]

5. Das schwierige Verhältnis von Einheit und Inkulturation der römischen Liturgie

Auch wenn der Leitsatz von der *liturgia semper reformanda* seine Berechtigung hat, so ist doch eine Liturgierform keineswegs immer an der Zeit. Was wir heute brauchen, sind auch nicht ständig neue liturgische Texte und Zeichenhandlungen, sondern eine Aneignung des Erbe der liturgischen Tradition, auf das sich Konzil mit der von ihr eingeleiteten Liturgiereform zurückbesonnen hat. In diesem Sinne ist von lehramtlicher Seite seit dem Apostolischen Schreiben zum 25. Jahrestag der Liturgiekonstitution (1988) von einer „neuen Zeit“ oder „zweiten Phase“ der liturgischen Erneuerung die Rede. Gemeint ist damit eine Vertiefung und Konsolidierung der Liturgiereform.[67]

---

[66] J. KARDINAL RATZINGER, Der Geist der Liturgie (wie Anm. 6), 73. Vgl. auch die entsprechende Bestimmung der „Institutio Generalis Missalis Romani“ (2002) Nr. 308.

[67] DEL 3, 6276.6281.6285; KONGREGATION FÜR DEN GOTTESDIENST UND DIE SAKRAMENTENORDNUNG, Der Gebrauch der Volkssprache bei der Herausgabe der Bücher der römischen Liturgie = Liturgiam authenticam. Fünfte Instruktion „zur ordnungsgemäßen Ausführung der Konstitution des Zweiten Vatikanischen Konzils über die heilige Liturgie“ (zu Art. 36 der Konstitution). Lat.-dt. (Verlautbarungen des Apostolischen Stuhls 154), Bonn 2001, Nr. 7.

Nun werfen allerdings die jüngsten Dokumente der Kongregation für den Gottesdienst und die Sakramentenordnung die Frage auf, ob nicht inzwischen ein Weg eingeschlagen worden ist, der – würde man ihn konsequent zu Ende gehen – hinter das Konzil zurückführen müsste. So betonen mehrere Bestimmungen der „Institutio Generalis Missalis Romani" (2002) wieder stärker als den hierarchischen Charakter der Liturgie.[68] Auf Kritik ist vor allem die Instruktion „Liturgiam authenticam" über den Gebrauch der Volkssprache bei der Herausgabe der Bücher der römischen Liturgie (2001) gestoßen. Die neue Übersetzer-Instruktion behandelt eine zentrale Frage der vom Konzil gewünschten Inkulturation der römischen Liturgie.[69] Schon die Instruktion „Römische Liturgie und Inkulturation" (1994) hatte bekräftigt, dass das Ziel der Liturgiereform nicht die „Schaffung neuer Ritus-Familien" innerhalb der römisch-katholischen Kirche war, es deshalb bei der liturgischen Inkulturation nur um „Anpassungen im Rahmen des römischen Ritus"[70] gehen könne, etwa für die Bereiche der Sprache, der Musik, des Gesangs, der Gesten und Haltungen, der Kunst und in Einzelfällen auch beim Aufbau des Ritus.[71] Zugleich wurde darauf hingewiesen, dass bei der liturgischen Inkulturation jeder religiöse Synkretismus auszuschließen sei, liturgische Riten vor allem nicht mit Magie, Aberglauben und Spiritismus verbunden oder biblischen Lesungen und offizielle liturgische Gebete nicht durch Texte aus anderen Religionen ersetzt werden dürfen.[72]

---

[68] Für den Altarraum, der ausschließlich als „Presbyterium" bezeichnet wird, fordert die „Institutio Generalis" etwa eine strikte Trennung der Sedilien für die geweihten Amtsträger und die anderen liturgischen Dienste. (vgl. Institutio Generalis Missalis Romani Nr. 294, 295). Laien, die an der Kommunionspendung innerhalb der Messfeier beteiligt werden, dürfen erst nach der Kommunion des Priesters, also nicht schon zum „Vater unser" zum Altar hinzutreten (vgl. ebd. Nr. 162). Bei diesen restriktiven Bestimmungen ist zu beachten, dass sie eine Reaktion auf bestimmte liturgische Missbräuche bei der Feier der Eucharistie darstellen.

[69] Vgl. Liturgiam authenticam, Nr. 5.

[70] Vgl. KONGREGRATION FÜR DEN GOTTESDIENST UND DIE SAKRAMENTENORDNUNG, Instruktion „Inkulturation und die römische Liturgie" (1994), Bonn 1994 (Verlautbarungen des Apostolischen Stuhls 114), Nr. 36.

[71] Vgl. Liturgiam authenticam, Nr. 21f.

[72] Vgl. ebd. Nr. 23. – Vgl. auch KONGREGATION FÜR DEN GOTTESDIENST UND DIE SAKRAMENTENORDNUNG, Direktorium über Volksfrömmigkeit und Liturgie. Prinzipien und Orientierungshilfen, Vatikanstadt 2002; KONGREGATION FÜR DIE GLAUBENSLEHRE, Instruktion über Gebete um Heilung durch Gott (Verlautbarungen des Apostolischen Stuhls 149), Bonn 2000.

Die Instruktion „Liturgiam authenticam“ sieht die substantielle Einheit der römischen Liturgie vor allem durch Auslassung, Textzusätze bzw. –paraphrasierungen bei den Übersetzungen der lateinischen Liturgiebücher, aber auch durch Übersetzungen aus schon bestehenden Übersetzungen sowie durch Abweichungen gegenüber der katholischen Lehre gefährdet.[73] Die Instruktion fordert deshalb eine streng wörtliche Übersetzung der lateinischen Liturgiebücher, *ad litteram* also, einschließlich einer Nachahmung des lateinischen Satzbaus. Gegen anderslautende Bestimmungen der Liturgiekonstitution (SC 36 §§ 3-4; SC 39) und des Motuproprio „Sacram Liturgiam“ (1964)[74] bedürfen in Zukunft alle Übersetzungen der lateinischen Liturgiebücher nicht nur einer Billigung, das heißt einer Bestätigung (*confirmatio*) durch den Apostolischen Stuhl, sondern – gemäß einer Bestimmung des CIC 1983 (can. 838 § 2) – einer *recognitio,* die gesetzgebende Kraft hat, das heißt einer Approbation.[75] Der Apostolische Stuhl hat sich zugleich das Recht reserviert, selbst Übersetzungen der lateinischen Liturgiebücher in jede beliebige Volkssprache vorzunehmen.[76] Diese Regelungen setzen nicht nur der liturgischen Inkulturation enge Grenzen. Sie berühren auch das schwierige Verhältnis von Universalkirche und Ortskirche, lag doch das Recht zur Erarbeitung und Approbation der volkssprachlichen Liturgiebücher nach dem Konzil bei den ortskirchlichen Autoritäten.[77]

Die Übersetzung der lateinischen Liturgiebücher stellt eine anspruchsvolle hermeneutische Aufgabe dar. Die Sorge um die Einheit der römischen Liturgie sollte man deshalb nicht leichtfertig vom Tisch wischen. Es lässt sich ja auch nicht bestreiten, dass die bestehenden Übersetzungen der lateinischen Liturgiebücher, die übrigens von ganz unterschiedlicher Seite Kritik erfahren haben, gelegentlich zu einseitig an der Alltagssprache orientiert sind. Zum Teil sind sie auch einfach falsch oder es dokumentiert sich in ihnen die zunehmende Verlegenheit gegenüber der christlichen Glaubenslehre. So wurde etwa das Bekenntnis zur *resurrectio carnis* im Apostolischen Glaubensbekenntnis nicht mit

---

73 Vgl. Liturgiam authenticam, Nr. 22.24.80.
74 Vgl. DEL 3, 189–190.
75 Vgl. ebd. Nr. 22.80.
76 Vgl. ebd. Nr. 104.
77 Dies betont auch R. KACZYNSKI, Angriff auf die Liturgiekonstitution? (wie Anm. 10), 664f.

„Auferstehung des Fleisches" oder „Auferstehung des Leibes", sondern mit „Auferstehung der Toten" übersetzt, weil man meinte, eine Auferstehung des Fleisches den Betern nicht mehr zumuten zu können.[78]

Die Übersetzungen der lateinischen Liturgiebücher dürften auch wohl nicht immer genügend deutlich den poetischen und gehobenen Sprachstil der Liturgie wiedergeben. Allerdings zeigt sich hier, dass das „Dilemma" der Übersetzung zwischen Texttreue und Verstehen, wie es von Schleiermacher u.a. beschrieben wurde, auch für liturgisch-poetische Texte besteht, so dass für ihre Übersetzung ähnliche hermeneutische Regeln gelten wie für literarische Texte[79]: Der zu übersetzende Text muss in seiner Fremdheit verstanden und zur Geltung gebracht werden. Doch dies kann nicht durch eine wörtliche Übersetzung um jeden Preis erreicht werden. Die Forderung nach streng wörtlicher Übersetzung stellt auch eine Absage an die erste Übersetzer-Instruktion (1969) dar.[80] Darin hieß es, dass es nicht genügt, „einfach den wörtlichen Inhalt und die Grundgedanken des Originaltextes in eine andere Sprache" zu übertragen, es vielmehr darauf ankommt, „einem bestimmten Volk in dessen eigener Sprache getreu zu vermitteln, was die Kirche durch den Originaltext einem anderen Volk in einer anderen Sprache mitgeteilt hat. Die Treue der Übersetzung kann also nicht lediglich von den Worten und Sätzen her beurteilt werden."[81]

Die Einheit der römischen Liturgie wäre natürlich einfacher sicherzustellen, würde man, wie es bestimmte Kreise fordern, zur lateinischen Liturgie zurückkehren. Eine einheitliche Kultsprache ist aber aus liturgiehistorischen und liturgietheologischen Gründen abzulehnen. Die volkssprachliche Liturgie entspricht nicht nur dem älteren liturgischen Erbe der katholischen Kirche; sie ergibt sich auch aus der vom Konzil gewünschten aktiven Teilnahme der Gläubigen an der Liturgie. Zudem ist die Legitimität der volkssprachlichen Liturgie im christlichen Offenbarungsverständnis begründet. Zwar besitzt das Christentum wie Juden-

---

[78] Dies wird von „Liturgiam authenticam" für die Zukunft ausdrücklich untersagt: vgl. Nr. 65.

[79] Zum „Dilemma" einer getreuen Übersetzung vgl. die übersetzungswissenschaftlichen Reflexionen von K. BERGER / C. NORD, in: Das Neue Testament und frühchristliche Schriften, Frankfurt/Main 1999, 17–23.

[80] Vgl. DEL 1, 1200–1242.

[81] Vgl. DEL 1, 1205.

tum und Islam heilige, kanonische Schriften, doch ist für das christliche Offenbarungsverständnis nicht der Gedanke der Inlibration, sondern derjenige der Inkarnation und damit der Inkulturation zentral.[82]

Mag eine Verständigung über das Verhältnis von liturgischer Einheit und Vielfalt, von römischer *editio typica* und ortskirchlicher Inkulturation bzw. Akkulturation aufgrund der von „Liturgiam authenticam" eingenommenen Position vorerst auch nicht möglich sein, so wird die katholische Kirche doch auf Dauer eine überzeugende und konsensfähige Antwort auf die Frage geben müssen, wie viel Einheit *in liturgicis* nötig und wie viel Vielfalt möglich ist: „In den Dingen, die den Glauben oder das Wohl der ganzen Gemeinschaft nicht berühren, wünscht die Kirche nicht einmal in der Liturgie eine starre Einheitlichkeit der Form aufzuerlegen; im Gegenteil pflegt und fördert sie das glanzvolle geistige Erbe der verschiedenen Stämme und Völker; was aber im Brauchtum der Völker nicht in unlösbarer Verbindung mit Aberglauben und Irrtümern übereinstimmt, das wägt sie wohlwollend ab und erhält es – wenn möglich – voll und ganz, ja zuweilen gewährt sie ihm sogar Einlass in die Liturgie selbst, sofern es nur mit den Grundlinien eines wahren und echten liturgischen Geistes vereinbar ist" (SC 37; vgl. SC 21).

Schluss

So berechtigt die Sorge um eine authentische Übersetzung der lateinischen Liturgiebücher auch ist, das zentrale Problem des gottesdienstlichen Lebens in der katholischen Kirche sind meines Erachtens nicht die Übersetzungen der römischen Liturgiebücher, sondern die Entwicklung, welche die Liturgie nach dem Konzil vielfach genommen hat. Es war und ist symptomatisch für eine gewisse Schieflage im gottesdienstlichen Leben der katholischen

[82] Es sei auch daran erinnert, dass Papst Johannes VIII. (872–882) gegen eine Festlegung der Liturgiesprache auf die drei Sprachen, in denen die Kreuzesinschrift abgefasst war (Hebräisch, Griechisch, Latein) das Argument vorgebracht hat: „Der die drei Sprachen geschaffen hat, hat sie alle geschaffen zu seinem Lob und seiner Ehre". Zitiert nach B. FISCHER, Die Grundaussagen der Liturgie-Konstitution und ihre Rezeption in fünfundzwanzig Jahren, in: H. BECKER / B.J. HILBERATH / U. WILLERS (Hgg.), Gottesdienst – Kirche – Gesellschaft (wie Anm. 27), 417–428, hier 424.

Kirche, dass man Sakralität und Kult nach dem Konzil mit einer an mittelalterlichen Lebens- und Gesellschaftsformen orientierten Kirche identifizierte. Gegenüber dem Prozess einer zunehmenden Entsakralisierung der Liturgie wird es entscheidend darauf ankommen, ob es gelingt, das Mysterium der Liturgie wieder neu zu entdecken und zur Geltung zu bringen. Vielleicht sollte man hier nicht von einer „Reform der Reform" sprechen, da sich diese Formel in der liturgiewissenschaftlichen Diskussion nur schwer vom Programm eines hinter das Konzil zurückdrängenden Traditionalismus abgrenzen lässt. Erneuerung kann es allein aus der Kraft des Konzils geben.

Unsere Liturgie wird aber nur dann eine lebendige Zukunft haben, wenn wir wieder Vertrauen in ihren sakralen und kultischen Charakter gewinnen und nicht so sehr nach der Modernitätsverträglichkeit von Glaube und Gottesdienst schielen. Inzwischen sehen wir auch klarer, dass die Kirche sich selbst und der säkularen Kultur ein unverkürztes sakrales und kultisches Verständnis ihres Gottesdienstes schuldet.[83] Es ist das große Verdienst des II. Vatikanischen Konzils, den gemeinschaftlichen Charakter der Liturgie deutlich herausgestellt zu haben. Was die christliche Liturgie aber von unserer alltäglichen Festkultur unterscheidet, das ist das in Wort und Sakrament fortdauernde Heilsmysterium. Diesem Mysterium entspricht die danksagende Anbetung Gottes in der Einheit von irdischer und himmlischer Liturgie. Unsere Aufgabe besteht heute vor allem darin, wieder neu die kontemplative, mystische und vertikale Dimension der Liturgie zu entdecken.[84]

[83] Vgl. R. SCHAEFFLER, Kultur und Kult (wie Anm. 26), 87.

[84] Vgl. M. THURIAN, La liturgie, contemplation du mystère (wie Anm. 39), 695f; JOHANNES PAUL II., On Active Participation in the Liturgy. Ad Limina Address of Pope John II to Bishops of the United States, in: AAS 91 (1999) 351–356.

Ein Blick zurück und nach vorne aus dem Abstand von fast vierzig Jahren am Beispiel des Verhältnisses von Orts- und Universalkirche

Peter Walter, Freiburg i. Br.

Als am 21. November 1964, zum Abschluss der III. Sitzungsperiode des II. Vatikanischen Konzils, die Konzilsväter mit überwältigender Mehrheit (2151 Ja- gegen fünf Nein-Stimmen) die Dogmatische Konstitution über die Kirche „Lumen gentium" verabschiedeten, lag eine immense Arbeit hinter ihnen und war einer der bedeutendsten Texte der neueren Dogmen- und Theologiegeschichte in konziliarer Entscheidungsfindung zum Abschluss gekommen.[1] Die Kirchenkonstitution ist wie alle derartigen Texte das Ergebnis eines hart erkämpften Kompromisses. Um die für die Annahme notwendige Einmütigkeit unter den Konzilsvätern zu finden, musste der Text vielfach überarbeitet und neu gefasst werden. Alle, die je an einer gemeinsamen Erklärung auch des kleinsten Gremiums mitgearbeitet haben, wissen, wie mühevoll das ist, und wie sehr das Ergebnis mit seinen Brüchen und seinem Flickwerkcharakter diese Mühen, unterschiedlichen Anliegen gerecht zu werden, widerspiegelt. So ist es auch bei „Lumen gentium". In diesem Text finden sich, wie es der italienische Theologe Antonio Acerbi plakativ formuliert hat, „zwei Ekklesiologien", eine „neue", welche die Kirche als „communio" in den Vordergrund stellt, und eine die traditionelle Papstzentrierung

---

[1] Zum Verständnis von „Lumen gentium" nach wie vor unerlässlich ist der Kommentar in: LThK.E 1,137–347, an dem u.a. die an der Entstehung der Konstitution beteiligten Theologen Gérard Philips (1898–1972), Alois Grillmeier (1910–1998), Karl Rahner (1904–1984) und Joseph Ratzinger mitgearbeitet haben. Für die Entstehung von LG einschlägig ist G. ALBERIGO (Hg.), Storia del concilio Vaticano II, Bd. 4, Bologna-Löwen 1999. Ebd., 424 findet sich das Ergebnis der Endabstimmung, das A. ACERBI, Art. Lumen gentium, in: LThK³ 6 (1997) 1118ff., hier: 1119 nicht korrekt (2134 zu 10) wiedergibt.

fortsetzende Ekklesiologie.[2] Wie ein auch nur oberflächlicher Blick auf die nachkonziliare innerkatholische Entwicklung zeigt, berufen sich beide Positionen, die man in etwa innerhalb der katholischen Kirche unterscheiden kann, auf das II. Vaticanum. Die Konzilstexte erscheinen als eine „wächserne Nase", die man je nach Bedarf einmal hierhin und einmal dorthin dreht. Gleichwohl gibt es in der katholischen Theologie Kriterien einer sauberen Konzilshermeneutik. Die Texte eines Konzils stehen bei einer oberflächlichen, unhistorischen Lektüre zwar unterschiedlichen Auslegungen offen, bei einer genaueren Analyse ihrer Entstehung lässt sich jedoch meist mit einiger Sicherheit ermitteln, was die Konzilsväter sagen wollten.[3]

Nach dem katholischen Verständnis von kirchlicher Lehrkontinuität, wie es sich etwa in der Dogmatischen Konstitution über die göttliche Offenbarung „Dei Verbum" niedergeschlagen hat, geht die Kirche nicht von einer Entwicklung in qualitativen Sprüngen aus, sondern von einem kontinuierlichen Fortschreiten (vgl. DV 7-10). So kann von der Ekklesiologie des II. Vaticanums von vornherein nicht erwartet werden, dass sie sich einfach über die des I. Vaticanums hinwegsetzt, sondern dass sie diese zu integrieren und weiterzuentwickeln versucht.

Da ich im Rahmen dieses Beitrags unmöglich umfassend auf den Inhalt und die aktuelle Bedeutung von „Lumen gentium" eingehen kann, beschränke ich mich auf die Frage nach dem Verhältnis von Orts- und Universalkirche, das zuletzt durch den Disput der beiden Kardinäle Walter Kasper und Joseph Ratzinger wieder virulent geworden ist.

1. Die Aussagen von „Lumen gentium" über das Verhältnis von Orts- und Universalkirche

Der kanadische Theologe Gilles Routhier stellt mit Recht fest: „Die Möglichkeit, die Kirche ausgehend von der Ortskirche zu verstehen, erweist sich als eine der großen Errungenschaften der

---

[2] Vgl. A. ACERBI, Due ecclesiologie. Ecclesiologia giuridica ed ecclesiologia di communione nella 'Lumen gentium', Bologna 1975.

[3] In vorbildlicher Weise hat dies im Hinblick auf eine zentrale Frage von LG durchgeführt G. WASSILOWSKY, Universales Heilssakrament Kirche. Karl Rahners Beitrag zur Ekklesiologie des II. Vatikanums, Innsbruck-Wien 2001.

Ekklesiologie des II. Vaticanums."[4] Die Kirchenkonstitution behandelt diese Frage im Rahmen der Darlegung des Verhältnisses von Bischofskollegium und Papst als obersten Leitungsorganen der Kirche im dritten Kapitel. Der Episkopat ist, wie das Konzil mit einem historischen Ausblick auf Synoden und Konzilien sowie auf die Bischofsweihe als kollegialen Akt deutlich macht, von Anfang an kollegial verfasst. Das Bischofskollegium ist dabei nicht als nachträglicher Zusammenschluss der einzelnen Bischöfe zu verstehen, sondern als eine umfassende Einheit, welche dem einzelnen Bischof vorausliegt. Die Vollmacht der Heiligung, der Lehre und der Leitung kommt dem Einzelbischof zu, insofern er diesem Kollegium zugehört und nicht unabhängig von diesem. In diesem Zusammenhang – wohlgemerkt: erst hier! – ist nun auch ausführlicher vom Bischof von Rom die Rede (LG 22).

„Der Papst ist Haupt und mitkonstituierendes Element dieses Kollegiums; ohne ihn hört es auf Kollegium zu sein. Dieses Kollegium hat die höchste und volle Gewalt in der Kirche inne, also mit und unter dem Papst dieselbe Vollmacht wie der Papst, die ihm nicht vom Papst erteilt wird. Die Ausübung dieser Vollmacht des Kollegiums muß ein kollegialer Akt sein; dazu ist aus dem Wesen dieses Kollegiums heraus die Mitwirkung des Papstes erforderlich".[5] Die Funktion des Bischofs von Rom innerhalb des die Vielfalt und Universalität des Gottesvolkes darstellenden Bischofskollegiums wird als Zum-Ausdruck-Bringen der Einheit beschrieben. Dabei zeigt sich das Konzil – man könnte sagen: über Gebühr – bemüht, die Prärogative der Primatialgewalt des Papstes herauszustellen. Dieses Bemühen wurde hervorgerufen durch die Reaktion einer Gruppe von Konzilsvätern, die eine Beeinträchtigung der entsprechenden Lehre des I. Vaticanums befürchtete und deren Bedenken Papst Paul VI. in der berühmten „Nota explicativa praevia" zum dritten Kapitel von „Lumen gentium" zu beschwichtigen suchte.

Wie der Bischof von Rom „als Nachfolger Petri das immerwährende, sichtbare Prinzip und Fundament für die Einheit der Vielheit von Bischöfen und Gläubigen" ist, so sind „die Einzelbischöfe [...] sichtbares Prinzip und Fundament der Einheit in ihren

---

[4] G. ROUTHIER, „Église locale" ou „Église particulière": querelle sémantique ou option théologique?, in: Studia canonica 25 (1991) 277–334, hier: 277. In seinen Darlegungen versucht Routhier, den uneinheitlichen Sprachgebrauch des Konzils zu ordnen und plädiert für „église locale" als grundlegende Kategorie.

[5] K. RAHNER / H. VORGRIMLER, Einleitung zu „Lumen gentium", in: DIES. (Hgg.), Kleines Konzilskompendium, Freiburg-Basel-Wien 1968, 111f.

Teilkirchen [Ecclesiae particulares], die nach dem Bild der Gesamtkirche [Ecclesia universalis] gestaltet sind. In ihnen und aus ihnen [in quibus et ex quibus] besteht die eine und einzige katholische Kirche" (LG 23). Wir können feststellen, dass das Konzil gerade im Blick auf das die Einheit der Kirche garantierende Petrusamt das monolithisch verengte Verständnis der katholischen Kirche, wie es sich v. a. in der nachtridentinischen Ära mit ihrem Höhepunkt im I. Vaticanum herausgebildet hatte, zu einem Verständnis hin öffnet, das einer legitimen Pluralität innerhalb der einen Kirche Raum zu geben vermag. Die katholische Kirche ist kein starrer Einheitsblock, sondern ein lebendiges Gebilde mit vielen lebendigen Zellen. Diese werden in LG 23 zunächst als bischöflich verfasste Teilkirchen und an späterer Stelle als umfassendere Ortskirchen [Ecclesiae locales] beschrieben, unter denen die Patriarchate herausragen.

Das II. Vaticanum kennt freilich auch eine andere Perspektive, die von der ekklesiogenetischen Funktion der Eucharistie (vgl. 1 Kor 10,16f.) ausgeht. Es entwickelt in einer erst spät in Abschnitt 26 von „Lumen Gentium" eingefügten Passage eine Art „eucharistische Ekklesiologie", welche die „Ortsgemeinschaften [fidelium congregationes locales]" als Orte der Gegenwart der Kirche Christi charakterisiert, die deshalb legitimerweise im Neuen Testament Kirchen heißen: „Die Kirche Christi ist wahrhaft in allen rechtmäßigen Ortsgemeinschaften der Gläubigen anwesend, die in der Verbundenheit mit ihren Hirten im Neuen Testament auch selbst Kirchen heißen. Sie sind nämlich je an ihrem Ort, im Heiligen Geist und mit großer Zuversicht (vgl. 1 Thess 1,5), das von Gott gerufene neue Volk. In ihnen werden durch die Verkündigung der Frohbotschaft Christi die Gläubigen versammelt, in ihnen wird das Mysterium des Herrenmahls begangen [...]" (LG 26).[6] Ja, nicht nur die Ortsgemeinschaften haben ekklesialen Charakter, sondern dieser eignet jeder „Altargemeinschaft [altaris communitas]". „In jedweder Altargemeinschaft erscheint unter dem heiligen Dienstamt des Bischofs das Symbol jener Liebe und jener ‚Einheit, ohne die es kein Heil geben kann' [Thomas v. Aquin, S.th. III 72,3]. In diesen Gemeinden [communitatibus; deshalb besser:

[6] J. Ratzinger betont in seiner Interpretation dieser Stelle, dass hier von „rechtmäßigen Ortsgemeinschaften [...] in Verbundenheit mit ihren Hirten" die Rede ist, um den Gedanken einer Art Ekklesiologie von unten auszuschließen. Vgl. J. RATZINGER, Die Ekklesiologie des Zweiten Vatikanischen Konzils [1986], in: DERS., Kirche, Ökumene und Politik, Einsiedeln 1987, 13–27, hier: 18.

Gemeinschaften], auch wenn sie oft klein und arm sind oder in der Diaspora leben, ist Christus gegenwärtig, durch dessen Kraft die eine, heilige, katholische und apostolische Kirche geeint wird. Denn ‚nichts anderes wirkt die Teilhabe an Leib und Blut Christi, als daß wir in das übergehen, was wir empfangen' [Leo M., sermo 63,7]" (ebd.).[7]

Das II. Vaticanum entfaltet seine Ekklesiologie also nicht nur unter der Perspektive der Gesamtkirche als Einheit von bischöflichen Teilkirchen (LG 23), die dann aus soziologischen Gründen nochmals in kleinere Einheiten aufgeteilt sind, sondern auch – gut paulinisch – in umgekehrter Richtung von der einzelnen Ortsgemeinde bzw. Altargemeinschaft her (LG 26). Diese Spannung gilt es auszuhalten, sie darf, wenn man das Konzil nicht selektiv interpretieren will, weder in die eine noch in die andere Richtung hin aufgehoben werden. Die Eucharistiefeier, deren letztverantwortlicher Leiter der jeweilige Bischof ist, bildet das Fundament und den Kern dieses Kirchenverständnisses. In der mit ihrem Bischof Eucharistie feiernden Gemeinde wird das Wesen der Kirche deutlich. Dieser Sicht entspricht es, dass den Bischöfen als Leiter ihrer Ortskirchen eine „eigene, ordentliche und unmittelbare Gewalt" zukommt, dass sie ihre Teilkirche „als Stellvertreter und Gesandte Christi" und „nicht als Stellvertreter der Bischöfe von Rom" leiten (LG 27). Die ökumenische Bedeutung dieser eucharistischen Ekklesiologie darf sowohl im Blick auf die Ostkirchen als auch auf die reformatorischen Kirchen nicht unterschätzt werden.

2. Der Disput zwischen Walter Kasper und Joseph Ratzinger[8]

Walter Kasper hat in einem Beitrag für die Festschrift seines Hildesheimer Kollegen Josef Homeyer, in dem er über „Theologie und Praxis des bischöflichen Amtes" handelt, auch „[d]as Verhältnis von Universalkirche und Partikular- bzw. Ortskirche" angesprochen und festgestellt, dass die Kongregation für die

---

[7] Zur Einfügung dieser Passage und ihrer ökumenischen Bedeutsamkeit vgl. den Kommentar von Karl Rahner zur Stelle: LThK.E 1, 242–244. Zur "eucharistischen Ekklesiologie" insgesamt vgl. H. B. MEYER, Eucharistie. Geschichte, Theologie, Pastoral. Mit einem Beitrag von I. PAHL, Regensburg 1989, 480 (Lit.).

[8] Vgl. die zusammenfassende Darstellung durch K. MCDONNELL, The Ratzinger/Kasper Debate: The Universal Church and Local Churches, in: Theological Studies 63 (2002) 227–250.

Glaubenslehre in ihrem „Schreiben an die Bischöfe der katholischen Kirche über einige Aspekte der Kirche als Communio“[9] aus dem Jahre 1992 das vom II. Vaticanum gelehrte perichoretische Ineinander von Orts- und Universalkirche in einer Weise weiterentwickelt habe, „die praktisch mehr oder weniger eine Umkehrung bedeutet“.[10] Wörtlich führt Kasper aus: „Zurecht kritisiert dieses Schreiben eine Konzeption, wonach eine Teilkirche ein selbstgenügsames Subjekt darstellt und die Universalkirche nur der Zusammenschluß der Teilkirchen ist. Gegen diese zurecht kritisierte, aber wohl von keinem katholischen Theologen ernsthaft vertretene These stellt dieses Schreiben den ontologischen und zeitlichen Vorrang der Universalkirche heraus.“[11] Das römische Dokument erweitert die Formulierung von LG 23, wonach die „Ecclesia in et ex Ecclesiis“ besteht, durch die Umkehrung: „Ecclesiae in et ex Ecclesia“ (Nr. 9), um damit ein Hervorgehen der Ortskirchen aus der Universalkirche zu behaupten. Kasper hält diese letztere Formel für angebracht, wenn es um die „Ecclesia“ des Glaubensbekenntnisses geht. Historisch aber sei sie unzutreffend, da „[d]ie eine Kirche [...] von Anfang an ‚in und aus‘ Ortskirchen [bestand]“.[12] Im Hinblick auf den tatsächlichen Umgang der vatikanischen Kurie mit den Ortskirchen sieht er die Formel schließlich als eine theologische Rechtfertigung von Praktiken, gegen die er sich vehement wehrt: „Vollends problematisch wird die Formel, wenn die eine universale Kirche unter der Hand mit der römischen Kirche, *de facto* mit Papst und Kurie, identifiziert wird. Geschieht dies, dann kann man das Schreiben der Glaubenskongregation nicht als Hilfe zur Klärung der Communio-Ekklesiologie, sondern muß es als deren Verabschiedung und als Versuch einer theologischen Restauration des römischen Zentralismus verstehen. Dieser Prozeß scheint in der Tat im Gange zu sein. Das Verhältnis von Orts- und Universalkirche ist aus der Balance geraten.“[13] Dies begründet er in drei Punkten: 1. weigert sich nach Kaspers Meinung das von Papst Johannes Paul

[9] Deutsch, in: Verlautbarungen des Apostolischen Stuhles 107.

[10] W. KASPER, Zur Theologie und Praxis des bischöflichen Amtes, in: W. SCHREER / G. STEINS (Hgg.), Auf neue Art Kirche sein. Wirklichkeiten – Herausforderungen – Wandlungen. Festschrift für Bischof Dr. Josef Homeyer, München 1999, 32–48, hier 43.

[11] Ebd., 43f.

[12] Ebd., 44.

[13] Ebd.

II. 1998 erlassene „Motu Proprio über die theologische und rechtliche Natur der Bischofskonferenzen“ diese als „Teilverwirklichung der Kollegialität des Episkopats“ anzuerkennen;[14] 2. beklagt Kasper die ungenügende Einbeziehung der Ortskirchen bei der Ernennung von Bischöfen; 3. nennt er zahlreiche Beispiele aus jüngerer Zeit dafür, dass „[d]ie pastorale Eigenverantwortung des Bischofs bei der Leitung seiner Ortskirche“[15] zu wenig ernst genommen wird, z. B. das Schreiben der Glaubenskongregation „Über den Kommunionempfang von wiederverheirateten geschiedenen Gläubigen“ von 1994 sowie die von mehreren Kongregationen erlassene „Instruktion zu einigen Fragen über die Mitarbeit der Laien am Dienst der Priester“ von 1997. Mittlerweile kann man diese Liste von Gravamina problemlos verlängern: das römische Machtwort in der Frage Schwangerenkonfliktberatung,[16] die Vorschriften zur Übersetzung liturgischer Texte,[17] das jüngste Motu proprio zur Generalabsolution mit seiner „Regelungswut“.[18] Es ist vielleicht nicht unwichtig, darauf hinzuweisen, dass Kasper, als die Festschrift Homeyer erschien, bereits als Sekretär des Päpstlichen Rates zur Förderung der Einheit der Christen Mitglied der römischen Kurie war, mit der er noch als Bischof von Rottenburg-Stuttgart so streng ins Gericht gegangen war.[19]

Das Schreiben der Glaubenskongregation zum Thema „Communio“ hat mit der Formulierung von der ontologischen und zeit-

---

[14] Ebd., 46.

[15] Ebd., 47.

[16] Vgl. dazu die Darstellung von D. DECKERS, Der Kardinal. Karl Lehmann. Eine Biographie, München 2002, 318–340.

[17] Vgl. Kongregation für den Gottesdienst und die Sakramentenordnung, Der Gebrauch der Volkssprache bei der Herausgabe der Bücher der römischen Liturgie „Liturgiam authenticam“ [...] 28. März 2001 (Verlautbarungen des Apostolischen Stuhls 154). Vgl. dazu die Auseinandersetzung zwischen R. KACZYNSKI, Angriff auf die Liturgiekonstitution? Anmerkungen zu einer neuen Übersetzer-Instruktion, in: Stimmen der Zeit 219 (2001) 651–668, und J. RATZINGER, Um die Erneuerung der Liturgie. Antwort auf Reiner Kaczynski, in: ebd. 837–843.

[18] U. R[UH], Bußpraxis: Verschärfung bei der Generalabsolution, in: Herder Korrespondenz 56 (2002) 279–281, Zitat: 280. Dieses Urteil bezieht sich auf: Johannes Paul II., Apostolisches Schreiben „Misericordia Dei“. Als „Motu proprio“ erlassen über einige Aspekte der Feier des Sakramentes der Buße (Verlautbarungen des Apostolischen Stuhls 153).

[19] Vgl. die Kurzvita Kaspers von H. WOLF, in: E. GATZ u. a. (Hgg.), Die Bischöfe der deutschsprachigen Länder 1945–2001. Ein biographisches Lexikon, Berlin 2002, 476f.

lichen Priorität der Universalkirche vor den Ortskirchen eine von Kardinal Ratzinger selber geprägte Formulierung[20] aufgegriffen. Dieser nahm nun seinerseits in einem im Rahmen einer römischen Veranstaltung zum Heiligen Jahr gehaltenen Vortrag „L'Ecclesiologia della Costituzione Lumen gentium"[21] den Disput mit Kasper auf. Dieser Vortrag erschien im März 2000 zunächst im „Osservatore Romano" in italienischer Sprache, dann auch in deutscher, spanischer und englischer Übersetzung.[22] Einer größeren Öffentlichkeit wurde er Ende 2000 in einem ganzseitigen Artikel in der „Frankfurter Allgemeinen Zeitung" zugänglich gemacht.[23] Ratzinger beschränkte sich in seinem Vortrag auf die grundsätzliche Fragestellung und ging auf die von Kasper aufgeworfenen Gravamina nicht ein. Mit Recht siedelt er die Frage nach der Kirche im Bereich der umfassenderen und grundlegenden Frage nach Gott an und erblickt in der Gottesverkündigung sowie im Gottesdienst die eigentliche Aufgabe und den Sinn der Kirche, denen gegenüber alles andere als sekundär erscheint. Für seine Sicht des ontologischen und zeitlichen Vorrangs der Universal- vor den Partikularkirchen beruft sich Ratzinger vor allem auf die Theologie der Kirchenväter, die von einer Art „Präexistenz" der Kirche vor der Schöpfung sprechen und die biblischen Metaphern von der Braut und dem Leib Christi aufgreifen. „Diese ontologische Vorgängigkeit der Gesamtkirche, der einen Kirche und des einen Leibes, der einen Braut, vor den konkreten empirischen Verwirklichungen in den einzelnen Teilkirchen scheint mir so offenkundig, dass es mir schwerfällt, die Einsprüche dagegen zu verstehen. Sie scheinen mir überhaupt nur möglich zu sein, wenn man die große Gottesidee Kirche – vielleicht

---

[20] Vgl. McDonnell (wie Anm. 8), 228 Anm. 4.

[21] Deutsch jetzt auch unter dem Titel „Die Ekklesiologie der Konstitution *Lumen gentium*", in: J. Ratzinger, Weggemeinschaft des Glaubens. Kirche als Communio. Festgabe zum 75. Geburtstag, hrsg. vom Schülerkreis. Redaktion: S.O. Horn / V. Pfnür, Augsburg 2002, 107–131. Nach Ausweis des Nachwortes entspricht dieser Text der in „Die Tagespost. Sonderbeilage März 2000" veröffentlichten Fassung, ist allerdings um die beiden Fußnoten 7 und 12 erweitert (vgl. ebd. 325).

[22] Vgl. die Angaben in: Ratzinger, Weggemeinschaft des Glaubens (wie Anm. 21), 318.

[23] Nach den in der vorhergehenden Anm. zitierten bibliographischen Angaben handelt es sich bei dem in der FAZ vom 22.12.2000, 46 abgedruckten Text um eine Teilveröffentlichung. McDonnell (wie Anm. 8) berücksichtigt bei seiner Darstellung nur diese Kurzfassung.

aus Verzweiflung über deren irdische Unzulänglichkeit – überhaupt nicht mehr sehen will und kann; sie erscheint nun als theologische Schwärmerei, und übrig bleibt nur das empirische Gebilde der Kirchen in ihrem Mit- und Gegeneinander [...] Wenn man Kirche nur noch in menschlichen Organisationen sehen kann, dann bleibt in der Tat nur Trostlosigkeit übrig."[24]

Im Hinblick auf die im Zusammenhang mit der Pfingsterzählung sich ergebenden historischen Fragen räumt Ratzinger Schwierigkeiten ein, bestreitet aber, dass es „um die für uns letztlich unbeantwortbare Frage [gehe], wann genau und wo zuerst christliche Gemeinden entstanden sind, sondern um den inneren Anfang der Kirche in der Zeit, den Lukas beschreiben will und den er über alles Empirische hinaus auf die Kraft des Heiligen Geistes zurückführt [...] Das Erste im Bericht des hl. Lukas ist nicht eine Jerusalemer Urgemeinde, sondern das Erste ist es, daß in den Zwölfen das alte Israel Gottes sich nun durch das Sprachwunder, noch bevor es zur Bildung einer Jerusalemer Ortskirche kommt, als alle Zeiten und Räume umspannende Einheit zeigt."[25]

Was schließlich die „Identifizierung der Universalkirche mit Papst und Kurie" angeht, so „scheint sie" nach Ratzingers Auffassung durch Kasper „dem Brief der Glaubenskongregation unterschoben zu sein [...] Dieser interpretatorische Sprung erstaunt, aber er steht ohne Zweifel für einen weit verbreiteten Verdacht; er formuliert eine rundum zu hörende Anklage, und er drückt wohl auch eine wachsende Unfähigkeit aus, sich unter Universalkirche, unter der einen, heiligen, katholischen Kirche irgend etwas Konkretes vorzustellen. Als einziges Vorstellungselement bleiben Papst und Kurie, und wenn man sie theologisch zu hoch einordnet, muß man sich bedroht fühlen."[26]

Ratzinger wendet sich dann der Frage zu, wie das Konzil die Gesamtkirche sieht. Er beantwortet sie, indem er auf in den ersten Kapiteln der Kirchenkonstitution verwendete biblische und

---

[24] RATZINGER, Die Ekklesiologie der Konstitution *Lumen gentium* (wie Anm. 21), 116f.

[25] Ebd., 118f.

[26] Ebd., 120. In der in der Buchveröffentlichung an dieser Stelle hinzugefügten Anm. 12 verweist Ratzinger auf die weitere Auseinandersetzung mit Kasper und stellt fest: „Der Meinungsaustausch hat gottlob zu einer weitgehenden Annäherung der Standpunkte geführt." – Für die Gleichsetzung von „ecclesia universalis" und „ecclesia Romana" gibt es in der mittelalterlichen papalistischen Ekklesiologie durchaus Beispiele. Vgl. dazu H. SMOLINSKY, Art. Konziliarismus, in: TRE 19, 579–586, hier: 580.

patristische Bilder sowie die hier entwickelte trinitarische Ekklesiologie verweist. Die Erwähnung der Sakramente in LG 11 ist ihm Anlass, zu betonen, dass die Taufe „weit mehr als eine ortskirchliche Sozialisation [ist], wie sie heute leider so häufig mißdeutet wird [...] In der Taufe geht immer wieder die Universalkirche der Ortskirche voraus und schafft sie."[27] Ähnliches gilt für ihn von der Eucharistie und dem Bischofs- und Priesteramt.[28] Auf LG 23, den Schlüsseltext der Kirchenkonstitution zu dem in Frage stehenden Problem, geht er explizit nicht ein.

Kasper veröffentlichte im selben Jahr in den „Stimmen der Zeit" mit dem Untertitel „Freundschaftliche Auseinandersetzung mit der Kritik von Joseph Kardinal Ratzinger" eine Replik: „Das Verhältnis von Universalkirche und Ortskirche."[29] Darin bedauert er zu Recht, dass Ratzinger auf seine pastoralen Anliegen nicht eingegangen ist und sieht in dessen Unterstellung, seine „Auffassung [...] liefe darauf hinaus, daß es nur noch Gemeinden als empirische Größen gebe und der theologische Tiefensinn der Kirche verlorengehe [...] ein schlimmes Mißverständnis und eine Karikatur [s]einer Auffassung."[30] Kasper untermauert seine Anfrage zunächst mit historischen Argumenten, um dann in drei Schritten die Übereinstimmungen mit seinem Kontrahenten herauszustellen: 1. Die eine von Jesus Christus gewollte Kirche ist keine „erst künftige Größe, die wir ökumenisch erst anstreben; sie existiert gegenwärtig nicht nur in Fragmenten getrennter Kirchen. Sie ‚subsistiert' in der römisch-katholischen Kirche, d. h. sie ist in ihr trotz allen ihren Schwächen aufgrund der Treue Gottes geschichtlich gegenwärtig und hat in ihr ihren konkreten Ort."[31] 2. betont er den wechselseitigen Einschluss von Orts- und Universalkirche und unterstreicht 3. die der Kirche zukommende „Verfassungsstruktur eigener Art, die sich jeder rein soziologischen Betrachtung entzieht".[32] Hinsichtlich der Aussage vom Primat der Universalkirche allerdings bleibt er unnachgiebig. Mit Blick auf die bibeltheologische und patristische Argumentation Ratzingers

[27] Ebd., 121f.

[28] Vgl. ebd., 123f.

[29] W. KASPER, Das Verhältnis von Universalkirche und Ortskirche. Freundschaftliche Auseinandersetzung mit der Kritik von Joseph Kardinal Ratzinger, in: Stimmen der Zeit 218 (2000) 795–804.

[30] Ebd., 797.

[31] Ebd., 800.

[32] Ebd.

von einer „Präexistenz" der Kirche stellt Kasper klar, dass er die angeführten Texte für zeitbedingte Aussagen hält, die in die gegenwärtige theologische Sprache übersetzt werden müssen. Dann besagen sie: „Die Kirche ist nicht das Ergebnis zufälliger innergeschichtlicher Konstellationen, Entwicklungen und Entscheidungen; sie gründet im ewigen Heilswillen und im ewigen Heilsgeheimnis Gottes."[33] So unaufgebbar dieser Gedanke für Kasper ist, so fraglich ist es für ihn, diesen nur auf die „Präexistenz" der Universalkirche und nicht auch auf diejenige „der konkreten Kirche ‚in und aus' Ortskirchen"[34] zu beziehen. Er kann sich dafür auf keinen Geringeren als auf Henri de Lubac (1896-1991) berufen, der schrieb: „Eine Gesamtkirche, die vorausläge oder die man sich als in sich seiend, außerhalb aller Einzelkirchen vorstellte, ist nur eine Abstraktion."[35] Damit ist Kasper bei der ontologischen Fragestellung angelangt, die er dadurch zu entkrampfen versucht, dass er sie auf die Ebene der „theologischen Meinung und der dabei jeweils in Anschlag gebrachten unterschiedlichen Philosophien" herunterholt und damit als einen „Schulstreit innerhalb des gemeinsamen Glaubens der Kirche" einordnet.[36] Indirekt charakterisiert er die Position Ratzingers als eine platonische, „vom Primat der Idee und des Allgemeinen" geprägte, während er seine eigene als aristotelische betrachtet, für die „das Allgemeine im Konkreten verwirklicht" ist und die er dagegen verteidigt, als „Reduktion auf das empirisch Gegebene" missverstanden zu werden.[37] Am Ende seiner kurzen Ausführungen hebt Kasper nochmals die „erhebliche[n] Konsequenzen" seiner Sicht „für die eingangs genannten pastoralen Probleme" hervor, ohne dies freilich zu vertiefen, und eröffnet mit einem „Ökumenische[n] Ausblick" eine neue Perspektive, die ihm als Vizepräsident des römischen Einheitsrates dringend ist: Die ökumenische Zielvorstellung von einer „Communio-Einheit der Kirche" kann von Seiten der katholischen Kirche „nur dann öku-

---

[33] Ebd., 801.
[34] Ebd.
[35] H. DE LUBAC, Quellen kirchlicher Einheit, Einsiedeln 1974, 52f. Dieselbe Auffassung wird auch von anderen französischsprachigen Theologen wie L. Bouyer und H. Legrand vertreten, die de Lubac in diesem Zusammenhang zitiert. Später erschien J.-M. R. TILLARD, Église d'Églises. L'ecclesiologie de communion, Paris 1987. Auf Tillard und Legrand werde ich w. u. noch eingehen.
[36] KASPER, Das Verhältnis (wie Anm. 29), 802.
[37] Ebd.

menisch glaubwürdig vertreten" werden, „wenn wir in unserer eigenen Kirche das Verhältnis von Universal- und Ortskirche als Einheit in der Vielfalt und als Vielfalt in der Einheit exemplarisch verwirklichen. Eine einseitig universalistische Sicht dagegen weckt schmerzliche Erinnerungen und Mißtrauen; sie wirkt ökumenisch abschreckend."[38]

Interessanterweise fand diese Debatte in den USA eine Fortsetzung, wo Kaspers Artikel aus den „Stimmen der Zeit" in mehreren Publikationsorganen und unterschiedlichen englischen Übersetzungen veröffentlicht worden war.[39] Eines derselben, die von Jesuiten herausgegebene Zeitschrift „America", bat Ratzinger um eine Antwort, in der dieser die von Kasper geargwöhnte Ineinssetzung von Universalkirche und Papst sowie römischer Kurie bestritt. „The church of Rome is a local church and not the universal Church – a local church with a peculiar, universal responsibility, but still a local church [...]."[40] Mit der Aussage von der ontologischen Priorität der Universalkirche möchte er den inneren Vorrang der Einheit vor der Vielheit unterstreichen.[41] Den von Kasper erhobenen Zentralismus-Vorwurf weist er zurück. Der von Kasper zuletzt zur Entschärfung des Disputes gemachte Vorschlag, das Ganze auf die Ebene eines innertheologischen Schulstreits zu verlagern, scheint von Ratzinger, soweit ich sehe, nicht aufgenommen, sondern eher abgelehnt zu werden, wenn er seine Einschätzung als einem „Platonismus" anhangender Theologe als Angriff betrachtet.[42]

Eine Woche später reagierte Kasper in der selben Zeitschrift „America".[43] Vor allem in Ratzingers Aussage, es gehe ihm bei der ontologischen Priorität der Universalkirche um den Vorrang der Einheit, sieht Kasper die Basis für eine Verständigung: „Unity as transcendental determination of being makes variety and mul-

---

[38] Ebd., 803f.

[39] Vgl. McDonnell (wie Anm. 8), 239 Anm. 25. Im folgenden stütze ich mich auf die Darstellung von McDonnell, der ich auch die wörtlichen Zitate entnehme.

[40] J. Ratzinger, A Response to Walter Kasper: The Local Church and the Universal Church, in: America 185, 19.11.2001, 7–11, hier: 10.

[41] Vgl. ebd..

[42] Vgl. ebd, 11: „[...] accused of Platonism [...]". Auch in der für die Buchveröffentlichung eingefügten Anm. 7 von Ratzingers römischem Vortrag (s. o. Anm. 21) ist in diesem Zusammenhang von „vorwerfen" die Rede.

[43] W. Kasper, From the President of the Council for Promoting Christian Unity, in: America 185, 26.11.2001, 28f.

tiplicity possible to begin with [...].“[44] Dies gelte sowohl für die platonische wie die aristotelische Tradition. Im Hinblick auf Ratzingers Aussage, die Taufe sei die Eingliederung in die eine Kirche und nicht die Sozialisierung in eine einzelne Gemeinde, stellt Kasper fest: „But one becomes so – as the temporal-spatial event of baptism makes clear – in a specific (episcopally structured) local church. The principle of simultaneity holds true precisely of the sacramental event.“[45] Abschließend weist Kasper nochmals auf seine Anfragen an die gegenwärtige römische Praxis hin, die er nicht als Starrköpfigkeit bzw. als Abgleiten in Kirchenpolitik desavouiert sehen möchte.[46]

Diese Debatte ist, trotz mancher scharfer Töne, zunächst einmal erfreulich: Lässt sie doch auf höchster kirchlicher Ebene eine theologische Streitbereitschaft erkennen, die man schon deshalb – und zwar um der Sache willen – begrüßen muss, weil in Theologie und Kirche – sei es aus Harmoniebedürfnis, sei es aus Furcht vor den Auswirkungen unliebsamer Äußerungen – allzu häufig geschwiegen wird, wo christlicher Freimut zu reden geböte. Das Ergebnis dieses Streites aber ist eher als mager zu bezeichnen. Der Präfekt der Glaubenskongregation hat sich letztlich nicht von seiner Marginalisierung des ortskirchlichen Elements, wie sie von Routhier bereits für frühere Veröffentlichungen Ratzingers konstatiert wurde,[47] abbringen lassen. In seiner – wiederum in der FAZ abgedruckten – Stellungnahme zur evangelischen Kritik an „Dominus Iesus“ wird sie erneut deutlich, wenn Ratzinger die historisch zufälligen evangelischen Landeskirchen – und unausgesprochen doch wohl auch die ebenso historisch kontingenten Diözesen der katholischen wie der orthodoxen Kirchen – gegen die eine Kirche ausspielt.[48] Enttäuschend ist das Ergebnis vor allem im Hinblick auf die von Kasper zu Beginn genannten und immer wieder in Erinnerung gebrachten Gravamina.

---

[44] Ebd., 29.
[45] Ebd.
[46] Vgl. ebd.
[47] Vgl. etwa ROUTHIER (wie Anm. 4), 312 Anm. 103.
[48] Ratzinger äußert sich in einem in der FAZ vom 22.9.2000, 51f. veröffentlichten Interview mit Christian Geyer, das wiederabgedruckt wurde in: M. J RAINER (Hg.), „„Dominus Iesus“. Anstößige Wahrheit oder anstößige Kirche? Dokumente, Hintergrunde, Standpunkte und Folgerungen, Münster 2001, 29–45, hier: 32.

Im Hinblick auf die grundlegende Fragestellung ist es schade, dass die beiden Kontrahenten das nicht nur dem Umfang nach große und gewichtige Werk des kanadischen Konzilstheologen und Ökumenikers Jean-Marie Tillard (1927-2000) über die „Ortskirche" nicht berücksichtigt haben.[49] An diesem grundlegenden Werk kann man geradezu die „Probe aufs Exempel" der theologischen Leistungsfähigkeit des Begriffs der „Ortskirche" machen. Dies gilt schon für die biblische Grundlegung: Gerade die Jerusalemer Urgemeinde ist, wie Tillard zu betonen nicht müde wird, Ortskirche, in der die Kirche Gottes als „katholische" und „apostolische" verwirklicht ist. Die anderen Ortskirchen fügen der Kirche in Jerusalem nichts hinzu, sie sind auch kein Anhängsel an sie oder ein Teil von ihr, sondern sie „kommunizieren" mit ihr.[50]

Tillard möchte dadurch, dass er aus dem Gedanken der Ortskirche eine ganze Ekklesiologie entfaltet, keineswegs national, stammesmäßig oder sonst wie mit begrenzter Reichweite versehene Kirchenvorstellungen unterstützen und das Bewusstsein der Katholizität schwächen, sondern er möchte den großen Intuitionen des II. Vaticanums folgen.[51] Die Theologie der Ortskirche entspricht der „économie [...] de l'incarnation".[52] Wie ihr Herr ist die Ortskirche *in* der Welt, aber nicht *von* der Welt. Die Kirche wird notwendig an verschiedenen Orten konkret: in der Liturgie, in der Verkündigung, in der persönlichen Aneignung und Umsetzung des Glaubens durch jeden Christen. Tillard beklagt eine falsche Spiritualisierung dieser Dimensionen des Christseins und fordert ihre Verleiblichung. In der Eucharistiefeier findet die Ortskirche ihre tiefste Verwirklichung: „La synaxe eucharistique soude *en un lieu*, sous *l'episkopè* d'un pasteur ordonné dans la *communion* apostolique, juifs et grecs, hommes et femmes, jeunes et vieux, riches et pauvres, émigrés et nationaux, savants et ignorants, dont le pain et la coupe du Seigneur font un seul Corps."[53]

[49] Vgl. J.-M. R. TILLARD, L'Église locale. Ecclésiologie de communion et catholicité, Paris 1995. Viele der hier entfalteten Gedanken begegnen bereits bei H. LEGRAND, Die Gestalt der Kirche, in: P. EICHER (Hg.), Neue Summe Theologie, Bd. 3, Freiburg-Basel-Wien 1989, 87–181.

[50] TILLARD, L'Église locale (wie. Anm. 49), 29–42.

[51] Vgl. ebd., 7–12.

[52] Ebd., 126.

[53] Ebd., 141f.

Die Theologie des Amtes, die Tillard aus dem Gedanken der Ortskirche entwickelt, ist, wie die des II. Vaticanums, voll und ganz bischofszentriert, wobei ihm, ähnlich wie dem Konzil, eher die Verhältnisse des kirchlichen Altertums vor Augen stehen als die der Gegenwart mit ihren teilweise von einem einzelnen Bischof kaum mehr überschaubaren Diözesen. Kritische Fragen, wie die nach den Zulassungsbedingungen zum Amt, stellt Tillard hier nicht. Ein besonderes Anliegen ist ihm der breit ausgeführte Hinweis darauf, dass Bischofswahlen und -ernennungen im Verlauf der Kirchengeschichte anders verlaufen sind, als sie gegenwärtig geschehen. Er tritt – darin ist er sich mit Kasper einig – für eine stärkere Beteiligung der Ortskirche ein, ohne dies zu konkretisieren.[54] In diesem Zusammenhang geht er auch der Tatsache nach, dass der „Codex Iuris Canonici" von 1983 den disparaten Sprachgebrauch des II. Vaticanums dahingehend vereinheitlicht hat, dass er nicht von „ecclesia localis", sondern ausschließlich von „ecclesia particularis" spricht. Darin folgt er der personalisierenden Tendenz des Konzils, das sowohl in LG 23 als auch in CD 11 die Diözese als „portio populi Dei" bezeichnet hat, wobei man bewusst nicht von einer „pars" sprach. Denn „pars" könnte im Sinne eines „Teiles eines Ganzen" (pars in toto) verstanden werden, während die Diözese die vollständige Verwirklichung von Kirche an einem bestimmten Ort ist (pars pro toto) ist.[55] Das Konzil definiert die Diözese an beiden Stellen ohne Bezug zu einem bestimmten Ort, der Kodex übernimmt die entsprechende Passage aus CD 11 unverändert in c. 369. In c.372,1 wird der Bezug zu einem bestimmten Territorium zwar durchaus hergestellt, aber Tillard befürchtet, dass unter dem unspezifischen Titel einer „Teilkirche" sich „unter bestimmten Umständen", wie der Codex formuliert, besondere[56] Gruppen unter der Leitung eines Bischofs zusammenfinden. „Déjà le danger existe de voir l'Église de Dieu se muer ‚dans certaines circonstances' en une Église de *mouvements*. Nous aurions alors l'Église de Dieu ‚communion de mouvements'."[57]

---

[54] Vgl. ebd., 228–241.

[55] Vgl. die ebd., 284 zitierte für die Sprachregelung des Konzils wichtige Intervention eines Konzilsvaters.

[56] Das im Französischen mögliche Wortspiel von „église particulière" und „groupe particulier" (ebd., 285) lässt sich im Deutschen nicht nachahmen.

[57] Ebd., 285. Von der vom CIC vorgesehen Sonderform der „Personalprälatur" (cc. 294–297) spricht Tillard in diesem Zusammenhang nicht.

Sehr ausführlich beschäftigt Tillard sich, ausgehend von der Lehre vom „sensus fidei“ bzw. „sensus fidelium“, auch mit der synodalen Struktur der Ortskirche, die nicht nur die Institution der Diözesansynode und der diözesanen Räte, sondern vor Ort auch diejenige des Pfarrgemeinderates umfasst. Die Ortskirche funktioniert weder in der Form hierarchischer noch in der demokratischer oder parlamentarischer Urteilsfindung. „Elle se règle selon le mode dit synodal où, à tous les échelons, la communauté entière se trouve active mais dans le respect des fonctions propres, dont certaines sont données avec le sacrement du ministère.“[58] Den Vorgang synodaler Urteilsfindung beschreibt Tillard in gelungener Weise als „‚réception' mutuelle“: „Au synode, l'évêque a à ‚recevoir' ce que dans la discussion *commune* les autres fidèles (clercs et laïcs) ont exprimé comme conviction de leur *sensus fidei* [...] À leur tour, ces autres fidèles ont à ‚recevoir' ce que l'évêque promulgue de leurs décisions ou nuance, parfois son silence sur certains de leurs vœux.“[59] Der Bischof hat seine Entscheidung vor Gott, im Hinblick auf die Gemeinschaft aller Kirchen und in Loyalität gegenüber Rom zu fällen.

Abschließend behandelt Tillard die bischöfliche Kollegialität und deren synodale Konkretisierungen sowie die Rolle, die Rom in diesem Zusammenhang spielt. Der römischen Ortskirche kommt der „Vorsitz in der Liebe“ zu, wie Ignatius von Antiochien zu Beginn seines Römerbriefs schreibt.[60] Ein recht verstandenes Petrusamt, das nicht über der Kirche steht, sondern in ihr für deren Einheit tätig ist, ist geradezu notwendig. „Ainsi conçue, la primauté est bien service du *bonum commune Ecclesiae Dei.* Elle garde les Églises locales et leurs membres dans l'inquiétude du rassemblement de l'humanité entière en l'*ephapax* de Pentecôte.“[61] Tillard weiß, dass dies ein Idealbild ist, dessen Verwirklichung vor allem die orthodoxen Kirchen, denen die Synodalität ein Grundanliegen ist, vermissen. Sie wären durchaus bereit, die römische Kirche als „ältere Schwester“ anzuerkennen, weisen aber ihren faktischen Anspruch, die „Mutterkirche“ zu sein zurück.[62] Tillard schließt mit eindrucksvollen Zeugnissen aus der anglikanischen Kirche für einen Dienst an der Einheit der Kirche,

---

[58] Ebd., 331.
[59] Ebd., 359.
[60] Ebd., 542 Anm. 3.
[61] Ebd., 546.
[62] Ebd., 546f.

ja an der Menschheit, wofür der ehemalige Erzbischof von Canterbury, Robert Runcie, das erste Gebetstreffen von Assisi (1986) nennt. Aber Tillard fügt auch die Warnung an, dass Rom, wenn es auf seiner Suprematie beharrt, schuldig wird am Zerreißen des nahtlosen Gewandes Jesu, mit dem man die Kirche immer wieder verglichen hat.[63]

4. Schluss

Die Kirchenkonstitution „Lumen gentium", aber auch die hier zu Wort gekommenen Theologen haben ein ideales Bild der Kirche entworfen. Die Wirklichkeit bleibt, wie die nach wie vor unbeantworteten Anfragen von Walter Kasper gezeigt haben, dahinter zurück. Das von Romano Guardini (1885-1968) zu Beginn des zwanzigsten Jahrhunderts konstatierte „Erwachen der Kirche in den Seelen", das noch für den Aufbruch des II. Vaticanums zu gelten schien, ist, zumindest in unseren Breiten, einer großen Ernüchterung gewichen. Der dramatische Auszug aus den Kirchen, denen zudem auf allen Ebenen das Personal ausgeht, hält an. Dies nur als Folge der fortschreitenden Säkularisierung und Individualisierung unserer Gesellschaft zu betrachten, greift m. E. zu kurz. Charles Taylor, einer der Vordenker des „Kommunitarismus", sieht durchaus Chancen für die Religionsgemeinschaften und Kirchen in der Gegenwart. Diese lassen sich zum Teil sicher herleiten aus dem auch von Kardinal Ratzinger immer wieder artikulierten „Unbehagen an der Moderne"[64]: Aufgrund ihrer gemeinschaftlichen Verfasstheit haben die christlichen Religionsgemeinschaften durchaus vielfältige Aufgaben und Möglichkeiten, die negativen Folgen der Moderne überwinden zu helfen.[65]

Aber ich glaube, dass sie diese Chance nur haben, wenn es wieder neu gelingt, den christlichen Glauben in unsere Lebensbedingungen zu inkarnieren und diese so von innen heraus zu verändern, dass die Menschen spüren, es geht um sie, um ihr Leben und nicht um die Durchsetzung einer Ideologie. Hervé

---

[63] Ebd. 550.

[64] C. TAYLOR, Das Unbehagen an der Moderne, Frankfurt/Main [3]1997.

[65] Vgl. DERS., Die Formen des Religiösen in der Gegenwart, Frankfurt/Main 2002. Vgl. auch das neueste Heft des „Berliner Journals für Soziologie" (12 [2002] H. 3), in dem mehrere Beiträge sich mit den Chancen der Religionen in einer säkularisierten Welt beschäftigen.

Legrand hat schon vor zwanzig Jahren die Hypothese formuliert, dass die Säkularisierung um so schneller voranschreitet, „[j]e mehr sich die Struktur der Kirche in Unterweisende und Unterwiesene verfestigt und dabei die Laien in eine religiös und juridisch abhängige Haltung den Klerikern gegenüber geraten".[66] Es geht ihm dabei nicht darum, die grundlegende Passivität, oder besser: die grundlegende Haltung des Empfangens zu bestreiten, die zum Christsein notwendig gehört, wenn es um das Hören auf Gottes Wort geht. Für ihn liegt das Problem darin, dass „[d]ie kulturelle Erfahrung der Gläubigen und der ihnen zur Verfügung stehende, ganz eigene Wortschatz [...] für ihre persönliche Rechenschaft über ihre Glaubenserkenntnis überhaupt keine Rolle [spielen]. Vielmehr sind die Laien bezüglich der Interpretation ihrer Existenz in der Rolle von bedürftigen Schülern und Lehrlingen der durch die Hirten der Kirche dargebotenen Botschaft."[67] Das Gesagte gilt nicht nur für die sog. Laien, Theologen und Priester sind durchaus in vergleichbarer Weise von dieser Beschreibung getroffen. Was man als Theologe beklagen kann, ist, dass die Moderne und ihre intellektuellen Standards von kirchenleitender Seite vielfach nur negativ gesehen werden und dass man der „kollektiven Findung der Wahrheit", über die Karl Rahner nicht zuletzt als positive Folge seiner Konzilserfahrung ein auch heute noch lesenswertes „Fragment" verfasst hat,[68] zu wenig traut.[69] Aus der Geschichte der Kirche und ihrer Theologie ist freilich bekannt, wie schwierig das Geschäft des „aggiornamento" ist, wie ständig antagonistische Kräfte am Werk sind und wie gerade der Streit in und zwischen den Ortskirchen den römischen Zentralismus gestärkt, ja vielleicht erst hervorgebracht hat. Von

---

66 LEGRAND, Gestalt (wie Anm. 49), 122.

67 Ebd.

68 Vgl. K. RAHNER, Kleines Fragment „Über die kollektive Findung der Wahrheit", in: DERS., Schriften zur Theologie, Bd. 6, Einsiedeln u. a. ²1968, 104–110. Vgl. dazu WASSILOWSKY, Universales Heilssakrament Kirche (wie Anm. 3), 407.

69 Ein Zeugnis dieses Misstrauens ist die 1990 unter dem Titel „Donum veritatis" von der Glaubenskongregation veröffentlichte „Instruktion über die kirchliche Berufung des Theologen" (Verlautbarungen des Apostolischen Stuhls 98), die natürlich auch, wie alle solche Texte, viel unbestreitbar Richtiges und Wertvolles enthält. Vgl. dazu die wohltuenden Ausführungen von K. LEHMANN, Dissensus. Überlegungen zu einem neueren dogmenhermeneutischen Grundbegriff, in: E. SCHOCKENHOFF / P. WALTER (Hgg.), Dogma und Glaube. Bausteine für eine theologische Erkenntnislehre. FS für Bischof Walter Kasper, Mainz 1993, 69–87.

entgegengesetzten Seiten wird versprochen, *die* Lösung für die anstehenden Probleme zu haben. Ich persönlich bin davon überzeugt, dass es einfache Lösungsmöglichkeiten nicht gibt und dass sie schon gar nicht von oben nach unten verordnet, sondern nur in einem gemeinsamen Bemühen gefunden werden können, wobei das kirchliche Lehramt durchaus eine spezifische Funktion zu erfüllen hat.

Um nochmals auf die Frage zurückzukommen, die im Mittelpunkt dieses Überlegungen stand: Dass die Bischöfe der Weltkirche zusammen mit dem Bischof von Rom das die Einheit der Kirche repräsentierende und garantierende Bischofskollegium bilden, wie das II. Vaticanum vor allem in der Kirchenkonstitution „Lumen gentium" gelehrt hat, ist innerkatholisch unbestritten. Strittig ist die konkrete Ausgestaltung des Miteinander und die Regelung der Zuständigkeiten. Wenn, wie in jüngster Zeit, das Urteil über die zeitgemäße Übersetzung und Gestaltung der liturgischen Bücher, eine genuine Aufgabe der Kirche vor Ort, wieder exklusiv von römischen Stellen beansprucht wird, dann mag man sich fragen, wofür die Bischöfe in ihren eigenen Sprengeln zuständig sind. Das II. Vaticanum hat von ihnen gesagt, dass sie kraft der ihnen von Jesus Christus in der Bischofsweihe verliehenen Leitungsgewalt „das heilige Recht und vor dem Herrn die Pflicht [haben], Gesetze für ihre Untergebenen zu erlassen, Urteile zu fällen und alles, was zur Ordnung des Gottesdienstes und des Apostolats gehört, zu regeln" (LG 27). Es hat auch gelehrt, dass die Bischöfe „nicht als Stellvertreter der Bischöfe von Rom zu verstehen [sind], denn sie haben eine ihnen eigene Gewalt inne und heißen in voller Wahrheit Vorsteher des Volkes, das sie leiten. Folglich wird ihre Gewalt von der obersten und allgemeinen Gewalt [d.h. des Papstes] nicht ausgeschaltet, sondern im Gegenteil bestätigt, bestärkt und in Schutz genommen" (ebd.).[70] Das von der Katholischen Soziallehre formulierte und von der Kirche in gesellschaftlichen Zusammenhängen immer wieder in Erinnerung gerufene Subsidiaritätsprinzip, nach dem übergeordnete Instanzen die Kompetenz der kleineren Einheiten

---

[70] G. BIER, Die Rechtsstellung des Diözesanbischofs nach dem Codex Iuris Canonici von 1983, Würzburg 2001, kommt zu dem theologisch mehr als ernüchternden Ergebnis, dass „[d]ie allgemeinen kodikarischen Bestimmungen zum Episkopat und zum Diözesanbischofsamt sowie die normative Ausgestaltung dieses Amtes in den kodikarischen Bestimmungen [...] den Diözesanbischof rechtlich als päpstlichen Beamten [zeichnen]" (376).

und deren Eigenfunktion zu respektieren und im Falle eines notwendigen Tätigwerdens primär Hilfestellung zur Wiedererlangung von deren Handlungsmöglichkeiten zu gewähren haben, gilt auch für das Miteinander der Orts- und der Universalkirche.[71]

Seit Jahrhunderten, im Grunde seit dem Spätmittelalter, wird die römische Kirchenleitung von der Sorge umgetrieben, die Einheit der Kirche könnte durch die Bildung von Nationalkirchen, welche ein allzu starkes Eigenleben entfalten, zerstört werden. Von dieser Sorge sind nicht zuletzt die dogmatischen Festlegungen des universalen Jurisdiktionsprimates und der Unfehlbarkeit des Papstes auf dem I. Vaticanum diktiert. Und es fehlt auch gegenwärtig nicht an Stimmen, die den Notfall gegeben und die Notwendigkeit römischen Tätigwerdens gerechtfertigt sehen. Das II. Vaticanum spricht jedoch eine andere Sprache, die nicht vom Misstrauen gegenüber den Ortskirchen geprägt ist, sondern ihnen im Gegenteil zutraut, dass in ihnen Glaube, Hoffnung und Liebe gelebt werden. Ohne ein stärkeres Ernstnehmen der Kirche vor Ort und einer auch kirchenrechtlich klaren Absicherung ihrer Zuständigkeiten bleibt zudem eine ökumenische Einigung mit den Kirchen der orthodoxen Tradition, die dem gegenwärtigen Papst so sehr am Herzen liegt, eine Illusion, von einer Verständigung mit den aus der Reformation hervorgegangenen Kirchen, auch mit solchen, die das Bischofsamt bewahrt haben, ganz zu schweigen.

Melchor Cano (1509-1560), dem niemand eine mangelnde Anhänglichkeit an den Heiligen Stuhl nachsagen wird, hat in seinem 1563 in Salamanca erstmals erschienenen Hauptwerk „De locis theologicis“ formuliert: „Wer das Urteil des Papstes über irgendeine Sache blindlings und wahllos verteidigt, schwächt die Autorität des Apostolischen Stuhles, statt sie zu fördern, beseitigt sie, statt sie zu stützen.“[72]

Nachtrag

Der voranstehende Text gibt den Vortrag wieder, wie er am 12.10.2002 in Mainz gehalten wurde. Mittlerweile erschienene Literatur wurde nicht eingearbeitet. Es sei nur auf zwei Beiträge

---

[71] Vgl. dazu die aus den Konzilstexten erarbeitete Studie von P. MIKLUŠČÁK, Einheit in Freiheit. Subsidiarität in der Kirche als Anliegen des Zweiten Vatikanischen Konzils, Würzburg 1995, bes. 170–218.

[72] M. CANO, De locis theologicis lib. 5, cap. 5, resp. ad 4, in: H. SERRY (Hg.), Melchioris Cani [...] opera, Venetiis 1739, 171.

in dem Kardinal Walter Kasper zum 70. Geburtstag gewidmeten Sammelband hingewiesen: M. KEHL, Zum jüngsten Disput um das Verhältnis von Universalkirche und Ortskirchen, in: P. WALTER / K. KRÄMER / G. AUGUSTIN (Hgg.), Kirche in ökumenischer Perspektive, Freiburg-Basel-Wien 2003, 81-101; K. MCDONNELL, Pentecost in Relation to the Ontological and Temporal Priority of the Universal Church: The Ratzinger/Kasper Debate, in: ebd., 102-114.

Die bleibende Bedeutung des Konzils für die Ökumene der Gegenwart

Gunther Wenz, München

Unter den einundvierzig Irrtümern Martin Luthers, die nach Maßgabe der Bannandrohungsbulle „Exsurge Domine“ vom 15. Juni 1520 „samt und sonders ganz und gar“ (vgl. DH 1492) zu verurteilen, zu missbilligen und zu verwerfen sind, befindet sich der Satz: „Haereticos comburi est contra voluntatem Spiritus“ (DH 1483: „Daß Häretiker verbrannt werden, ist gegen den Willen des Geistes“). Er ist Luthers „Resolutiones disputationum de indulgentiarum virtute“ von 1518 (vgl. WA 1, 624f; ferner WA 7, 139, 14ff) entnommen und bringt dessen auch später oft wiederholte Überzeugung zum Ausdruck, dass Ketzerei eine geistliche Angelegenheit sei, die man nicht mit weltlichen Strafmassnahmen verfolgen könne und verfolgen dürfe (WA 11, 268, 27f: „Ketzerey ist eyn geystlich ding, das kan man mitt keynem eyßen hawen, mitt keynem fewr verbrennen, mitt keynem wasser ertrencken“). Die Confessio Augustana hat diese Auffassung des Reformators geteilt und in ihrem XXVIII. Artikel der Sache nach die ersatzlose Abschaffung des sogenannten Großen Bannes gefordert, der als unstatthafte Vermengung von potestas ecclesiastica und potestas civilis zu kritisieren sei.

Ich erwähne diesen Sachverhalt nicht aus Gründen konfessionalistischer Ruhm- oder Streitsucht, zumal da die realpolitischen Verhältnisse sich in den reformatorischen von denjenigen in den altgläubigen Territorien nur bedingt unterschieden: selbst Luther wollte trotz seines erwähnten Grundsatzes seit den Bauernkriegen öffentliche Lehre von Ketzerei unter bestimmten Umständen als strafwürdig verboten wissen; so erklärte er die obrigkeitliche Todesstrafe für hartnäckige Anhänger insonderheit der anabaptistischen Bewegung für rechtens.[1] Vermerkt wurde die verwerfliche

[1] Vgl. im Einzelnen meinen Beitrag: Sine vi, sed verbo? Toleranz und Intoleranz im Umkreis der Wittenberger Reformation, in: KuD 41 (1995), 136–157; wieder

Verwerfung des Satzes, dass Ketzerverbrennungen dem Geist Gottes zuwider seien, lediglich aus dem einen Grund, die Erklärung des Zweiten Vatikanischen Konzils über die Religionsfreiheit ins gebührende Licht zu rücken.

Gerade in ökumenischer Perspektive kann die Bedeutung der „Declaratio de libertate religiosa" nicht hoch genug eingeschätzt werden. Denn es war und ist der wichtigste Fortschritt christlicher Ökumene in der nachreformatorischen Zeit, dass konfessionelle Kontroversen kommunikativ und ohne Furcht um Leib und Leben sowie sonstige zivile Rechtsnachteile ausgetragen werden können. Auch für den gegenwärtigen christlichen Dialog mit nichtchristlichen Religionen ist der Gesichtspunkt der Religions- und Gewissensfreiheit schlechterdings zentral. Deshalb soll ein Wort zur Deklaration „Dignitatis humanae personae" am Anfang meiner Ausführungen stehen (I.). Einige Bemerkungen zu „Lumen gentium" schließen sich an (II.), wobei ich mich auf den achten Artikel der Kirchenkonstitution beschränke, da er für die Ekklesiologie des II. Vatikanums im Allgemeinen und für dessen Ökumenismusverständnis im Besonderen von herausragender Wichtigkeit ist. Zuletzt (III.) ist vom Ökumenismusdekret selbst zu handeln, was ebenfalls nur unter einem Aspekt, nämlich unter Konzentration auf den zweiten Artikel von „Unitatis redintegratio" geschehen soll.

1. Dignitatis humanae personae: Die Erklärung über die Religionsfreiheit

Sollen Häretiker geduldet werden? Die Antwort, die Thomas von Aquin auf diese Frage gibt, ist differenziert und eindeutig zugleich; was die Häretiker selbst und für ihren Teil an der Angelegenheit betrifft, so haben sie es verdient, nicht nur von der Kirche durch den Bann ausgeschieden, sondern auch durch den Tod aus der Welt entfernt zu werden (STh II-II, q. 11, a.3: „meruerunt non solum ab Ecclesia per excommunicationem separari, sed etiam per mortem a mundo excludi"). Letzteres wird mit dem Hinweis begründet, dass die Entstellung des Glaubens gewiss kein geringeres Vergehen darstelle als die Fälschung von Geld: werde der Geldfälscher von der Obrigkeit daher rechtens

---

abgedruckt in: G. WENZ, Lutherische Identität. Studien zum Erbe der Wittenberger Reformation. Bd. 1, Hannover 2000, 233–258.

mit der Todesstrafe belegt, so sei dies im Falle eines der Häresie Überführten nur billig; schädige jener doch nur das irdische Leben, wohingegen dieser die Seele zugrunde richte und ewiges Verderben bewirke.

In Anbetracht dessen wertet es Thomas als ein Zeichen barmherziger Liebe, wenn die Kirche ihresteils einen erklärten Irrlehrer nicht sogleich verdamme, sondern ihn zunächst zum Zwecke der Bekehrung ermahne, um erst bei gegebener Hartnäckigkeit aus Sorge um das Heil der Rechtgläubigen zur Exkommunikation zu schreiten und den vom Bannspruch Betroffenen dem weltlichen Gericht zu überantworten, damit er der gerechten Strafe leiblichen Todes zugeführt werde. Im Übrigen (vgl. STh II-II, q. 11, a.4) gilt die Regel, dass die Kirche rückkehrwilligen Häretikern nicht nur das Bußsakrament, sondern auch den Erhalt ihres Lebens gewährt, sofern es sich bei der verschuldeten Häresie um eine einmalige Abirrung handelt. Erst bei wiederholtem häretischen Rückfall ist die Befreiung von der Verurteilung zum leiblichen Tod nicht mehr möglich; indes bleibt der seelenrettende Vollzug kirchlicher Buße auch in diesem Falle unbenommen.

Die skizzierte Lehre des Thomas von Aquin setzt die Ausbildung eines juridikablen Häresiebegriffs, wie er für das Mittelalter kennzeichnend ist, als bereits gegeben voraus. U.a. dem Decretum Gratiani als der wichtigsten Sammlung mittelalterlichen Kirchenrechts lässt sich entnehmen, dass hartnäckige Ketzer notfalls mit weltlichen Strafmitteln bekämpft werden müssen, da sie sich eines Verbrechens gegen die christliche Weltordnung schuldig gemacht haben, welche zu schützen gottgebotene Aufgabe der Obrigkeit sei. Um den Neuansatz[2] zu ermessen, der mit der

---

[2] Die Behauptung dürfte nicht ungerecht sein, dass die römisch-katholische Kirche im Grunde erst seit dem II. Vatikanischen Konzil in ein positives und theologisch geklärtes Verhältnis zu den Grundsätzen der Toleranz und der Religions- und Gewissensfreiheit getreten ist. Mit guten Gründen hat der dem Katholizismus keineswegs abgeneigte oder übel gesonnene ehemalige Bundesverfassungsrichter E.-W. Böckenförde den – für römische Verhältnisse ja eher ungewöhnlichen – Kontinuitätsbruch herausgestellt, den die Erklärung „De libertate religiosa" bezüglich der vormaligen römisch-katholischen Lehre zur Toleranzfrage darstellte. „Die traditionelle katholische Lehre, bis hin zur sogenannten Toleranzansprache Pius XII. von 1953, hat", so Böckenförde, „die Anerkennung der Religionsfreiheit oder, was auf dasselbe hinausliefe, der Toleranz als Prinzip im Ergebnis immer abgelehnt. Sie geht dabei von dem Primat der Wahrheit gegenüber der Freiheit aus und von der These, dass der Irrtum an sich kein Recht hat gegenüber der Wahrheit. Nur besondere Gründe – ‚graves causae' – im Hinblick auf das Gemeinwohl können es gestatten, dass dem Irrtum

vatikanischen Erklärung über die Religionsfreiheit dieser und vergleichbarer Bestimmungen der kirchlichen Vergangenheit gegenüber vollzogen ist, genügt es, den wunderbaren Satz in Erinnerung zu rufen, den die „Declaratio de libertate religiosa" im ersten Artikel ihren Einzelausführungen vorausschickt: die Wahrheit, so wird gesagt, berührt und bindet die Gewissen, „und anders erhebt die Wahrheit nicht Anspruch als kraft der Wahrheit selbst, die sanft und zugleich stark den Geist durchdringt" („nec aliter veritatem sese imponere nisi vi ipsius veritatis, quae suaviter simul ac fortiter mentibus illabitur"). Es ist ein Grundsatz der unverletzlichen Rechte der menschlichen Person, welche die Eingangswendung der Deklaration direkt anspricht, und der kirchlichen Lehre von der rechtlichen Ordnung der Gesellschaft, dass sich die Wahrheit des christlichen Glaubens in Freiheit von staatlichem Zwang bewahrheiten will.

Ausdrücklich erklärt das Konzil im zweiten Artikel von „Dignitatis humanae", „daß die menschliche Person das Recht auf religiöse Freiheit hat. Diese Freiheit besteht darin, daß alle Menschen frei sein müssen von jedem Zwang sowohl von seiten einzelner wie gesellschaftlicher Gruppen, wie jeglicher menschlicher Gewalt, so daß in religiösen Dingen niemand gezwungen wird, gegen sein Gewissen zu handeln, noch daran gehindert wird, pri-

---

gleichwohl Existenz zuerkannt werde, dies aber niemals de jure, als Prinzip, sondern immer de facto, als Hinnahme eines Übels. Das ist, im Grundsätzlichen, noch die gleiche Lehre wie zu Zeiten der Reformation und Gegenreformation. Auch in der Konzilsaula ist sie von etlichen Vätern, einer Minderheit allerdings, mit Nachdruck vertreten worden." (E.-W. BÖCKENFÖRDE, Religionsfreiheit als Aufgabe der Christen. Gedanken eines Juristen zu den Diskussionen auf dem II. Vatikanischen Konzil, in: StZ 176 [1965], 199–212, hier: 203. Vgl. DERS., Einleitung zur Textausgabe der „Erklärung über die Religionsfreiheit", in: H. LUTZ [Hg.], Zur Geschichte der Toleranz und Religionsfreiheit, Darmstadt 1977, 401–421. Ferner: K. RAHNER, u.a., Religionsfreiheit. Ein Problem für Staat und Kirche, München 1966.) Es gehört zu den höchst bemerkenswerten Aspekten der Enzyklika „Ut unum sint" über den Einsatz für die Ökumene von Papst Johannes Paul II., wie nachdrücklich die Aussagen der Konzilserklärung über die Religionsfreiheit hervorgehoben und unterstrichen werden: „Im Wissen um die vielfältigen Wechselfälle ihrer Geschichte", so heißt es bereits in der Einführung der Enzyklika, „setzt sich die Kirche dafür ein, sich von jedem rein menschlichen Rückhalt zu befreien, um das Gesetz der Seligpreisungen aus dem Evangelium in seiner ganzen Tiefe zu leben. Da sie sich bewußt ist, daß sich die Wahrheit nicht anders durchsetzt ‚als kraft der Wahrheit selbst, die sanft und zugleich stark den Geist durchdringt', erstrebt sie für sich selber nichts außer die Freiheit, das Evangelium zu verkünden." (UUS 3 unter Verweis auf Dignitatis humanae 1)

vat und öffentlich, als einzelner oder in Verbindung mit anderen innerhalb der gebührenden Grenzen nach seinem Gewissen zu handeln. Ferner erklärt das Konzil, das Recht auf religiöse Freiheit sei in Wahrheit auf die Würde der menschlichen Person selbst gegründet, so wie sie durch das geoffenbarte Wort Gottes und durch die Vernunft selbst erkannt wird. Dieses Recht der menschlichen Person auf religiöse Freiheit muß in der rechtlichen Ordnung der Gesellschaft so anerkannt werden, daß es zum bürgerlichen Recht wird." („Haec Vaticana Synodus declarat personam humanam ius habere ad libertatem religiosam. Huiusmodi libertas in eo consistit, quod omnes homines debent immunes esse a coercitione ex parte sive singulorum sive coetuum socialium et cuiusvis potestatis humanae, et ita quidem ut in re religiosa neque aliquis cogatur ad agendum contra suam conscientiam neque impediatur, quominus iuxta suam conscientiam agat privatim et publice, vel solus vel aliis consociatus, intra debitos limites. Insuper declarat ius ad libertatem religiosam esse revera fundatum in ipsa dignitate personae humanae, qualis et verbo Dei revelato et ipsa ratione cognoscitur. Hoc ius personae humanae ad libertatem religiosam in iuridica societatis ordinatione ita est agnoscendum, ut ius civile evadat.")

Ich belasse es bei diesem einen Zitat, ohne es im Einzelnen zu kommentieren, und vermerke nur noch mit Art. 10 der Deklaration, dass der Ausschluss jeder Art von Zwangsgewalt in religiösen Dingen seitens der Menschen dem Wesen des christlichen Glaubens völlig entspricht: „Und deshalb trägt der Grundsatz der Religionsfreiheit nicht wenig bei zur Begünstigung solcher Verhältnisse, unter denen die Menschen ungehindert die Einladung zum christlichen Glauben vernehmen, ihn freiwillig annehmen und in ihrer ganzen Lebensführung tatkräftig bekennen können." („Ac proinde ratio libertatis religiosae haud parum confert ad illum rerum statum fovendum, in quo homines expedite possint invitari ad fidem christianam, illam sponte amplecti atque eam in tota vitae ratione actuose confiteri.")

2. Lumen Gentium: Zur dogmatischen Konstitution über die Kirche

Die Erklärung über die Religionsfreiheit sollte nach ursprünglicher Konzilsplanung Bestandteil des Ökumenismusdekrets werden. Die erste Fassung der Deklaration bildete demgemäß das fünfte Kapitel des Schemas des Dekrets. Erst später kam man zu der Überzeugung, „das Konzil müsse in einem eigenen Dokument über die religiöse Freiheit sprechen. Als Grund wurde angegeben, die religiöse Freiheit sei ein Thema, das an Umfang und Bedeutung über die Grenzen des Ökumenismus hinausgehe. Es habe höchste Bedeutung auch für die Beziehungen der Kirche zur gesamten Menschheit."[3] So richtig das ist: Wenn des Ökumenismusdekrets gedacht wird, darf aus historischen und sachlichen Gründen die Deklaration über die Religionsfreiheit nicht vergessen werden. Beide sind aufs Engste verbunden. Entsprechendes gilt naturgemäß auch für die Beziehung von „Unitatis redintegratio" zur Kirchenkonstitution „Lumen gentium", von deren achten Artikel im folgenden die Rede sein soll.[4]

Die ökumenisch ebenso bedeutsame wie vieldiskutierte Wendung dieses Artikels, derzufolge die einzige Kirche Christi („unica Christi Ecclesia"), wie wir sie im Glaubensbekenntnis als die eine, heilige, katholische und apostolische bezeugen, in derjenigen Kirche subsistiert, die vom Nachfolger Petri und den Bischöfen in Gemeinschaft mit ihm geleitet wird („subsistit in Ecclesia catholica, a successore Petri et Episcopis in eius communione gubernata"), ruft nicht weniger Fragen hervor, als sie zu beantworten in der Lage ist. Dies kommt nicht von ungefähr: denn die besagte Formel enthält in gewisser Weise selbst das Problem, das sie zu lösen beansprucht. Wie verhält sich die römisch-katholische Kirche, als deren spezifisches Kennzeichen die Leitung durch den Papst als Nachfolger Petri und durch die mit diesem in Gemeinschaft verbundenen Bischöfe angegeben wird, zur una, sancta, catholica et apostolica Ecclesia? Klar scheint zu sein, dass es sich nach LG 8 bei diesem Verhältnis um einen differenzierten Zusammenhang und weder um eine unvermittelte Alternative noch um eine Identitätsbeziehung indifferen-

---

[3] P. PAVAN, Einleitung und Kommentar zur Erklärung über die Religionsfreiheit, in: LThK.E II, 703–711, hier: 704.

[4] Es bedarf keiner Betonung, dass der in „Unitatis redintegratio" entfaltete römische Ökumenismus seine einheitliche dogmatische Basis und theologische Gestalt eindeutig von der Ekklesiologie her erhält, wie sie in „Lumen gentium" entwickelt ist. „Darum hat das Schema ‚Über den Ökumenismus' die Form eines Dekretes, während das Kirchen-Schema als Dogmatische Konstitution verfasst ist [...] Im Kirchen-Schema ist die ökumenische Diskussion bereits implizit anwesend, die [...] im Schema ‚Über den Ökumenismus' entfaltet wird." (L. JAEGER, Das Konzilsdekret „Über den Ökumenismus". Sein Werden, sein Inhalt und seine Bedeutung, Paderborn 1968, 52).

ter Art handelt. Indem ein exklusives „est“ vermieden bzw. durch „subsistit“ ersetzt wurde, gab das Vaticanum II zu erkennen, dass es das Verhältnis zwischen der Kirche, zu der sich die Symbole des Glaubens bekennen, und der römisch-katholischen Kirche nicht im Sinne völliger Deckungsgleichheit bestimmen wollte. Die wichtigste Folge davon ist, dass kirchliches Sein ekklesiologisch nicht ausschließlich der römisch-katholischen Kirche vorbehalten bleibt: „licet extra eius compaginem elementa plura sanctificationis et veritatis inveniantur, quae ut dona Ecclesiae Christi propria, ad unitatem catholicam impellunt“ (LG 8).

Mit der Möglichkeit ekklesialer Elemente außerhalb der verfassten katholischen Kirche wird also vom II. Vatikanum ausdrücklich gerechnet; ja es lässt sich anhand des Konzilstextes und seiner Geschichte sogar wahrscheinlich machen, dass die „elementa plura sanctificationis et veritatis“, von denen LG 8 spricht, nicht nur ekklesiale Einzelelemente und partielle Bestandteile von Kirche bezeichnen, sondern elementare Gründe der Ekklesialität. Die Annahme eines wirklichen Kircheseins nichtkatholischer Kirchen erscheint von daher ebenso folgerichtig wie der Hinweis, dass die römisch-katholische Kirche der „communio“ mit den anderen Kirchen um der bestimmungsgemäßen Realisierung katholischer Einheit willen in ekklesiologisch konstitutiver Weise bedarf. Letzteres impliziert, wie zu vermuten steht, dass offenbar auch die römisch-katholische Kirche nicht alle ekklesialen Elemente besitzt, die für die noch zu erstrebende bzw. noch ausstehende vollständige sichtbare Einheit der Kirche erforderlich sind.

Sind damit die Interpretationsmöglichkeiten und Differenzierungspotentiale der subsistit-Formel in einer Hinsicht nahezu ausgeschöpft, so darf doch andererseits nicht der Eindruck erweckt werden, nach Maßgabe von LG 8 könne der ekklesiologische Begriff der Kirche von der Realität der römisch-katholischen so abgehoben werden, dass jene Verwirklichung, welche die Wendung „subsistit in“ bezeichnet, im Vergleich zum entwickelten ekklesiologischen Begriff der Kirche als nachträglich erscheint.

Einer solchen Deutung ist nicht erst die Erklärung der Kongregation für die Glaubenslehre „Dominus Iesus“ entgegengetreten; diese hat das allerdings mit besonderem Nachdruck und besonderer Schärfe getan, was die ökumenische Frage unausweichlich macht, ob damit nun die authentische römisch-katholische Lesart von LG 8 gegeben sei. Wird diese Frage bejaht, darf man es der evangelischen Seite nicht verdenken, wenn sie, wie in dem EKD-Votum zum geordneten Miteinander bekenntnisverschiedener Kirchen geschehen, die römisch-katholische Vorstellung von der sichtbaren, vollen Einheit der Kirche für „nicht kompatibel"[5] mit dem evangelischen Verständnis von Kirchengemeinschaft erklärt.

Sehen wir genauer zu: Zu den am meisten umstrittenen ekklesiologischen Passagen der Deklaration „Dominus Iesus" gehört ihre Interpretation des bereits mehrfach erwähnten Satzes von LG 8, wonach die Kirche Jesu Christi in der katholischen Kirche, die vom Nachfolger Petri und von den Bischöfen in Gemeinschaft mit ihm geleitet werde, subsistiere. Nach Auffassung der Erklärung ist diese Aussage unverträglich mit der Meinung, die eine und einzige Kirche Christi könne auch in anderen christlichen Kirchen entsprechend verwirklicht sein. Betont wird (Art. 16), dass nur eine einzige Subsistenz der wahren Kirche gegeben sei mit der Folge, dass die Kirche Christi trotz der Spaltungen der Christen voll nur in der katholischen Kirche weiterbestehe, wohingegen außerhalb ihres sichtbaren Gefüges zwar mit vielfältigen Elementen der Heiligung und der Wahrheit, nicht aber mit Kirche im voll verwirklichten Sinne des Begriffs zu rechnen sei. Mit Joseph Kardinal Ratzinger zu reden: „Das Sein der Kirche als solches reicht viel weiter als die römisch-katholische Kirche, aber in ihr hat sie in einzigartiger Weise den Charakter eines eigenen Subjekts."[6] Der Plural „Kirchen" kann daher legitimerweise nur auf die Teil- bzw. Ortskirchen der einzig in der katholischen Kirche subsistierenden einen Kirche Jesu Christi Anwendung finden. Infolgedessen wird den aus der Reformation hervorgegangenen Kirchen der Status von Schwesterkirchen bzw. Kirchen im eigentlichen Sinne bestritten, wie einer entsprechenden Note der Kongregation für die Glaubenslehre zu entnehmen ist. Warum der Ehrentitel der Schwesterkirche der Orthodoxie gleichwohl zuerkannt wird, wäre in Anbetracht der orthodoxen Primatskritik genauer zu erörtern.

---

[5] Kirchengemeinschaft nach evangelischem Verständnis. Ein Votum zum geordneten Miteinander bekenntnisverschiedener Kirchen. Ein Beitrag des Rates der Evangelischen Kirche in Deutschland, in: EKD-Texte 69, hier: 13 (III, 2.3). Kritische Stellung bezogen habe ich zu dem Dokument in meinem Beitrag: Kirchengemeinschaft nach evangelischem Verständnis. Eine Stellungnahme zum Votum der Kammer für Theologie der Evangelischen Kirche in Deutschland zum geordneten Miteinander bekenntnisverschiedener Kirchen, in: ÖR 51 (2002), 353–366.

[6] FAZ Nr. 221 vom 22.9.2000, 51.

Ich unterlasse dies und gebe stattdessen eine kurze Gesprächsnotiz wieder, in der ein anderer hochrangiger Vertreter der Kurie, Walter Kardinal Kasper, seine Lesart von „Dominus Iesus" der Öffentlichkeit präsentiert hat. Frage des Magazins „Der Spiegel": „Für Sie sind die protestantischen Kirchen echte Kirchen? *Kasper*: Ja, aber sie sind nach ihrem Selbstverständnis Kirchen anderen Typs, als die katholische Kirche sich definiert."[7] Das hört sich erheblich anders an als der Ratzingersche Originalton von „Dominus Iesus". Gleichwohl meint Kasper der Sache nach nichts anderes zu sagen als die Erklärung der Glaubenskongregation. „Dominus Iesus" verlasse „nicht den Boden des Konzils. Die Interpretation, die ich dazu vorgetragen habe, und die zunächst zur Rechten und zur Linken Stirnrunzeln und die Frage ausgelöst hat, ob man dieser offenen Deutung trauen könne, hat inzwischen im wesentlichen breite Zustimmung gefunden."[8] So konstatierte es der Leiter des Päpstlichen Rates zur Förderung der Einheit der Christen erst unlängst anlässlich eines Festvortrags zum Hundertjahresjubiläum der „Theologischen Revue" in Münster.

Kasper hat diese Feststellung zugleich mit einem Hinweis auf zwei nach seinem Urteil entscheidende ekklesiologische Weichenstellungen des Konzils verbunden: „Die erste wichtige Grundentscheidung des Konzils war eine Selbstunterscheidung. Das Konzil hält zwar daran fest, dass die Kirche Jesu Christi in der katholischen Kirche subsistiert, d.h. konkret wirklich ist; aber die katholische Kirche setzt sich nicht mit der Kirche Jesu Christi identisch (LG 8; UR 3). Damit ist Spielraum für andere Kirchen und Kirchengemeinschaften, in denen die eine Kirche Jesu Christi in unterschiedlichen Graden wirklich ist. Damit ist auch Spielraum für einen Prozeß der purificatio, reformatio und innovatio – alles Begriffe, die sich in den Konzilstexten finden (LG 8; UR 3; 6) – der katholischen Kirche. Das Konzil (UR 7) und noch deutlicher der gegenwärtige Papst (Ut unum sint, 15; 33-35), betonen ausdrücklich, dass es keine ökumenische Annäherung ohne persönliche wie strukturelle conversio und innovatio geben kann. Wohlgemerkt, es geht um Bekehrung zu Jesus Christus, und nicht um Konversion zu einer anderen Kirche oder Konfession; letzteres ist als persönliche Gewissensentscheidung zu achten, aber

---

[7] Der Spiegel 13/2001.

[8] W. KASPER, Kirchengemeinschaft als ökumenischer Leitbegriff, in: ThRev 98 (2002) 3–12, hier: 8.

nicht das Ziel der Ökumene."[9] Hinzukommt eine zweite wichtige Grundentscheidung, die es nach Kasper zu notieren gilt: „Die Rehabilitierung der theologischen Bedeutung der Ortskirche innerhalb der einen universalen Kirche. Die Lokalkirchen sind nach dem Konzil Kirche am Ort und nicht nur ein Ausschnitt oder ein Verwaltungsbezirk der universalen Kirche (LG 26 u.a.). Die universale Kirche besteht ‚in und aus' Ortskirchen (LG 23); umgekehrt bestehen die Ortskirchen ‚in und aus' der universalen Kirche (Communionis notio, 9). Universal- und Ortskirche sind gleichursprünglich und einander innerlich (perichoretisch). Diesem Satz hat Kardinal Ratzinger – auf die geschichtliche Kirche bezogen – zugestimmt."[10]

Letztere Bemerkung ist nicht nur in Anbetracht der vorangegangenen Debatte zwischen Kasper und Ratzinger[11], sondern über den Binnenraum des Katholizismus hinaus für dessen Verhältnisbestimmung zu den Reformationskirchen in hohem Maße bedeutsam. Das erhellt spätestens dann, wenn man – um noch ein weiteres Mal den Festvortrag Kaspers zu zitieren – „sieht, dass der Schwerpunkt reformatorischer Ekklesiologie auf der konkreten

---

[9] Ebd.

[10] Ebd., 9.

[11] In einer, wie im Untertitel eigens betont wird, „freundschaftlichen Auseinandersetzung" mit der Kritik, die Joseph Kardinal Ratzinger an seiner Bestimmung des Verhältnisses von Universalkirche und Ortskirche geübt hatte, unterstrich Kasper seine wiederholt geäußerte Überzeugung, „dass eine Ortskirche nicht eine Provinz oder ein Departement der Weltkirche ist; sie ist vielmehr Kirche am Ort" (W. KASPER, Das Verhältnis von Universalkirche und Ortskirche. Freundschaftliche Auseinandersetzung mit der Kritik von Josef Kardinal Ratzinger, in: StZ 218 [2000] 795–804, hier: 796). Er bestätigte damit seine Vorbehalte gegenüber der von Ratzinger dezidiert verteidigten Wendung des Schreibens der Glaubenskongregation „Über einige Aspekte der Kirche als Communio" von 1992, wonach die Gesamtkirche „im Eigentlichen ihres Geheimnisses eine jeder Teilkirche ontologisch und zeitlich vorausliegende Wirklichkeit" (zit. n. 797) sei. Kasper macht dagegen unter Bezug auf LG 26 geltend, dass die eine Kirche Jesu Christi „in und aus" Ortskirchen besteht. Die Einheit der Kirche ist eine Communio-Einheit „als Einheit in der Vielfalt und als Vielfalt in der Einheit" (802). Ortskirche und Universalkirche stehen in einem Verhältnis wechselseitiger Selbstexplikation und „schließen sich gegenseitig ein" (800). „Ortskirche und Universalkirche sind sich gegenseitig innerlich; sie durchdringen sich und sind sich perichoretisch." (Ebd.) Kritisch folgt daraus: „Sowenig die Ortskirchen Ausgliederungen oder Provinzen der universalen Kirche sind, ebenso wenig ist die universale Kirche Summe oder Produkt des Zusammenschlusses der Ortskirchen." (Ebd.) Vgl. dazu auch den Beitrag von P. Walter in diesem Band.

Ortsgemeinde, in der das Wort verkündet und die Sakramente verwaltet werden, liegt; sie ist der Haftpunkt und das Gravitationszentrum der Ekklesiologie. Luther bevorzugt das Wort ‚Gemeinde' anstelle des ‚blinden und undeutlichen' Wortes ‚Kirche' (WA 50, 625). Das schließt übergemeindliche Strukturen und Ämter nicht aus, aber sie sind funktionale Ausfaltungen des Pastorenamtes auf kirchenleitender Ebene. Die Reformatoren beriefen sich dafür auf den Kirchenvater Hieronymus und dessen Wirkungsgeschichte in der mittelalterlichen Scholastik."[12]

Mit welchem historischen und – mehr noch – mit welchem sachlichen Recht dies geschieht, ist einer der Schwerpunkte des aktuellen ökumenischen Dialogs, wie er derzeit etwa im Rahmen der Lutherisch/Römisch-Katholischen Kommission für die Einheit, der anzugehören ich die Ehre habe, unter dem Oberthema „Apostolizität" geführt wird. Darauf ist hier nicht einzugehen.[13]

---

[12] W. KASPER, Kirchengemeinschaft als ekklesiologischer Leitbegriff, 7. Ferner: DERS., Perspektiven einer sich wandelnden Ökumene. Das ökumenische Engagement der katholischen Kirche, in: StZ 127 (2002) 651–661, hier: 659: „Das Problem besteht [...] darin, daß das evangelische Kirchenverständnis seinen Schwerpunkt und sein Gravitationszentrum in der konkreten Gemeinde hat; Kirche wird als Gemeinde, näherhin als Gottesdienstgemeinde bestimmt; Kirche ist nach dem Augsburger Bekenntnis überall dort gegenwärtig, wo Gotteswort ‚rein' verkündet und die Sakramente evangeliumsgemäß gespendet werden (Art. 7). Die einzelnen Gemeinden stehen miteinander im Austausch, aber der übergemeindliche Aspekt ist eher sekundär; erst recht ist der universalkirchliche Aspekt zwar vorhanden, aber theologisch unterbelichtet." Darüber wird man evangelischerseits offen und ernsthaft zu diskutieren haben. Vgl. E. JÜNGEL, Ökumenische Anläufe, in: StZ 127 (2002) 662–670, hier: 669 Anm. 3. Dass die eine Kirche, wie Karl Barth sagt, „in ihrer Ganzheit je in jeder einzelnen Gemeinde" (KD IV/1, 751) existiert, ist wahr, wenn zugleich gesagt wird, dass jede Einzelgemeinde mit einem universalkirchlichen Bezug unveräußerlich, weil ihrem Wesen nach verbunden ist.

[13] Im Zusammenhang eines Berichts über den Päpstlichen Rat zur Förderung der Einheit der Christen im Jahre 2001 hat der Sekretär dieser Behörde, Bischof Marc Quellet, unlängst auf die in ihrer gegenwärtigen vierten Dialogphase mit der Frage der Apostolizität der Kirche befassten Internationale Lutherisch/Römisch-Katholische Kommission für die Einheit aufmerksam gemacht und konstatiert, „dass der lutherisch-katholische Dialog nach der Klärung in grundlegenden Fragen der Rechtfertigungslehre nunmehr bei den zentralen Themen Kirche und Amt angelangt ist. „Es gilt", so Quellet, „die Ergebnisse dieses Dialogs abzuwarten, bevor etwa auf die Frage der Eucharistiegemeinschaft, die von lutherischer Seite immer wieder gestellt wird, eingegangen werden kann." (M. QUELLET, Der Päpstliche Rat zur Förderung der Einheit der Christen im Jahre 2001, in: Cath 56 [2002] 87–110, hier: 100) Als ordentliches Mitglied besagter Kommission erlaube ich mir die Bemerkung, dass ich dies ein

Vermerkt sei nur noch, dass Kaspers unter Berufung namentlich auf „Lumen gentium" vertretene These einer Gleichursprünglichkeit von Orts- und Universalkirche einen Verständigungsrahmen bietet, der Fortschrittsmöglichkeiten in den ekklesiologischen Streitfragen im Allgemeinen und in den strittigen Fragen der Amtslehre im Besonderen zu erschließen verheißt.

3. Unitatis redintegratio: Zum Dekret über den Ökumenismus

In einem anlässlich der im Februar 2000 erfolgten Kardinalsernennungen an alle deutschen Kardinäle persönlich gerichteten Schreiben hat sich das Oberhaupt der römisch-katholischen Kirche, Papst Johannes Paul II., mit der kirchlichen Situation in Deutschland und dabei insbesondere mit dem Thema der Ökumene in ihren vielfältigen Ausdrucksformen beschäftigt.[14] Betont wird zum einen: „Der Weg der Ökumene, den das Zweite Vatikanische Konzil eröffnet hat, ist unumkehrbar." Angemahnt wird zum anderen eine „noch bessere Orientierung" der ökumenischen Bemühungen von römisch-katholischer Seite. „Es gibt nämlich",

---

wenig anders sehe. Zwar ist es in der Tat unstatthaft, „vom ökumenischen Partner Schritte zu verlangen, die er derzeit noch nicht gehen kann" (ebd.), doch muss die Frage erlaubt sein, ob der Bewegungsspielraum, den der Partner aufgrund seiner eigenen dogmatischen und kirchenrechtlichen Rahmenbedingungen hat, schon rundherum ausgemessen ist. Ich denke, das ist nicht der Fall. Das Ökumenische Direktorium, so will es mir scheinen, eröffnet pastorale Handlungsmöglichkeiten für die Zulassung von Nichtkatholiken zum Empfang der Eucharistie, die bisher kirchenamtlicherseits noch nicht hinreichend wahrgenommen bzw. sanktioniert sind. Auch wenn zur Kenntnis zu nehmen ist, dass der pastorale Einzelfall nicht zur allgemeinen Regel erhoben werden kann (vgl. 109), weil gemäß katholischer und nach meinem Urteil auch gemäß evangelischer Auffassung die Zusammengehörigkeit von Abendmahls- und Kirchengemeinschaft nicht aufgelöst werden darf, ist doch eine Fülle von Einzelfällen denkbar, welche die allgemeine Regel keineswegs aufheben, sondern im Gegenteil bestätigen. Die konfessionsverschiedene oder, wie manche sagen, konfessionsverbindende Ehe katholischer und evangelischer Christenmenschen ist m.E. ein solcher Fall, der offizielle und nicht in Grauzonen anzusiedelnde Lösungen verlangt und zwar noch bevor man in amtstheologischer Hinsicht zu allseits befriedigenden Ergebnissen gelangt, was, wenn ich es recht sehe und keine unvorhersehbaren Wunder geschehen, so schnell nicht eintreten wird.

[14] Vgl. KNA-Dokumentation vom 12.3.2001.

so der Papst, „mancherorts Verwirrung und Missbräuche – ich denke etwa an die nicht selten praktizierte Interkommunion –, die dem Anliegen der wahren Einheit sehr schaden." Eine Ökumene, die die Wahrheitsfrage mehr oder weniger beiseite lasse, könne nur zu Scheinerfolgen führen. „Die Erklärung Dominus Iesus", so fährt Johannes Paul II. fort, „hat den Gläubigen wesentliche christologische und ekklesiologische Wahrheiten in Erinnerung gerufen, die unaufgebbar zum katholischen Selbstverständnis gehören. Ich vertraue darauf, dass Sie auf dem festen Fundament dieser Erklärung den ökumenischen Dialog zu fördern und entsprechend Ihren Aufgaben zu leiten wissen."

Dass diese vertrauensvolle Erwartung des Papstes an seine deutschen Kardinäle unter evangelischen Ökumenikern nur ein geteiltes Echo gefunden hat und findet, wird niemanden erstaunen. Walter Kaspers „Dominus Iesus"-Interpretation und sein Ökumeneprogramm in allen Ehren! Die Auseinadersetzungen um die Deutehoheit bezüglich der Texte des Zweiten Vatikanischen Konzils scheint mir im römischen Katholizismus insgesamt, aber auch innerhalb der vatikanischen Mauern noch längst nicht entschieden zu sein. Man wird es deshalb in diesem Kreis einem evangelischen Theologen nicht verdenken, wenn er sich die Bemerkung des Ratsvorsitzenden Kock vor der Synode der EKD zu eigen macht: „'DOMINUS IESUS' ist *eine* Interpretation der Aussagen des Zweiten Vaticanum, und zwar eine sehr konservative."[15]

Ich will die Richtigkeit dieser Annahme an der Art und Weise belegen, wie in ‚Dominus Iesus' auf Aussagen des Ökumenismusdekrets Bezug genommen wird. Vorausgeschickt sei, dass Johannes XXIII. bereits bei der Ankündigung seines Plans, ein Konzil einzuberufen, auf dessen ökumenische Zielrichtung mit Nachdruck hingewiesen hat. Das Prooemium (Art. 1) des Ökumenismusdekrets schließt an diese Weisung an, indem es die

[15] M. KOCK, Bericht des Rats vor der Synode der EKD November 2000, 4.1. Nicht wenige katholische Theologen haben das übrigens viel schärfer formuliert. So hat mein Münchener Kollege, Peter Neuner, erklärt, dass das Dokument „einer höchst restriktiven Interpretation der Konzilsaussagen verhaftet (bleibt), die weder die Öffnungen zur Kenntnis nimmt, die in den Konzilstexten vorgezeichnet sind, noch die ökumenischen Fortschritte der Jahre seit 1965" (P. NEUNER, Belastungsprobe für die Ökumene. Anmerkungen zum Kirchenverständnis in einem Dokument der Glaubenskongregation, in: StZ 218 [2002] 723–737, hier: 735f.).

Beförderung der Wiederherstellung der Einheit aller Christen („Unitatis redintegratio“) programmatisch zu einer Hauptaufgabe des Konzils erklärt; dass dabei ein positiver Zusammenhang zur gesamtchristlichen Einheitsbewegung hergestellt werden soll, zeigt u.a. die ausdrückliche Erwähnung der trinitarisch-christologischen Basisformel der Verfassung des Ökumenischen Rates der Kirchen. Die übrigen Artikel sind in drei Kapitel gegliedert, deren erstes die katholischen Prinzipien des Ökumenismus (Art. 2-4) behandelt, während ein zweites Probleme praktischer Verwirklichung (Art. 5-12) erörtert und das Abschlusskapitel (Art. 13-24) den vom Römischen Apostolischen Stuhl getrennten Kirchen und kirchlichen Gemeinschaften gewidmet ist, wobei zunächst die orientalischen Kirchen (Art. 14-18), sodann die Kirchen und kirchlichen Gemeinschaften im Abendland (Art. 19-23) in Betracht kommen. Auf letzteren Gesichtspunkt und dabei namentlich auf UR 22 soll im folgenden im Zusammenhang der Rezeptionspraxis von „Dominus Iesus“ besonders geachtet werden.[16]

Bevor ekklesiologische Defizite der aus der Reformation des 16. Jahrhunderts hervorgegangenen, von Rom getrennten kirchlichen Gemeinschaften benannt werden, hebt UR 22 nicht ohne Emphase die Taufe hervor, welche stiftungsgemäß gespendet und im Glauben empfangen den Menschen in Wahrheit dem gekreuzigten und verherrlichten Christus eingliedert und nach Kol 2,12 (vgl. Röm 6,4) seine Wiedergeburt bewirkt zur Teilhabe am göttlichen Leben. Sie begründet so „ein sakramentales Band der Einheit (vinculum unitatis sacramentale) zwischen allen, die durch sie wiedergeboren sind“. Erst daraufhin und unbeschadet dessen wird gesagt, dass die Taufe nur ein Anfang und Ausgangspunkt (initium et exordium) sei, da sie ihrem ganzen Wesen nach hinziele auf die Erlangung der Fülle des Lebens in Christus und daher hingeordnet sei auf das vollständige Bekenntnis des

---

[16] Ich orientiere mich dabei an Beobachtungen von H.-G. Link, die dieser im IEF-Rundbrief (S. 11–13) vom Februar 2001 mitgeteilt hat: Von der Öffnung zur Abgrenzung. Ein exemplarischer Vergleich zwischen dem Ökumenismus-Dekret (ÖD) des II. Vatikanischen Konzils und der Erklärung Dominus Iesus (DI) der Glaubenskongregation. Die katholischen Prinzipien des Ökumenismus habe ich unter besonderer Berücksichtigung von UR 2 in folgendem Beitrag analysiert: Faktoren kirchlicher Einheit. Notizen zum zweiten Artikel des Dekrets „Unitatis redintegratio“ aus der Perspektive evangelischer Theologie, in: MThZ 36 (1985) 127–137.

Glaubens (ad integram fidei professionem), auf die völlige Eingliederung in die Heilsveranstaltung (ad integram incorporationem in salutis institutum), wie Christus sie gewollt habe, schließlich auf die vollständige Einfügung in die eucharistische Gemeinschaft (ad integram in communionem eucharisticam insertionem). In diesem Zusammenhang konstatiert der Konzilstext, dass „den von uns getrennten kirchlichen Gemeinschaften die aus der Taufe hervorgehende volle Einheit mit uns (plena nobiscum unitas ex baptismate profluens) fehlt“, wobei zwei in spezifischer Weise mit einander verbundene Mängel eigens benannt und nach Maßgabe katholischer Glaubenseinsicht (credamus) als defizitär beurteilt werden: erstens das Fehlen des Weihesakraments (sacramenti Ordinis defectus), welches zweitens die Nichtbewahrung der ursprünglichen und vollständigen Wirklichkeit des eucharistischen Mysteriums (genuina atque integra substantia Mysterii eucharistici) zur Folge hat. Obwohl dieses Glaubensurteil nach US 22 feststeht, stellt den Skopus des Satzes doch nicht dieses, sondern die Aussage dar, dass die getrennten kirchlichen Gemeinschaften trotz ihrer benannten Defizite dennoch (tamen) bei der Gedächtnisfeier des Todes und der Auferstehung des Herrn im Abendmahl in Erwartung seiner glorreichen Wiederkunft bekennen, dass hier die lebendige Gemeinschaft mit Christus bezeichnet werde (vitam in Christi communione significari profitentur).

Den Schluss bildet folgerichtig eine Aufforderung zum ökumenischen Dialog: „Deshalb sind die Lehre vom Abendmahl des Herrn, von den übrigen Sakramenten, von der Liturgie und von den Dienstämtern der Kirche notwendig Gegenstand des Dialogs.“

Hält man sich diesen Gesamtduktus von UR 22 vor Augen, so kann seine Rezeption in „Dominus Iesus“ nur als selektiv und restriktiv beurteilt werden. Im Wesentlichen muss der Artikel als Beleg für die in Abschnitt 17 zu lesende Feststellung herhalten, dass kirchliche Gemeinschaften, „die den gültigen Episkopat und die ursprüngliche vollständige Wirklichkeit des eucharistischen Mysteriums nicht bewahrt haben, [...] nicht Kirche im eigentlichen Sinn“ sind. Dass es sich dabei um ein Glaubensurteil handelt, wird im Unterschied zu UR 22 nicht mehr zum Ausdruck gebracht.

Auffällig ist ferner, dass die Wendung „propter sacramenti Ordinis defectum“ durch den Hinweis auf das Fehlen eines gültigen Episkopats ersetzt wird, wobei die Gültigkeit des Episkopats, wie man aufgrund des im vorhergehenden Abschnitts Gesagten annehmen muss, an die apostolische Sukzession gebunden wird, was immer man unter dieser genau zu verstehen hat. Der eucharistische Mangel wird des Weiteren nicht mehr als Folge des „Ordinis defectus“, sondern als zweites Defizit registriert, wobei die Parallelisierung von gültigem Episkopat und gültiger Eucharistie, wie sie sich in Abschnitt 12 der Note über den Ausdruck Schwesterkirchen, aber der Sache nach auch in Abschnitt 17 von „Dominus Iesus“ findet, zusätzlich zu denken gibt.

Im Übrigen hat sich in „Dominus Iesus“ der ganze Argumentationsduktus gegenüber UR 22 verschoben. Von der Taufe ist in nachgeordneter Weise und insonderheit so die Rede, dass die Unvollkommenheit der durch sie begründeten Gemeinschaft akzentuiert wird. Am auffälligsten aber ist, dass die Hauptaussage nicht mehr auf das trotz zu registrierender Mängel gegebene eucharistische Bekenntnis der getrennten Kirchengemeinschaften und auf einen abschließenden Dialogimpuls, sondern auf die Befestigung eigener Identität durch Außenabgrenzung gerichtet ist.[17] Die bleibende Bedeutung des II. Vatikanischen Konzils und namentlich seines Dekrets „Unitatis redintegratio“ für die

---

[17] Zu den beiden Schlussabschnitten von DI 17 sei der Kommentar von H.-G. Link (vgl. Anm. 16) wörtlich zitiert: Die beiden Eingangszitate entstammen nicht „dem Zweiten Vatikanischen Konzil, vielmehr – wie in Anmerkung 64f angegeben wird – einer eigenen Verlautbarung der Glaubenskongregation und der päpstlichen Enzyklika Ut Unum Sint. Während aber Papst Johannes Paul II. in dem zitierten Satz den nicht-katholischen Gemeinschaft bescheinigt, dass bei ihnen ‚gewisse Aspekte des christlichen Geheimnisses bisweilen sogar wirkungsvoller zutage treten’ (UUS 14), lässt DI diese Fortsetzung einfach weg, ohne diese Verkürzung des Zitats zu markieren. [...] So beschränkt sich für DI die Wunde der fehlenden Einheit wiederum mit eigenen Worten derselben Glaubenskongregation darauf, dass sie die römisch-katholische Kirche ‚hindert, ihre Universalität in der Geschichte voll zu verwirklichen’. Im ÖD, das hier *nicht* zitiert wird, ist dagegen davon die Rede, dass es ‚auch für die Kirche selber schwieriger (wird), die Fülle der Katholizität unter jedem Aspekt der Wirklichkeit des Lebens auszuprägen’ [...] Während also das ÖD die römisch-katholische Kirche durch den Dialog zu voller Katholizität öffnen willl, bestätigt DI nur die eigene These, dass ‚die Elemente dieser bereits gegebenen Kirche in ihrer ganzen Fülle in der katholischen Kirche (existieren) und noch nicht in dieser Fülle in den anderen Gemeinschaften’. Die Öffnung ist durch Abgrenzung ersetzt.“

Ökumene wird entscheidend davon abhängen, dass sich dieser Interpretationstrend nicht fort- oder gar allgemein durchsetzt.[18]

[18] Zumindest angemerkt sei im gegebenen Zusammenhang, dass es mir an der Zeit scheint, in eine offensiv zu führende Debatte der amtstheologischen Frage einzutreten, ob nur der getaufte Mann gültig ordiniert werden kann. Mein Münchener katholischer Dogmatikkollege und künftiger Bischof von Regensburg schreibt dazu u.a. folgendes: „So wie nur ein Mann aus der sich verschenkenden Liebe an seine Frau Vater werden kann, indem seine Frau in Empfängnis und Geburt ihm ein Kind schenkt, in dem ihrer beider Liebe ‚Fleisch' geworden ist, so *kann* nur der Priester, insofern sich in seinem Mannsein die Beziehung auf die Frau anzeigt, die Relation Christi als Bräutigam und Haupt seiner Kirche sakramental ver-sinn-bilden." (G. L. MÜLLER, Kann nur der getaufte Mann gültig das Weihesakrament empfangen? Zur Lehrentscheidung in ‚Ordinatio sacerdotalis', in: DERS. [Hg.], Frauen in der Kirche. Eigensein und Mitverantwortung, Würzburg 1999, 278–356, hier: 355) Es würde mich sehr interessieren, ob Argumentationsfiguren dieser Art als repräsentativ für römisch-katholische Amtstheologie gelten dürfen.

Das Senfkorn des Konzils

Vorläufige Überlegungen auf dem Weg zu einem erneuerten Verständnis der Konzilserklärung „Nostra Aetate“

Roman A. Siebenrock, Innsbruck

Wie kann das kürzeste, kaum zwölfhundert Worte umfassende, aber eine 2000 jährige Geschichte und mehr als zwei Drittel der Menschheit ansprechende Dokument des Konzils, die „Erklärung über die Haltung der Kirche zu den nichtchristlichen Religionen“ heute angemessen verstanden werden? „Nostra Aetate“ ist jenes Dokument, das die Konzilsgeschichte in sich zusammenfasst, das mit am schärfsten umstritten war, das politisch und medial intensiv begleitet, ja umkämpft wurde, das – sieht man vom Text über die sozialen Kommunikationsmittel ab – jenes Dokument ist, das in der Schlussabstimmung die meisten Gegenstimmen[1], nämlich 88 bekommen hat und das schließlich zusammen mit dem Ökumenedekret und der Erklärung über die Religionsfreiheit den eigentlichen Grund für das Schisma mit Erzbischof Lefebvre darstellt. Die ersten Worte des Textes lauten: „Nostra Aetate“: das ist immer noch unsere Zeit. Ja, mehr als damals ist das Thema der Erklärung unsere Aufgabe geworden. Ein Kommentar sieht daher in „Nostra Aetate“ keine vergangenen theologischen, kirchlichen, geistesgeschichtlichen und gesellschaftlichen Themen, sondern *die* Aufgabe der Kirche in der Welt von heute und morgen angesprochen.

---

[1] Gegen „Nostra Aetate“ agierte der „Coetus internationalis patrum“, dem nicht nur Bischof Carli, sondern vor allem Erzbischof Marcel Levebvre angehörte, bis zum Tage der Abstimmung (Faksimile des hektographierten Flugblattes am Tag der Abstimmung, in: X. RYNNE, Die Erneuerung der Kirche. Die vierte Sitzungsperiode des Zweiten Vatikanischen Konzils (14. September – 8. Dezember 1965), Köln-Berlin 1967, 211).

Ich versuche dieser Herausforderung in folgenden Schritten gerecht zu werden. Nach grundsätzlichen Überlegungen zur Konzilshermeneutik wird eine kleine Geschichte des Textes geboten. Anschließend werde ich die fünf Nummern des Textes kurz vorstellen und mit der Frage nach ihrer theologischen Grundorientierung begutachten. Ein dritter Teil stellt die Wirkungsgeschichte des Textes in ihrer institutionellen und theologischen Dimension dar. Abschließend ist die Frage aufzuwerfen, in welche Kontexte hinein der Text heute zu sprechen hätte. Zunächst aber ist der Charakter dieses Beitrages zu bedenken.

1. Vorbemerkung zum Charakter dieses Beitrags

Dieser Beitrag stellt einige Überlegungen zu einem systematischen Kommentar zur Konzilserklärung „Nostra Aetate“ vor.[2] Ein Kommentar hat die Aufgabe, im Rückgang auf die Genese des Textes und damit auf das Ereignis der konziliaren Versammlung, dessen Aussage in der Gegenwart zu Gehör zu bringen. Der Kommentar muss darauf bedacht sein, das schwächste Glied im hermeneutischen Zirkel, den Text, gegen Missbrauch zu verteidigen. Das Ethos eines Kommentator ist es, Anwalt des Textes zu sein. Er muss daher in dreifachem Sinne kritisch sein: gegen die vergangene und gegenwärtige „In-Anspruch-Nahme“ des Textes und gegen sich selbst. Der Missbrauch, besser gesagt, der verfehlte Gebrauch des Textes kann unterschiedlich ausfallen. Der Text kann unterschätzt oder überschätzt werden, er kann gegen seine eigene Intention in Anspruch genommen werden und nur fremden Interessen dienen, er kann aber auch als reine Absetzungsmarkierung verwendet oder völlig vergessen werden. Neben der Defensivfunktion hat ein Kommentar aber auch die Aufgabe, dem Text Gehör in einer neuen Situation zu verschaffen; auch als kritisches Korrektiv gegen die eigenen Optionen und im Widerspruch zu aktuellen Trends. Dieser Aspekt ist deshalb der schwierigste Teil, weil kein Kommentator zu sich auf vollkommene Distanz zu gehen vermag. Die „Erste-Person-Perspektive“ lässt

[2] Der Beitrag stellt daher einen Zwischenbericht dar und ist gegenüber dem Mainzer Vortrag erheblich überarbeitet, insbesondere in den ersten beiden Abschnitten. Der angekündigte Kommentar wird in einem umfassenden Kommentarwerk zum Zweiten Vatikanischen Konzil unter der Leitung von Peter Hünermann und Bernd Jochen Hilberath im Herder-Verlag erscheinen.

sich bei einem Kommentar nicht eliminieren. Daher muss er nach geeigneten Kriterien und Vorgehensweisen suchen, das ‚Kommentarrisiko' möglichst einzugrenzen.

Da hier nur einige Überlegungen als Zwischenbericht auf einem noch nicht abgeschlossenen Weg vorgestellt werden, darf eine allseits ausgewogene Interpretation nicht erwartet werden. Es geht mir darum, die entscheidenden Perspektiven und leitenden Optionen in der gegenwärtigen Rezeptionsgeschichte darzustellen und die Linien des eigenen Verständnisses zu verdeutlichen. Der vorläufige Charakter meines Beitrags rechtfertigt den essayhaften Stil.

2. Vorklärung: Randnotizen zu einer angemessenen Konzilshermeneutik und zum „Kairos" dieses Kommentars

Da sich das Schicksal eines Konzils erst in den Generationen danach entscheidet, ist eine Neubesinnung auf das Konzil in diesen Jahren, in denen die aktiven Teilnehmer des Konzils ihre Aktivitäten beenden, von besonderer Bedeutung. Wenn die Akteure zurücktreten, wird das Feld frei für Interpreten und Rezipienten. Die Richtung der Rezeption entscheidet sich immer in der freien Aneignung eines Erbes, das uns ohne unser Verdienst anvertraut wird. Frei aber wird die Aneignung erst, wenn die Väterkonflikte von der Generation der ErbInnen nicht mehr übernommen, sondern ohne Voreingenommenheit geprüft werden und mitunter als bloße historische Notiz auf sich beruhen bleiben.[3]

---

[3] Ich denke dabei vor allem an die Dispute um die angemessene Konzilsinterpretation der ehemaligen Periti Hans Küng und Joseph Kardinal Ratzinger. Auch darf nicht außer Acht bleiben, dass Johannes Paul II. gerade für die Genese und Interpretation von „Gaudium et Spes" und für unseren Text eine bedeutsame Rolle spielt, nicht nur in der Genese, sondern für „Nostra Aetate" vor allem in der Rezeption und kreativen, ja kirchengeschichtlich epochal zu nennenden Weiterentwicklung. Außerdem ist zu beachten, dass die maßgebliche Konzilsinterpretation bislang von einer Generation geleistet worden ist, für deren theologische und gläubige Biographie das Konzil eine nicht zu überschätzende Bedeutung hat. Als Beispiele unmittelbar nach dem Konzil seien genannt: T. FILTHAUT (Hg.), Umkehr und Erneuerung. Kirche nach dem Konzil, Mainz 1966. Dann: O.H. PESCH, Das Zweite Vatikanische Konzil (1962–1965): Vorgeschichte – Verlauf – Ergebnisse – Nachgeschichte, Würzburg 1994 (^{4}1996; Tb 2001); H.J. POTTMEYER – G. ALBERIGO – J.-P. JOSSUA (Hgg.), Die Rezeption des Zweiten Vatikanischen Konzils, Düsseldorf 1986; F.-X. KAUFMANN – A. ZINGERLE (Hgg.), Vatikanum II. und Modernisierung. Histori-

Das Schicksal eines Konzils entscheidet sich in der freien Rezeption seiner Texte in der Zeit der Historisierung des Ereignisses nach dem Tod der unmittelbar Beteiligten.

Ein Kommentar stellt in dieser Rezeptionsphase eine besondere Form des Erbens dar. Jedes Konzil war, bevor es Text wurde, ein Ereignis. Im besonderen Maße behaupten die Teilnehmenden diesen „Ereignischarakter" für das Zweite Vatikanische Konzil.[4] Wenn damit die Sicht der TeilnehmerInnen nicht absolut gesetzt werden und gegen Einsprüche nicht immunisierend wirken soll, dann muss das Ereignis dieses Konzils auch für spätere Generationen zugänglich bleiben.[5] Die prominenten Zeugnisse des Ereignisses sind aber selber Zeichen, vorrangig Texte. Sieht man von den modernen medialen Möglichkeiten unmittelbarer Abbild-Dokumentation, wie Tonband und Filmaufnahme ab, dann bleiben als Hauptquelle des Ereignisses doch wieder die klassischen unterschiedliche Textformen: Sprachliche Zeichen, in denen sich das Ereignis in einer Vielzahl von Stim-

---

sche, theologische und soziologische Perspektiven, Paderborn 1996; R. LATOURELLE, Vatican II. Bilan et Perspectives vingt-cinq ans après (1962–1987) (Recherches Nouvelle Série 15), Tome I.-III., Montréal / Paris 1988. Auch die große Konzilsgeschichte von Giuseppe Alberigo gehört in diesen biographischen Kontext: G. ALBERIGO / K. WITTSTADT (Hgg.), Geschichte des Zweiten Vatikanischen Konzils 1959–1965, Mainz 1997ff.

4 Als markantes Beispiel für den deutschen Sprachraum kann gelten: M. VON GALLI / B. MOOSBRUGGER, Das Konzil und seine Folgen. Luzern / Frankfurt/M. 1966. Diese Dokumentation betont aber mit großem Nachdruck: „Konzil und Texte darf man nicht trennen" (8). Für die „Ereignis-Hermeneutik" darf exemplarisch der Ansatz von Giuseppe Alberigo in seinem großen geschichtlichen Werk zum Konzil genannt werden: „Es ist mehr denn je notwendig, das konziliare Ereignis selbst als vordringliche Angelegenheit zu erkennen, selbst in Bezug auf seine Entscheidungen, die nicht als abstrakte und normative Vorschriften zu verstehen sind, sondern als Ausdruck und Weiterwirken dieses Ereignisses selbst. Die Aufgabe der Erneuerung – die besorgte Suche, Offenheit gegenüber dem Evangelium, geschwisterliche Achtung allen Menschen gegenüber – diese Charakteristika des Zweiten Vatikanums waren weder Elemente von Folklore noch unbedeutende und kurzlebige Merkmale. Im Gegenteil: Sie fassen den Geist des konziliaren Geschehens zusammen; jede solide und korrekte Interpretation der Konzilstexte hat dies zu berücksichtigen" (Vorwort: Dreissig Jahre nach dem zweiten Vatikanum, in: DERS. / K. WITTSTADT [Hgg.], Geschichte des Zweiten Vatikanischen Konzils 1959–1965, Band I: Die katholische Kirche auf dem Weg in ein neues Zeitalter. Die Ankündigung und Vorbereitung des Zweiten Vatikanischen Konzils, Mainz 1997, XXV–XXVIII, hier XXVI).

5 Zur Diskussion um die angemessene Konzilshermeneutik siehe: G. WASSILOWSKY, Universales Heilssakrament Kirche. Karl Rahners Beitrag zur Ekklesiologie des II. Vatikanums (IThS 59), Innsbruck 2001, 15–37.

men für uns heute bezeugt. Diese in Beziehung zur historisch fundierten Konzilspragmatik[6] gewichtend zu ordnen ist die erste Aufgabe eines Kommentators und legt seine Konzilshermeneutik offen. Dass dabei unser Text als eine konziliare Erklärung, eine besondere Stellung einnimmt, kann an zwei Beziehungen verdeutlicht werden: Als „Declaratio" kommt ihm nicht der Rang einer Konstitution zu. Theologisch muss er also immer im Zusammenhang der Leitlinien der großen Konstitutionen gelesen werden, vorrangig der beiden Konstitutionen über die Kirche („Lumen Gentium" und „Gaudium et Spes") und der Konstitution über die Offenbarung („Dei Verbum"). Andererseits greift er ein Thema auf, das noch nie Gegenstand eines Konzils war. Es ist daher zu vermuten, dass er nicht einfach die Anwendung zuvor vollzogener Entscheidungen ist, sondern eine eigene Aussagekraft am originären Thema entfalten muss. Die Einstufung des Textes als „Declaratio" nimmt auf diese Lage Rücksicht. Daraus die Unerheblichkeit des Textes abzuleiten, verbietet sich schon wegen des Titels, in dem vom „Habitus", also dem im Vollzug erkennbaren Wesen der Kirche, die Rede ist.

Folgende Orientierung im Dickicht der Texte, und damit der Interpretationen und Konzilsperspektiven, scheint mir sinnvoll. Die Rezeptionsgeschichte und ihre Reflexion lese ich als interpretierten Erfahrungsweg mit dem Konzil. Wenn das Konzil als Ereignis des Geistes gepriesen wird, dann ist nur in Eichung am Konzil die Frage nach dem konkreten Willen Gottes in anderen Zeiten und anderen Situationen zu beantworten. Der Kommentar entspricht in dieser Hinsicht einer Unterscheidung der Geister im Konzert der ekklesiologischen und konziliaren Optionen.[7] Aus

---

[6] Ein Text wird nur aus dem Gesamtzusammenhang seiner Entstehung und Verwendung authentisch verstanden. Der „Geist" des Konzils ist der reale Prozess der Textgenese, die Konzilspragmatik. Deshalb sind Ereignis und Text unlöslich verbunden, siehe: P. HÜNERMANN, Zu den Kategorien „Konzil" und „Konzilsentscheidung". Vorüberlegungen zur Interpretation des II. Vatikanums, in: DERS., Das II. Vatikanum – Christlicher Glaube im Horizont globaler Modernisierung (Programm und Wirkungsgeschichte des Zweiten Vatikanums 1), Paderborn 1998, 67–82; DERS., Das II. Vatikanum als Ereignis und die Frage nach seiner Pragmatik, ebd., 107–125.

[7] WASSILOWSKY (wie Anm. 5), 21, verweist auf die „wechselseitige Abhängigkeit von Konzilswertung, Konzilsinterpretation und subjektiver kirchenpolitischer Option". Daher ist nicht die zeitliche Nähe des Konzils, sondern seine (Omni-)Präsenz in der Gegenwart die eigentliche Schwierigkeit für ein angemessenes Konzilsverständnis.

der Rezeptionsgeschichte wird ersichtlich, wie mit dem Text in verschiedenen Kontexten, also anderen historischen Situationen, operiert worden ist. Im wörtlichen Sinne meint dies: Wie mit der Deutekraft und Handlungsermöglichung eines Textes in den verschiedenen Situationen gehandelt worden ist. Das ist der Kontext des Kommentators. Aber seine Aufgabe ist es, dem Text zu neuem Gehör zu verhelfen. Das bedeutet in unserem Fall aber, dass der Text auf seine verschiedenen Fortschreibungen hin geprüft werden muss. Weil „Nostra Aetate" ein neues Konzilsthema angesprochen hat, konnte die Erklärung nur Perspektiven, d.h. Fenster öffnen, keine Zwischenergebnisse oder gar abschließende Beurteilungen vorstellen. Dass das Konzil als Anfang eines Anfangs[8] gelten darf, wird an unserem Text besonders deutlich.

Für die Interpretation des Konzilstextes stehen dem Kommentator fünf unterschiedliche Textgruppen zur Verfügung. Zunächst sind es die Kommentare der ersten Stunde. Diese sind entweder von Vätern oder Periti geschrieben, die persönlich am konziliaren Prozess (zumeist in der Entwicklung eben des kommentierten Textes) beteiligt waren.[9] Oder sie sind als Einleitung

---

[8] Siehe: K. RAHNER, Das Konzil – ein neuer Beginn. Vortrag beim Festakt zum Abschluß des II. Vatikanischen Konzils im Herkulessaal der Residenz in München am 12. Dezember 1965, Freiburg 1965. Diesen Aspekt hatten zuvor die Deutschen Bischöfe in ihrem Hirtenwort zum Abschluß des Konzils hervorgehoben: „Der Abschluß des Konzils ist zugleich ein Anfang. [...] Was vor uns liegt, ist eine gemeinsame Aufgabe des ganzen Volkes Gottes" (siehe: Zweites Vatikanisches Konzil. 4. Sitzungsperiode. Dokumente – Texte – Kommentare, Osnabrück 1966, 158–160, hier 159.160). Diese Sicht wird im Schreiben vom 8. Dezember an die Priester eindrücklich im Bewußtsein des Wandels und der großen Aufgabe wiederholt: „Nun stehen wir am Ende der Beratungen; aber dieses Ende ist eher ein Anfang. Wohl selten hat ein Konzil in einer solchen Weite und Tiefe die gesamte Kirche gefordert. Es gibt kaum einen Bereich, den das Konzil nicht angesprochen hat" (ebd., 161–165, hier 161).

[9] Zunächst sind die Kommentare in den Ergänzungsbänden zur zweiten Auflage des Lexikons für Theologie und Kirche zu nennen, in unserem Falle: J. OESTERREICHER, Kommentierende Einleitung, in: LThK.E II, 406–478; C.B. PAPALI, Exkurs zum Konzilstext über den Hinduismus, in: ebd., 478–482; H. DUMOULIN, Exkurs zum Konzilstext über den Buddhismus, in: ebd., 482–485; ANAWATI, Exkurs zum Konzilstext über die Muslim (sic!), in: ebd., 485–487. Als Kommentar maßgeblicher Periti und Konzilsväter sind außerdem zu nennen: The Declaration on the Relation of the Church to non-christian Religions. Promulgated by Pope Paul VI. October 28, 1965. Commentary by René Laurentin and Joseph Neuner S.J., Glen Rock, New Jersey 1966 (Vatican II. Documents); Les Relations de L'Église avec les Religions non chrétiennes. Déclaration „Nostra Aetate". Texte latin et traduction française. Commentaires

zu den ersten Übersetzungen der offiziellen Konzilsdokumente veröffentlicht worden.[10] Vor allem wegen ihres Zeugnisses der ersten Stunde sind sie von bleibender Bedeutung. Sie stellen die Eingangstore zu Text und Thema dar. Als zeitgeschichtlicher Kommentar ist auch eine zweite Gruppe einzuschätzen: die vielfältigen Konzilszeugnisse. Das sind einerseits die laufenden Berichterstattungen und Zusammenfassungen während und nach den Sitzungsperioden, andererseits die teilweise erst Jahre später veröffentlichten Konzilserinnerungen, Konzilstagebücher und anderen Beiträge.[11] Sie sind als Kommentar einzuschätzen, weil sie Einschätzungen und Berichte zur Textgenese, nicht eigentliche ‚Handlungsträger' der Textgeschichte selber sind.

Als Quellen der Textwerdung schätze ich folgende Textgruppen ein, die daher zu den bevorzugten Untersuchungsobjekten in der Frage werden, was der konziliare Text als Garant des Ereignisses selber sagen will. An erster Stelle sind die ‚Relationen' zu nennen, also die einführenden Reden für den Text in den öffentlichen Debatten in der Aula. In ihnen werden Profil und Grenze,

---

par G. M.-M. Cottier, J. Dournes, H. Maurier, J. Masson, R. Caspar, sous la direction de A.-M. Henry, Paris 1966 (Unam Sanctam 61).

[10] Les Relations de L'Eglise avec les Religions non Chrétiennes. Declaration „Nostra Aetate". La Dichiarazione sulle Religioni non Cristiane. Con commento del Card. Agostino Bea, Roma 1967; R. SCHLETTE, Einleitung zu: Declaratio de Ecclesiae habitudine ad religiones non-christianas, in: Zweites Vatikanisches Konzil. Dokumente lateinisch-deutsch VI. Hg. Paulinus-Verlag., Trier 1966, 51–68.

[11] Neben den journalistischen Konzilsberichterstattungen (z.B. Mario von Galli, Xavier Rynne, David Seeber und Wolfgang Seibel mit L.A. Dorn) und theologischen Wertungen der einzelnen Sitzungsperioden (z.B. von Congar, Küng, Rahner, Ratzinger und Schillebeeckx) sind Konzilserinnerungen der Bischöfe und Theologen (z.B. de Lubac) ebenso zu nennen, wie das mediale Interesse an diesem Ereignis und seiner Geschichte und die an vielen Orten gesammelten Dokumente zum Konzil. Eine besondere Bedeutung gewinnen in diesem Zusammenhang das Archiv im Vatikan und die Dokumentation in Bologna (siehe: A. MELLONI, Tipologia delle fonti per la storia del Vaticano II, in: CrSt 13 (1992) 493–514). Eine gute Zusammenfassung der unterschiedlichen Textsorten bieten verschiedene Sammelbände. Genannt seien: J. C. HAMPE (Hg.), Die Autorität der Freiheit. Gegenwart des Konzils und Zukunft der Kirche im ökumenischen Disput, Bde. I–III, München 1967; Zweites Vatikanisches Konzil, Bd. 1.: 1. Sitzungsperiode. Dokumente – Texte – Kommentare, Osnabrück 1963 (Zeitnahes Christentum 27); Bd. 2.: 2. Sitzungsperiode. Dokumente – Texte – Kommentare, Osnabrück 1964 (Zeitnahes Christentum 30); Bd. 3.: 3. Sitzungsperiode. Dokumente – Texte – Kommentare, Osnabrück 1965 (Zeitnahes Christentum 34); Bd. 4.: 4. Sitzungsperiode. Dokumente – Texte – Kommentare, Osnabrück 1966 (Zeitnahes Christentum 38).

Grundabsichten und Struktur des Textes erläuternd vorgestellt. An zweiter Stelle sind die Reden in der Aula und die offiziellen Eingaben (Voten, Modi, ...) zu nennen. Diese sind heute in den „Acta Synodalia“ gesammelt und dokumentieren das offizielle Geschehen. An dritter Stelle sind Dokumente der beteiligten Kommissionen zu nennen. Dazu gehören die offiziösen Sammlungen ebenso, wie die verschiedenen Unterlagen in den unterschiedlichen Konzilsarchiven oder den Archiven der römischen Kongregationen und päpstlichen Räte. Mitunter sind Protokolle, Stenographien oder Tondokumente der Sitzungen noch nicht zugänglich. Zu diesen Dokumenten – damit verbinden sich diese Quellen mit der oben genannten Gruppe der „Konzilszeugnisse“ – gehören auch alle Hinweise, die das kritische Netz der Textgenese illustrieren und heute in Biographien und Autobiographien bzw. Konzilstagebüchern zu finden sind. Manche Andeutungen in den Relationen und Reden werden dadurch mit Leben gefüllt und konkret anschaulich.

Im Zusammenspiel dieser fünf Zeugnisgruppen, Kommentare, Konzilszeugnisse der Beteiligten, Relationen, Reden und Kommissionsdokumente muss jener Geist des Konzils noch heute zu sprechen beginnen, der immer einhellig beschworen wird. Weil der Geist des Konzils – schon nach dem Charakter einer solchen Versammlung – immer Zusammenklang, symphonisch sein muss, kann nie eine Meinung allein das Konzil erläutern. Das Zweite Vatikanische Konzil ist gerade wegen seines besonderen Charakters eine hohe Schule darin, die eine Stimme des Geistes, der in und durch die Kirche spricht, in der Pluralität der Stimmen von Bischöfen, Periti, Experten, BeobachterInnen und Beteiligten in den unterschiedlichsten Formen zu hören.[12] Gerade bei unserem Dokument lässt sich zeigen, dass die sogenannten Bremser oder Konservativen auf lange Sicht die Beförderer und Ermöglicher ungeahnter, jedenfalls zu Beginn nicht geplanter Perspektiven und Möglichkeiten waren. Es verbieten sich Einteilungen wie „Konservative“, „Progressive“, „Kuriale“ oder „Nationalverschwörungstheorien“ als Deutemuster. Ein Konzilstext kann apriori ebensowenig gegen eine Gruppe gelesen werden, wie er positiv nie nur eine Meinung unterstützt. Was schon abwertend als Kompromiss mit bisweilen kontradiktorischem Charakter qualifi-

[12] Daher verstellt eine Helden- oder Verschwörungshermeneutik den Blick auf das Konzil.

ziert worden ist[13], stellt heute eine Herausforderung an die Theologie dar, weil sie immer noch gewohnt ist, gegen andere in abgrenzenden Schulen zu denken. Unsere Theologische Erkenntnislehre ist viel zu individualistisch. Sie müsste hingegen als ekklesiologischer Gesamtprozess unter Beteiligung aller Glaubenden und aller Fähigkeiten der Menschen entwickelt werden. Das Prinzip einer Konzilshermeneutik muss daher lauten: audiatur et altera pars!

Zur Hermeneutik eines ökumenischen Konzils gehört schließlich eine Theologie des Konzils als Bischofsversammlung auf unterschiedlichen Ebenen und eine Charakterisierung seiner Texte als den eigentlichen und bleibenden Produkten seiner Arbeit. Beide Fragen erschließen sich stets wechselseitig. Die synodal-konziliare Versammlung der Bischöfe ist Ausdruck der Vielfalt und Einheit der Kirche in und aus Ortskirchen. Die in ihrem Prozess entwickelte Form der Wahrheitsfindung in Fragen des Glaubens, der Lebensführung und Kirchenordnungen ist eine so vielfach bezeugte geschichtliche Tatsache, dass das konziliar-synodale Vorgehen als ekklesiologisches Grundprinzip angesehen werden muss.[14] Die Besonderheit eines ökumenischen Konzils ruht auf dieser Selbstverständlichkeit auf, auch wenn erst durch das Zweite Vatikanische Konzil dieser Vorgang wieder ins Bewusstsein der römisch-katholischen Kirche getreten ist. Da das ökumenische Konzil wegen seiner Zusammensetzung und Struktur als die Repräsentation der Gesamtkirche in wechselseitiger Anerkennung von Teilkirchen anzusehen ist, ist ihm eine besondere Autorität eigen. Konzilstexte sind nie nur Durchgangsstationen zu neuen Ufern, sondern sind immer – wenn auch auf unterschiedliche Weise – präskriptiv.[15]

---

[13] Max Seckler spricht von einem ‚kontradiktorischen Pluralismus' (Über den Kompromiß in Sachen der Lehre, in: DERS., Im Spannungsfeld von Wissenschaft und Kirche. Theologie als schöpferische Auslegung der Wirklichkeit, Freiburg-Basel-Wien 1980, 99–103, 212–215), siehe zur Fragestellung auch: PESCH (Anm. 3), 151–154.

[14] Siehe dazu: H.J SIEBEN, Katholische Konzilsidee im 19. und 20. Jahrhundert. (Konziliengeschichte: Reihe B, Untersuchungen), Paderborn 1993; K. LEHMANN, Allgemeine Einleitung, in: Gemeinsame Synode der Bistümer in der Bundesrepublik Deutschland. Beschlüsse der Vollversammlung. Offizielle Gesamtausgabe I, Freiburg-Basel-Wien ^{4}1978, 21–67, bes. 21–28.

[15] Diese Aussage steht nicht im Gegensatz zum Konzil als Ereignis. ALBERIGO (Anm. 4) bestimmt das Ereignis durch Erneuerung in verschiedener Hinsicht. Da die Erneuerung der Kirche nie willkürlich geschehen kann, braucht sie Normen

3. Auf dem Weg zu einem Kommentar zu „Nostra Aetate"

Die Aktualität der Fragestellung wird durch die Diskussion um das Dokument der Glaubenskongregation „Dominus Iesus" aus dem Jahre 2000 unterstrichen. „Nostra Aetate" stellt die Aeropagrede der römisch-katholischen Kirche für eine neue Epoche der Kirchengeschichte dar, für die Epoche der Weltkirche im Kontext des religiösen Pluralismus.[16]

a) Die Geschichte des Textes

Die Geschichte von „Nostra Aetate" beginnt mit verschiedenen Anekdoten.[17] An einem Karfreitag bittet Johannes XXIII. den die Fürbitten vortragenden Kardinal, noch einmal die Fürbitte zu wiederholen, aber mit dem neuen Text. Er möchte in der offiziellen Liturgie nicht mehr von „perfidi Judaei" hören.[18] Historisch gesicherter ist der Gruß, mit dem der Papst eine Gruppe amerikanischer Juden im Oktober 1960 begrüßte: „Son io, Giuseppe, il fratello vestro! – Ich bin Joseph, euer Bruder!"[19] Die Absicht des Papstes, das Verhältnis der römisch-katholischen Kirche zum Judentum auf ein neues Fundament zu stellen, war jedoch nicht anekdotenhaft. Sie war grundsätzlich und tief geprägt von der Erfahrung als apostolischer Legat in der Türkei während des Zweiten Weltkrieges. Im April 1960 veröffentlichte das päpstliche Bibelinstitut ein Dokument, das den Antijudaismus zum

---

und Kriterien. Wenigstens hier muss eine präskriptive Bedeutung der Texte angenommen werden.

[16] Diese Bestimmung begründet sich zunächst aus dem Text selber. Das erste Zitat der Erklärung stammt aus Apg 17,26. Ihr Thema ist die religiöse Wirklichkeit des Menschen und deren Ausprägung in bestimmten religiösen Traditionen. Die Grundinterpretation des Konzils, die hier als Orientierung vorausgesetzt wird, hat Karl Rahner vorgetragen (siehe: Theologische Grundinterpretation des II. Vatikanischen Konzils, in: DERS., Schriften zur Theologie, Bd. XIV: In Sorge um die Kirche, Zürich-Einsiedeln-Köln 1980, 287–302).

[17] Die Geschichte des Textes wird in jedem Kommentar dargestellt. Am ausführlichsten bei: OESTERREICHER (Anm. 8); ergänzend heute: S. SCHMIDT, Augustin Bea. Der Kardinal der Einheit. Graz 1989, 640–689. 738–808.

[18] 1959 hatte Johannes XXIII. den liturgischen Text ändern und das Attribut „perfidus" streichen lassen. Am 5. Juli des Jahres verordnete die Ritenkongregation diese Änderung für die Weltkirche. PESCH (Anm. 3, 291) datiert die Begebenheit auf das Jahr 1962.

[19] Siehe: OESTERREICHER (Anm. 8, 408). Diesen Gruß verwendete er auch in seiner Antrittsenzyklika (Ad Petri Cathedram vom 29.6.195, Nr. 4).

Thema hatte. Im August desselben Jahres erhielt der französische Historiker Jules Isaac (1877-1963), der die Wirkungsgeschichte verschiedener Aussagen der Evangelien für den entscheidenden Grund des Antijudaismus hielt, bei Johannes XXIII. eine längere Audienz, in der er drei Punkte vortrug, die das Konzil bedenken möge: Erstens: Die Geschichte des christlichen Antisemitismus; zweitens: Auszüge aus dem Trienter Katechismus Romanus, in dem deutlich würde, dass die populäre antijudäische Tradition nicht zur authentischen Lehre gehöre und drittens: Die Bitte um Änderung der liturgischen Texte, sowie eine Überprüfung der Ritualmordlegenden. Als Isaac den Papst fragt, ob er Hoffnung haben könne, soll dieser geantwortet haben: „Sie haben Grund zu mehr als Hoffnung."[20]

Einige Tage später wird Kardinal Bea in einer Privataudienz von Johannes XXIII. beauftragt, eine Erklärung zum Judentum vorzubereiten. Das Einheitssekretariat entwirft einen Text, der dem ersten und für die Öffentlichkeit bestimmenden Problemszenario der späteren Erklärung gewidmet ist. Zwei Schlüsselthemen kristallisieren sich heraus. Zunächst die heilsgeschichtlich-historische Frage: Wie ist das Verhältnis der Kirche zu Israel vom Ursprung her zu bestimmen? Dabei wird die Erkenntnis leitend, dass, wenn die Kirche über ihre Identität nachzudenken beginnt, ihr gewahr wird, dass sie ihre Wurzel nicht in sich hat, sondern in der Glaubensüberlieferung Israels. Die Kirche am Anfang ist eine Kirche aus Juden und dann erst aus Heiden. Dem folgt die aktuell-theologische Verhältnisbestimmung: Mit welchen Kategorien ist das Verhältnis zum aktuellen Judentum zu beschreiben? In dieser Fragestellung werden die traditionellen Bestimmungen, die als Begriffe des christlichen Antijudaismus Unheilsgeschichte geschrieben haben, auf den Prüfstand gestellt. Zwei Themen bleiben dominant: Wie steht der Neue Bund in Christus zum Alten Bund seit Abraham? Hat der Neue Bund den Alten abgelöst, ersetzt (Substitutionstheorie)? Ist also Israel von Gott verworfen, und können die Juden als „ungläubig" bezeichnet werden? Das Konzil wird die traditionellen Muster als Fehldeutungen zurückweisen. Die zweite Frage dreht sich um die Verantwortung für den Tod Jesu. Das entsprechende Problemknäuel wird im Vorwurf an das jüdische Volk als „Gottesmörder", dem entscheidenden Begriffsindiz für die Stellung des Konzils zum

---

[20] Erzählt bei: OESTERREICHER (Anm. 8), 407.

christlich motivierten Antijudaismus, bis zum Schluss erkennbar bleiben. Für viele Väter, Beobachter und Medien aus Europa und Amerika wird diese Fragestellung nach der beabsichtigten Vernichtung des europäischen Judentums durch die Nazis in der Shoa zum entscheidenden Kriterium für die Gesamtbeurteilung des Konzils. Damit haben wir den ersten Problemkontext des Textes: das Verhältnis von Christentum und Judentum (NA 4).

In der brisanten und verwirrenden Textgeschichte von „Nostra Aetate" verknoten sich kirchlich-christliche Vergangenheitsbewältigung mit der aktuellen politischen Situation des Nahen Ostens und kirchlicher Orientierungssuche im religiösen und kulturellen Pluralismus weltweit. Unterschiedlichste Gruppen und Interessen ringen dabei um Einfluss auf den Text.[21] Das „Außen des Textes"[22] bestimmt die weiteren Problemkreise. Als der Text im Mai 1961 in der Kommission als Vorlage für das Konzil verabschiedet war, verhindert die berühmte „Wardi-Affäre" seine Präsentation in der ersten Sessio. Der Nahost-Konflikt wird der ständige Begleiter des Textes sein, vor allem vor der letzten Sessio. Die arabischen Staaten vermuten eine zionistische Verschwörung, die auf eine politische Anerkennung des Staates Israels durch den Apostolischen Stuhl abzielt. Sie setzen die Väter aus ihren Staaten vor allem medial unter Druck. Demgegenüber werden die Vertreter des Einheitssekretariats immer wieder die ausschließlich religiöse Bedeutung des Textes betonen und jede politisch-diplomatische Absicht von sich weisen.[23]

---

[21] Das Verhältnis von Orts- und Universalkirche wäre am Beispiel von „Nostra Aetate" mit Gewinn zu studieren. Es ist hier nicht möglich die Textgeschichte im Detail nachzuzeichnen. Ich versuche vielmehr eine elementare Analyse der exemplarischen Konflikte und ihrer Konstellationen.

[22] Siehe hierzu den Beitrag von Hans-Joachim Sander in diesem Band.

[23] In welchem Geist der Präsident des Einheitssekretariats diese Aufgabe anging, illustrieren Aufzeichnungen aus den Exerzitien im August 1960: „Sie sollen erkennen, daß nur die Liebe Christi mich treibt. Diese Gesinnung will ich auch nach Kräften allen Mitarbeitern einflößen. Die Arbeit soll mit *Innerlichkeit* (spiritus) und in spiritu virtutis: mit übernatürlichen Kräften geleistet werden. Jeder muß sehen: hier ist kein Machtstreben, kein irdisches Interesse, keine bloße Geschäftigkeit, keine Routine, sondern echter Geist Christi. Auch die Fragen der *Juden* will [ich], wenn sie mir definitiv übertragen wird, in diesem Geiste behandeln. Wenn ich diese Aufgabe erfüllt habe, darf ich mein 'nunc dimittis' sprechen. Dazu möge er mir die Kraft, Gesundheit, Energie erhalten, damit ich sie ganz erfüllen kann!" (S. SCHMIDT [HG.], Der Mensch Bea. Aufzeichnungen des Kardinals 1959–1968, Trier 1971, 85).

Als der Text, noch die „Judenerklärung" genannt, im Herbst 1963 als viertes Kapitel des Ökumenismusdekrets vorgestellt wurde, werden in den theologischen Argumenten die genannten Konfliktlinien und ortskirchlichen Kontexte erkennbar.[24] Die orientalischen Patriarchen lehnen den Text an dieser Stelle ab, weil (hier ist ihnen Recht zu geben) das Ziel des Ökumenismus nicht mit einer Erklärung zum Judentum vereinbar sei. In ihren Argumenten kommt nun der dritte Problembereich des Textes zur Geltung.

Wenn ein Text zum Judentum verabschiedet werden soll, dann müsse auch etwas zum Islam als abrahamitischer Religion gesagt werden. Der Text steht nun im Kontext jener religiösen Lebenswelten, in denen die verschiedenen Ortskirchen leben und in die er auch hineinzusprechen hat. Die Judenfrage in der oben geschilderten Sicht im Kontext der jüngeren europäischen Geschichte wird von Bischöfen aus Indien als europäisches Problem angesehen. Ihre Fragestellung ist vielmehr die Identität des Christlichen als Minderheit in den großen asiatischen Religionstraditionen. Strukturell ähnlich fragen Bischöfe aus Afrika und Ozeanien nach der Bedeutung animistischer Traditionen, die nicht nur im Umfeld, sondern auch in ihren Gemeinden lebendig sind. Die bischöfliche Versammlung des universalkirchlichen Konzils wird in die Problemkontexte der Ortskirchen unmittelbar hineingezogen. Es kommt zu einem Austausch, der vor allem für die nachkonziliare Entwicklung von ausschlaggebender Bedeutung sein wird. Wie sorgfältig dabei in Sprache und Verhaltensweise gehandelt werden muss, veranschaulichen die Reisen Papst Paul VI., ins Heilige Land (4.-6.1.1964) und nach Bombay (Indien) zum Eucharistischen Weltkongress (2.-5.12.1964). Wenn der Papst den Vatikan verlässt, gerät er in jene Problemkontexte, die dieses Dokument aufzuarbeiten versucht, und bis heute spricht er mit jener Grammatik, die ihm diese Erklärung ermöglicht hat.

Hatte man zunächst den Text ansatzhaft auf alle Menschen, die an Gott glauben, erweitert und dabei nur die Muslime ausdrücklich genannt, so ließ sich eine solche Horizontbeschränkung bald nicht mehr aufrecht erhalten. Während der Reise von Papst Paul VI. zum Eucharistischen Weltkongress, die in seiner Antrittsenzyklika „Ecclesiam suam" programmatisch vorbereitet

---

[24] Zur ersten Generaldebatte vom 18.–21.11.1963: OESTERREICHER (Anm. 8), 429–434.

war, wird eine neue Perspektive legitimiert. Nicht nur die großen Religionen des Ostens wurden zum Thema, das religiöse Phänomen als solches musste in den Blick genommen werden, ohne den Text uferlos werden zu lassen. Die Haltung der Kirche zu allen nicht-christlichen Religionen, die nun zu einer Dialogherausforderung an die Kirche wurde, bildet den roten Faden von „Nostra Aetate". Dass diese Aufgabe in einem so konzentrierten Text geleistet wurde, verdient bis heute höchsten Respekt. Gegenüber der ersten Absicht wird faktisch eine theologische Innovation, ja Revolution gefordert. Der religiöse Pluralismus, der den dritten Problembereich des Textes darstellt, ist aber nur dann hinreichend wahrgenommen und theologisch angemessen begriffen, wenn als notwendige Ergänzung zu unserem Text die Erklärung über die Religionsfreiheit, „Dignitatis humanae", beachtet wird.

Wenn diese drei grundlegenden Problemszenarien in ihrer Brisanz gesehen werden, dann kann man sich nicht wundern, dass dieses Dokument immer wieder zu scheitern drohte. Viel eher kann man sich wundern, dass es überhaupt verabschiedet worden ist. Kardinal Bea wird sich in diesen heißen Phasen immer auf Papst Johannes XXIII. und seinen mit Hand geschriebenen Brief vom 13. Dezember 1962 berufen. Paul VI. nimmt diese Intention seines Vorgängers durch eine kongeniale Pragmatik auf. Seine Eröffnungsrede für die zweite Sessio des Konzils, seine Antrittsenzyklika und seine bereits erwähnten Auslandsreisen wirken in den kritischen Phasen normativ, auch gegen seine eigene bisweilen missdeutbare Ausdrucksweise. Kardinal Bea hat die Entstehungsgeschichte in drei prägnanten Formulierungen zusammengefasst. Er ist sich der Neuigkeit des Themas voll bewusst. „Es sei mir noch gestattet, die Bedeutung der Erklärung in bezug auf die nichtchristlichen Religionen näher aufzuzeigen. Wenn ich nicht irre, ist es das erste Mal in der Geschichte der Kirche, daß ein Konzil die Prinzipien über sie in solcher Feierlichkeit darlegt."[25] Er selber vergleicht das Wachstum des Textes mit der Entwicklung eines Samenkörnleins: „Handelte es sich doch zuerst um eine einfache kurze Erklärung, die die Haltung der Christen zum jüdischen Volk betraf. Im Laufe der Zeit aber, und vor allem auf Grund der in dieser Aula stattgefundenen Diskussion wurde schließlich durch Ihr Verdienst aus diesem Samenkörnlein fast

[25] Relatio vom November 1964; AS III/VIII, 650, deutsch in: A. BEA, Die Kirche und das jüdische Volk. Freiburg-Basel-Wien 1966, 161.

ein Baum, auf dem viele Vögel schon ihr Nest finden, das heißt, in ihr nehmen [...] alle nichtchristlichen Religionen einen eigenen Platz ein."[26] Und schließlich bringt er zum Ausdruck, dass in der Geschichte dieses Textes mehr als eigene Absichten und Vorstellungen mit am Werke waren: „Hätte ich sämtliche Schwierigkeiten, auf die wir stoßen würden, voraussehen können, so weiß ich nicht, ob ich den Mut gehabt hätte, den Weg einzuschlagen."[27] „Nostra Aetate" ist ein Dokument, das nicht einfach beabsichtigt worden ist, sondern das im Konzil geworden ist und das in seiner Dramatik alle Beteiligten wohl auch überfordert hat. Ich meine, wenn ein Dokument des Konzils als eine besondere Inspiration des Geistes angesehen werden darf, dann muss diese Erklärung als eine der ersten Kandidatinnen angesehen werden.

b) Inhalt des Dokuments

Das Dokument hat fünf Nummern und erscheint wie ein ‚Teppich'. Oberflächlich betrachtet scheinen die einzelnen Aussagen nebeneinander zu stehen. Ein Kommentar muss aber fragen, ob es nicht ein prägendes Wirkmuster für die verschiedenen Themen gibt. Neben der Eröffnung (Nr. 1) und der abschließenden Bestimmung (Nr. 5) nennt der Text Religionen im kulturellen Zusammenhang, namentlich den Buddhismus und Hinduismus (Nr. 2), den Islam (Nr. 3) und das Judentum (Nr. 4). Die Haltung der Kirche wird in Nr. 2 definiert und in Nr. 5 grundsätzlich begründet.

(1) Nostra Aetate Nr. 1:
Vorwort: Gegenwartssituation – Theologische Leitidee – Einführung des Religionsbegriffs

Der Titel des Dokuments ist deshalb zu besprechen, weil er in den deutschen Textausgaben bis heute falsch übersetzt wird.[28] Der lateinische Ausdruck „de Ecclesiae habitudine" kann nicht als „Verhältnis der Kirche" interpretiert werden. Titel und Leitthema der Erklärung ist vielmehr die „(Grund-)Haltung", der „Habitus",

---

26 Ebd., 649, deutsch: BEA (Anm. 24), 158).
27 Zitiert nach: SCHMIDT, Augustin Bea (Anm. 16), 641.
28 LThK E. II, 405. SCHLETTE (Anm. 9), 53, macht darauf aufmerksam, korrigiert aber die Übersetzung nicht.

die sich in verschiedenen Verhaltensweisen äußernde wesentliche Identität und Bestimmung der Kirche zu den nicht-christlichen Religionen. Deshalb kann der Text nicht vollständig sein. Es genügen exemplarische Hinweise, um diesen Habitus auszudrücken. Ja, der Text darf keine Vollständigkeit beanspruchen, weil er gerade darauf abzielt, die Bedeutung der nicht-christlichen Religionen für den christlichen Glauben nicht ohne diese, sondern im Gespräch und im Dialog mit ihnen zu erarbeiten. Da der Text aber eher am Anfang eines Dialogweges steht, kann er nur für die Kirche und für die anderen ausdrücken, mit welcher Haltung die anderen rechnen können, und auf welche Haltung er die Mitglieder der Kirche verpflichten will.

Dieses Prinzip kommt schon in der näheren Bestimmung der anderen Religionen als „nicht-christlich" zum Ausdruck. In der negativen Abgrenzung verbirgt sich eine Verlegenheit. Weil die überkommenen Begriffe wie „Heiden" oder „Götzendiener" nicht mehr verwendet werden, eine neue Begrifflichkeit aber noch nicht erarbeitet worden ist, bleibt nur die Verlegenheit, neutrale Begriffe zu verwenden, um die religiöse Alterität auszudrücken.

Als Grund dieses Dokuments wird die Sendung der Kirche nach „Lumen Gentium" 1 im Blick auf die zusammenwachsende Menschheit genannt, nicht der Missionsauftrag oder die Frage nach der Heilsmöglichkeit von Nichtgetauften. Die Gegenwartsanalyse verweist auf andere Aussagen des Konzils, wie sie vorzüglich in „Gaudium et Spes" entfaltet sind. Der zweite Satz enthält die theologische Leitidee unter der thematischen Vorgabe der Einheit der Menschheit, die zunächst als Ergebnis der technischen und politischen Entwicklung genannt wurde. Herkunft und Ziel aller Menschen in Gott wird nicht philosophisch, sondern ausdrücklich (Apg 17, 26) theologisch-heilsgeschichtlich und biblisch begründet. Durch die Begriffe „providentia", „testimonia bonitatis" und „consilia salutis", die die ganze Menschheit betreffen, kann daran kein Zweifel sein.[29] Den Ausdruck „ganze Menschheit" verstehe ich als distributives Kollektiv, der auf jeden einzelnen Menschen und seine religiöse Tradition zielt. Die gött-

[29] Nicht allein aus diesem Grund ist die Interpretation von MIKKA RUOKANEN, The Catholic Doctrine of non-christian Religions. According to the Second Vatican Council. Leiden / New York / Köln 1992, der das gesamte Dokument in der Tradition einer natürlichen Theologie auslegt, unsachgemäß. Gegen seine Interpretation spricht auch, dass keines der traditionellen Lehrstücke dieses Modells wirklich aufgegriffen wird.

liche Vorsehung ist immer umfassend geschichtlich und individuell-biographisch zu interpretieren.

Im dritten Satz wird eine bemerkenswerte Religionsdefinition eingeführt. Um den Text nicht mit der (bis heute) unabgeschlossenen Debatte um den Religionsbegriff zu belasten, wird eine anthropologisch gewendete Erwartung an Religion formuliert. Die Menschen erwarten Antworten von den Religionen auf jene Frage, die die „conditio humana“ darstellen. Es wird nicht gesagt, dass sie solche Antworten nur von der Religion erwarten, ebenso bleibt offen, ob die nichtchristlichen Religionen (einzelne oder alle) auf diese Fragen angemessen antworten. Der hier verwendete Religionsbegriff kann als anthropologisch-korrelativ charakterisiert werden und bleibt offen, selbst für eine religiös motivierte Negation der Gottesrede. Die Reihe der Fragen, die genannt werden, reicht vom Enigma, dem Rätsel des menschlichen Daseins bis zum Mysterium der Herkunft und Zukunft des Menschen. Die Fragen sind exemplarisch zu verstehen und umgreifen verschiedene Bereiche des menschlichen Lebens: Glück, Schuld, Tod, Heil. Der Mensch hat nicht nur Fragen, er ist sich selber eine Frage, auf die er aus sich keine hinreichende Antwort erhält.

Es ist zu beachten, dass Satz zwei und drei der ersten Nummer miteinander durch die Dynamik der Herkunft („origo“ mit „ortum sumimus“) und des Ziels („finis“ und „quo tendimus“) verschränkt sind. Während im ersten Satz Substantive verwendet werden und damit ein ontologisches Denken aufscheint, zeigen die Verben des dritten Satzes die Bewegungsdynamik menschlicher Existenz an, durch die der Raum der Geschichte der Vorsehung Gottes eröffnet ist.

(2) Nostra Aetate Nr. 2: Religion und Kultur – die Religionen Asiens – die Haltung der Kirche

Der zweite Abschnitt richtet das religiöse Phänomen stärker auf die transzendente Wirklichkeit aus, die unterschiedlich benannt wird: verborgene Macht („arcanae virtutis“), höchste Gottheit („Summi Numinis“), ja sogar Vater („vel etiam Patris“). Eine deistische Vorstellung wird ausgeschlossen, weil diese Wirklichkeit als im Lauf der Welt und den Ereignissen des menschlichen Lebens gegenwärtig angesehen wird. Die positive Würdigung der Religion in der Menschheitsgeschichte wird durch drei korrespondierende Begriffe ausgedrückt. Weil bei den Menschen eine

Wahrnehmung („perceptio“) und Anerkennntnis („agnitio“) der göttlichen Wirklichkeit festzustellen ist, muss ihnen ein tiefer religiöser Sinn („intimo sensu religioso“) zugesprochen werden. Die ursprüngliche Gottfähigkeit des Menschen wird im Laufe der Religions- und Kulturgeschichte, die sich wechselseitig durchdringen, durch eine differenzierte Sprache und Begrifflichkeit weiterentwickelt. In dieser Entwicklung stehen die „Hochreligionen“.

Genannt werden im Blick auf Asien in elementarer Anzeige[30] der Buddhismus und der Hinduismus. Der Hinduismus mit seinem Erforschen des Geheimnisses, seinem Reichtum an Mythen und asketischen Übungen; der Buddhismus, dessen Status als Religion umstritten ist, wird in einer Verschränkung des kleinen und großen Fahrzeuges dargelegt. Der letzte Satz dieses Abschnittes öffnet den Blick auf die anderen Religionen in der Welt. [31] Sie weisen dem unruhigen Herz des Menschen durch Lehren, Lebensregeln und heilige Riten einen Weg.

Der zweite und dritte Abschnitt enthält nach einer Definition der Haltung, des Habitus der Kirche zu diesen Religionen, Anweisungen für die Praxis der Kirche. Der Habitus der Kirche wird in den Worten ausgedrückt: „Die Kirche anerkennt und verwirft nichts, was in diesen Religionen wahr und heilig ist“. Damit ist eine Handlungsorientierung aufgestellt, die darauf beruht, dass ein Strahl jener Wahrheit, die im Bekenntnis zu Christus in Fülle da ist, überall zu finden ist.[32] Aus dieser Grundhaltung ergeben

---

[30] Ich gehe davon aus, dass die konkreten Züge der Religionen, die im Text ausdrücklich gewürdigt werden, mit jenem Habitus der Anerkennung im Zusammenhang stehen, der in NA 2 mit den Attributen „wahr und heilig“ umschrieben wird. “Nostra Aetate” impliziert daher eine Theologie der Anerkennung anderer religiöser Traditionen, die auf der Verbindung von Vorsehung Gottes, Fragephänomen, Wahrnehmung und Anerkennung der transzendenten Wirklichkeit und Logos- bzw. Lichtchristologie beruht. Jede Bestimmung anderer religiösen Traditionen hat diese von Gott gestiftete Gemeinsamkeit zu beachten.

[31] In dieser Aussage sind jene religiöse Traditionen angesprochen („ceterae [...] religiones, quae per totum mundum inveniuntur“), die später nicht namentlich genannt werden. Darin ist das Anliegen vieler Bischöfe, den Animismus oder die ‚Naturreligionen’ zu berücksichtigen, aufgenommen.

[32] Der Text greift hier auf die Logoslehre zurück, wie sie von Irenäus von Lyon erstmals umfassend entfaltet worden ist. Bis zum Textstadium vom November 1964 verwies eine Fußnote auf sein Werk; siehe: AS IV/IV, 696 (mit Verweis auf: Adv. Haer., IV, 28,2). Die entsprechende, im Endtext gestrichene, Textpassage in Nr. 2 lautete: „De variis salutis dispositionibus edocta“. Der endgültige

sich bestimmte Verhaltensweisen. Dadurch wird der „Habitus der Kirche" in einer Weise operationalisiert, dass Christusbekenntnis und Begegnungsformen, Mission und Dialog sich wechselseitig bedingen. Die Christinnen und Christen, damals nur die Söhne, werden ermahnt, in Klugheit und Liebe zusammenzuarbeiten für Frieden und Gerechtigkeit in der Welt. Dieser Teil des Auftrags steht in Einklang mit dem ersten Satz der Erklärung. Die Fremdausrichtung, der Dienstcharakter der Sendung, wird dadurch verstärkt, dass durch jene Verhaltensweisen, in denen sich das Zeugnis des christlichen Glaubens und Lebens äußert, die ChristInnen „jene geistlichen und sittlichen Güter und auch die sozial-kulturellen Werte, die sich bei ihnen finden, anerkennen, wahren und fördern."

(3) Nostra Aetate Nr. 3: Der Islam

Mit Nummer drei und vier treten zwei neue Bereiche ins Bewusstsein. Zum einen wird die gemeinsame unheile Vergangenheit angesprochen, zum anderen sind die theologischen Gemeinsamkeiten zu werten. Zusammen mit „Lumen Gentium" 16 beinhaltet der Abschnitt 3 eine Revolution der Sicht des Islam, wie er in der christlichen Theologie seit dem 7. Jahrhundert vorherrschend war. Zum ersten Mal wird er konziliar als monotheistische Glaubensform anerkannt.[33] Die klassischen Attribute der islamischen Gotteslehre, in Übereinstimmung mit der christlichen Tradition, werden ebenso genannt, wie die Schöpfungstheologie und die Gerichtsbotschaft, deren Ernst sich in Gebet, Almosen und Fasten niederschlägt. Die muslimische Glaubenshaltung wird in Beziehung zu Abraham gebracht[34] und positiv als Unterwerfung unter die verborgenen Ratschlüsse Gottes gewürdigt.

Die Hochschätzung Jesus als Propheten wird erwähnt, jedoch mit der Einschränkung (zum ersten Mal wird ein Vorbehalt im

---

Text verstärkt die heilsgeschichtliche Aussage durch seine Anspielung auf den Prolog des Johannesevangeliums.

[33] LG 16 spricht das dadurch deutlicher aus, als es das Wörtchen „nobiscum" (mit uns den einen Gott anbeten) einfügt. Ein Verweis auf LG 16 unterbleibt jedoch. Ob die Offenbarungsqualität des Islam anerkannt wird, hängt davon ab, ob die Aussage „homines allocutum", die den Begriff aus DV 2 verwendet, die Muslime mit meint. Der Kontext lässt einen solchen Schluss zu, auch wenn die Aussage anders ausgelegt werden kann.

[34] Der Text sagt nicht, ob dieser Bezug zu Recht besteht.

Text gegenüber einer anderen Religionstradition eingefügt), dass die Muslime ihn nicht als Gott anerkennen. Die Hochschätzung Marias verbindet bis in die Frömmigkeitsformen hinein beide Traditionen. Die gemeinsame Unheilsgeschichte wird genannt. Sie soll durch aufrichtige Bemühungen um wechselseitiges Verstehen, gemeinsames Eintreten für soziale und sittliche Werte sowie für den Frieden und die Freiheit aller Menschen überwunden werden.

Von den fünf Säulen des Islam, der zentralen Identitätsbestimmung der Muslime, werden zwei zentrale Elemente nicht genannt. Die Wallfahrt nach Mekka bleibt ebenso ungenannt, wie die Rolle des Propheten Muhammad. Darin zeigt sich eine Verlegenheit und eine Grundhaltung des Textes. Weil noch keine angemessenen Kategorien zur Verfügung stehen und die überkommenen nicht mehr hinreichen, verzichtet der Text auf ungeprüfte Experimente und überlässt diese Fragen der kommenden Entwicklung. Die Legitimität dieser Vorgehensweise ist im Titel des Textes gut begründet.

(4) Nostra Aetate Nr. 4:
Das Mysterium Israels

Die Erklärung zum Judentum, der Ursprung des Dokuments, bewahrte vom Umfang und von der Ausdrucksweise her seine Eigenart in einer Weise, dass sie als Mitte des endgültigen Textes noch erkennbar bleibt. Nur Namen der jüdischen Tradition, sieht man von Fußnote 5 ab, werden im ganzen Dokument genannt. Das Verhältnis wird als Verbundenheit in Herkunft aus der Heilsgeschichte Israels, den Anfängen der Kirche und der gemeinsamen Hoffnung ausgezeichnet. Die Aussagen von Röm 9-11 und Eph 2 erhalten prägenden Charakter. Das gemeinsame Erbe wird schon sprachlich, z.B. in Bezug auf die gemeinsame Beziehung zu Abraham im Vergleich mit dem Anspruch der Muslime, herausgehoben.

Die ursprünglichen Themen des ersten Textentwurfs bleiben erkennbar: Die Hoffnung, die Papst Johannes XXIII. Jules Issak in Aussicht stellte, wurde Text. Wo liegt der Ursprung der Kirche? Sie hat Ihre Wurzel nicht in sich, sondern verdankt sich aufgrund des göttlichen Ratschlusses der Erwählung der Patriarchen, Mose und der Propheten. Die Glaubensgeschichte Israels ist der gute Ölbaum, der auch die Kirche der Heiden, die wie wilde Schösslinge eingepfropft sind, sich verdankt. Wie war das Verhältnis zum Judentum? Die Reinigung des Gewissens begann in den bewegenden Reden über den Antisemitismus und seinen christlichen Wurzeln in der Konzilsaula.[35] Alle Aussagen, die nach Substitution klingen, werden vermieden: Israel bleibt das erwählte Volk, auch wenn es zu seiner Zeit das Evangelium zurückgewiesen hat. Von der Verantwortung für den Tod Jesu werden einzelne Gruppen nicht entlastet („die jüdischen Obrigkeiten, mit ihren Anhängern"), die Vorstellung einer jüdischen Kollektivschuld (damals und heute) jedoch vehement zurückgewiesen. Vielmehr werden die Aussagen des „Catechismus Romanus", den Jules Isaak erwähnte, aufgegriffen. Das Kreuz dürfe nicht mehr entstellt werden, sondern als Zeichen der universalen Liebe Gottes und als Quelle aller Gnaden gepredigt werden. Die antijüdischen Aussagen („von Gott verworfen oder verflucht") werden zurückgewiesen. Künftig müsse Katechese und Predigt sich eng an die evangelische Wahrheit halten und mit dem Geist Christi übereinstimmen.

Der endgültige Text wird im Vergleich zur Fassung von 1964 oft kritisiert. Im Dokument von 1964 war noch vom Gottesmord die Rede und der Antisemitismus wurde eigens verurteilt („damnat"). Beide Begriffe fehlen im verabschiedeten Text. Doch gilt es zu beachten, dass der Antisemitismus im Kontext unterschiedlicher Verfolgungen einen exemplarischen Status erhält, der Begriff „deplorat" emotional hoch besetzt ist und alle kirchlichen Aussagen in gemeinsamer Arbeit (Studien und Gespräch) im Geiste des Evangeliums und im Geiste Christi geprüft werden sollen. Dadurch werden Einspruchsrechte in zentrale kirchliche Aufgaben, wie Katechese, Verkündigung und Theologie, eingeräumt. Was Geist des Evangeliums ist, was Geist Christi ist, wird man nicht mehr ohne den jüdischen Gesprächspartner selbst bestimmen können. Der darin angelegte Dynamismus, der zu einer Sprach- und Ritualreinigung führte und weiterhin führen wird, sollte nicht unterschätzt werden und wiegt auf lange Sicht die Bedeutung des Begriffs „damnat" auf. Die Juden sind konstitutiv in die Suche nach dem kirchlich-christlichen Selbstverständnis und unserer Beziehung zu ihnen eingebunden, weil die Grundlage im Evangelium, ohne auf das aktuelle Judentum zu horchen, nicht hinreichend verstanden werden kann.

---

[35] Die Reden und Debatten dokumentierte die Freiburger Rundschau (v.a. Nr. 61/64, XVI./XVII. Folge 1964/65 vom Juli 1965, 4–44; Nr. 65/68, XVIII. Folge 1966 vom September 1966, 5–38).

(5) Nostra Aetate Nr. 5: Gott ist die Liebe

Die Schlussnummer stellt keinen Anhang dar. Sie begründet den ekklesiologischen Habitus theologisch und fasst dessen entscheidende Äußerungen für die Anderen zusammen. Deswegen wird die Kirche bei aller Selbstverpflichtung, für Frieden, Gerechtigkeit und humane Einheit der Menschheit einzutreten, nicht zur besseren UNO. Das Prinzip der Einheit von Gottes- und Nächstenliebe, das mit 1 Joh 4, 8 ausgedrückt wird und die Heilsgeschichte und Sendung der Kirche verbindet, verpflichtet die ChristInnen („Wir"), Gotteslob und „brüderliche Haltung" allen Menschen gegenüber zu verbinden. Darin liegt das gleiche Recht und die gleiche Würde aller Menschen begründet. Aus der inneren Bestimmung ihrer Identität („Geist Christi") verwirft daher die Kirche alle Diskriminierung und Gewalt aus rassistischen, ethnischen und religiösen Gründen. Der abschließende Appell richtet sich nach innen. Die Friedensfähigkeit der ChristInnen ist *das* Kriterium ihrer Gotteskindschaft.

c) Die „theologische Grammatik" von „Nostra Aetate" als Wirkmuster der Aussagen

Eine strukturelle Analyse des Dokuments fragt nicht nach Einzelaussagen, sondern nach der theologischen Grammatik oder dem Bauplan, der dieses Dokument trägt. Durch die Erhebung der Tiefenstruktur des Textes erst wird es möglich, seine Anliegen und seinen Geist in neuen Kontexten zu entfalten. Für die Frage nach der Gegenwartsbedeutung der Erklärung ist sie entscheidend. „Nostra Aetate" steht nicht als Findling in der Konzilslandschaft. Die Grundlagen des leitenden Offenbarungsverständnisses sind in „Dei Verbum" ausgeführt. Da die Erklärung die Grundhaltung der Kirche zum Thema hat, muss stets auf „Lumen Gentium" geblickt werden, insbesondere auf die Nummern 1, 16 und 17. Dort wird bereits eine gewisse Reihenfolge in Form näherer oder weiterer Dialogkreise erkennbar, die eine Dynamik der Nähe nahelegt.[36] Eine erhebliche Rolle spielt das Missionsdekret „Ad

---

[36] Ausgeführt ist diese Idee im Zusammenhang eines umfassenden Dialogprogramms in der Antrittsenzyklika von Paul VI. „Ecclesiam suam" (zum Dialog

Gentes“ für unseren Text. Die in den Nummern 3 bis 4, 9 und 11 aufgegriffene weisheitliche Tradition der Schrift und pneumatologische Dimension der Christologie bleibt auch in „Nostra Aetate“ hintergründig präsent. Nicht zuletzt ist „Gaudium et Spes“ zu nennen. Die Idee der Verbundenheit Christi mit allen Menschen (GS 22) ist ebenso wie ihre Situationsanalyse vorausgesetzt.

Die theologische Grundperspektive kommt in der These von der Einheit der Heilsgeschichte zum Ausdruck, die prägnant in Satz 2 der Nr. 1 zum Ausdruck kommt. Die Einheit der Menschen durch Herkunft, Ziel und göttliche, heilsstiftende Vorsehung kann nicht im Sinne einer ‚natürlichen Theologie‘ interpretiert werden, sie ist bis in die Terminologie und Zitation hinein biblisch fundiert.[37] Deshalb muss die Anerkennung des Wahren und Guten in den anderen Religionen christologisch-pneumatologisch gewertet werden. Die Anerkennung authentischer religiöser Erfahrung stellt daher eine Herausforderung dar, die der Text nicht weiter analysiert, sondern als Aufgabe der nachkonziliaren Zeit überlässt.

Auch wenn „Nostra Aetate“ die Haltung der Kirche nicht mit dem Missionsauftrag, sondern mit der Sendung der Kirche (nach LG 1) verbindet, wird durch die Einheit von Gottes- und Nächstenliebe, von Christuszeugnis und Friedensstiftung der Dienst an allen Menschen als das Kriterium der Jüngerschaft („Geist Christi“) erarbeitet. Mission und Dialog sind deshalb miteinander verbunden, weil eine kenotische Demutschristologie, wie sie vor allem in „Dignitatis Humanae“ und, wenn auch nicht allein, in „Gaudium et Spes“ entwickelt wird, die zweite theologische Fundierung des Textes darstellt. Daher sehe ich die theologische Leitidee des Textes in der Einheit der Heilsgeschichte aufgrund einer kenotisch-pneumatologischen Christologie. Von dieser Sendung Christi her wird der Habitus der Kirche als Dienst der Aner-

---

siehe: Nr. 59–88; zur Idee verschiedener Kreise [Menschheit, Gottesverehrer, Christen]: Nr. 96–109).

[37] Schon im Blick auf „Dei Verbum“ verbietet sich eine solche Aufteilung. Es lässt sich auch in anderen Debatten des Konzils keine Übernahme des „Natur-Gnade-Schemas“ bestimmter Strömungen der neuscholastischen Theologie feststellen. Außerdem rekurriert der Text niemals auf das traditionelle Lehrstück von der natürlichen Erkennbarkeit Gottes. Das in der endgültigen Fassung gestrichene Zitat von Irenäus von Lyon unterstreicht unsere Interpretation eindeutig.

kennung und der Liebe für alle Menschen bestimmt. Sie soll vom Geiste Christi bestimmt werden.

d) Theologische Einschätzung

Das Dekret stellt eine Wende im Verhältnis zum Judentum dar. Die Intention von Papst Johannes XXIII. und des ersten Textentwurfes wurde verwirklicht. Es ist kirchenamtlich das erste Dokument, das grundsätzlich positiv anerkennend von den anderen Religionen spricht. Es bestimmt nicht das Verhältnis der Kirche zu den nichtchristlichen Religionen, sondern erläutert die Haltung der Kirche („de ecclesiae habitudine") zu ihnen. Es ist exemplarisch-selektiv, betont das Gemeinsame, ohne blind zu sein für Differenzen und Probleme. Die theologische Tiefengrammatik des Textes ist eine Trinitätstheologie, die in der Einheit der Heilsgeschichte für alle Menschen und einer pneumatologisch-kenotischen Demutschristologie ihre bestimmende Wirkung entfaltet. Diese Christologie ermöglicht es, die Einheit von Gottes- und Nächstenliebe und die Sendung der Kirche als Dienst an Frieden, Gerechtigkeit und humaner Gestaltung der Einheit der Menschheit als „Habitus" der Kirche zu bestimmen. Diese Aspekte des Textes halte ich für präskriptiv, weil sie auch im Sinne Alberigos jenen Geist der Erneuerung und der Hinwendung zu allen Menschen zum Ausdruck bringen, der für Alberigo das Ereignis des Konzils ausmacht. Doch ist allein der Text im Netz aller konziliaren Texte für die kommenden Generationen der Garant des Ereignisses. Die wechselseitige Durchdringung von trinitarischem Gottesbekenntnis und Sendung der Kirche zu allen Menschen scheint mir das regulierende Prinzip der theologischen Grammatik des Konzils zu sein.

4. Wirkungsgeschichte

Ein Kommentar, der die Frage nach der Bedeutung seines Textes heute stellt, steht immer in einer Wirkungsgeschichte und will diese mitprägen. Die Wirkungsgeschichte dieses Dokumentes ist jedoch so immens, dass hier nur einige kleine Anmerkungen mit der Absicht angeschlossen werden können, die uneingelösten, oder schon wieder verdeckten Möglichkeiten unseres Textes ans Licht zu heben. Die Wirkungsgeschichte teile ich in eine institutionelle Entwicklung, ekklesiologisch-pastorale, theologische und noch kommende ein.

a) Die institutionelle Entwicklung

Der geistgewirkte Zeitpunkt des Konzils ermöglichte es der Kirche, sich entschieden auf ihre Identität und Beziehung zur heutigen Welt zu besinnen. Unser Text wurde verabschiedet, als eine Säkularisierungsthese die Theologie dominierte, die für die modernen Gesellschaften ein Verschwinden der Religion annahm. Von einem religiösen Pluralismus, gar von einer starken Präsenz des Islams in Europa, war nicht die Rede. Die europäischen Konzilsreden war durchgehend von der Neubesinnung in Bezug auf das Judentum geprägt. Die ortskirchlichen Verflechtungen des Konzils haben hier in Zusammenhang mit den neu geschaffenen Dialog-Institutionen neue Horizonte erschlossen. Besonders die in der Vorbereitung des Konzils gegründeten neuen Institutionen treiben diese Aufgabe auch im Konzil voran. 1960 wird das „Sekretariat zur Förderung der Einheit der Christen" unter der Leitung von Kardinal Bea gegründet. Es wird für unseren Text zu Arche und zu Anker. Als „Päpstlicher Rat zur Förderung der Einheit der Christen" nimmt es seit 1988 den Dialog mit dem Judentum wahr.

1964 gründete Paul VI. das „Sekretariat für die nichtchristlichen Religionen", dem nach der Kurienreform von 1988 als „Päpstlicher Rat für den Interreligiösen Dialog" die Aufgabe zuteil wurde, nach Mitteln und Wegen zu suchen, dass ein weiterführender Dialog mit Nichtchristen eingeleitet würde. Er soll sich bemühen, dass Nichtchristen aufrichtig und ehrlich von Christen kennengelernt und gewürdigt werden, und dass andererseits auch Nichtchristen die Lehre und das Leben der Christen entdecken und schätzen lernen können.[38] Dem Rat ist die „Päpstliche Kommission für die religiösen Beziehungen zu den Muslimen" zugeordnet.[39] Dabei lässt sich eine Verbindung von interreligiöser und

---

[38] Siehe: Johannes Paul II., Pastor Bonus. Apostolische Konstitution vom 28. Juni 1988, Art. 159–162.

[39] Die Arbeit ist dokumentiert in: F. GIOIA (Hg.), Il Dialogo Interreligioso, Vatican 1994 (englisch 1997). Aufgrund des offiziösen Charakters der Zeitschrift sind die Editorials der „Civiltà Cattolica" von Interesse (Il Dialogo tra le Religioni. Gli editoriali della Civiltà Cattolica. Roma 1996). Zwei Zeitschriften des päpstlichen Rates sind zu nennen: Das Bulletin des Rates und seit 1994: Pro Dialogo.

ökumenischer Sendung feststellen. Innerkirchlich beherrscht das Thema des Verhältnisses von Dialog und Mission das Feld. Zwei Verlautbarungen (1984: „Dialog und Mission“; 1991: Dialog und Verkündigung [zusammen mit der Kongregation zur Evangelisierung der Völker]) markieren die Entwicklung.

b) Die theologische Entwicklung

Als markanteste Entwicklung ist die neu formulierte Theologie der Religionen zu nennen.[40] Ganz heterogene Fragen kommen hier zusammen. Was bedeutet es, wenn andere religiöse Erfahrungen als authentisch (subjektiv redlich und objektiv echt) anerkannt werden? Worauf bezieht sich der Dialog und das Engagement der Religionen, d.h. der Menschen, die in einer religiösen Tradition stehen? Welcher Dialog ist gefragt auf dem Hintergrund einer wechselseitigen oder gar auch einseitigen Opfergeschichte? Wie steht die religiöse Welt zu anderen Weltanschauungen, auch dem Atheismus?

Solche Fragen bleiben in der Diskussion um die sogenannte „Pluralistische Religionstheologie“ im überkommenen Fahrwasser der Soteriologie. „Nostra Aetate“ stellt diese Frage aber nicht, sondern weist weiter.[41] Der christliche Glaube ist mit den anderen Religionen vergleichbar. Das ist die implizite Voraussetzung eines wirklichen Dialogs, weil sich auch das Christentum religionsphänomenologisch vergleichen lässt. Es soll zu einer Fremdsicht auf die eigene Tradition kommen. Da das religiöse Phänomen nach „Nostra Aetate“ hingegen immer in einem heilsge-

---

[40] Als Pionierbuch darf für den deutschen Sprachraum angesehen werden: R. SCHLETTE, Die Religion als Thema der Theologie. Überlegungen zu einer „Theologie der Religionen“ (QD 22), Freiburg / Basel / Wien 1963.

[41] Eine Übersicht zu Literatur, Positionen und Argumenten bieten: R. BERNHARDT, Der Absolutheitsanspruch des Christentums. Von der Aufklärung zur Pluralistischen Religionstheologie, Gütersloh 1990; P. SCHMIDT-LEUKEL, Theologie der Religionen. Probleme – Optionen – Argumente, Neuried 1997 (Beiträge zur Fundamentaltheologie und Religionsphilosophie 1); G. GÄDE, Viele Religionen – ein Wort Gottes. Einspruch gegen John Hicks pluralistische Religionstheologie, Gütersloh 1998. Als repräsentative Textsammlung sei genannt: R. BERNHARDT (Hg.), Horizontüberschreitung. Die Pluralistische Theologie der Religionen, Gütersloh 1991. Eine umfassende Programmatik trägt den Dialogprozess „Christentum in der Begegnung", der sich Andreas Bsteh SVD verdankt, siehe: Studien zur Religionstheologie. Religionstheologisches Institut der Theologischen Hochschule St. Gabriel (Hg.), Bd. 1–6, Mödling 1994–2001.

schichtlichen Zusammenhang steht, der durch die Hinordnung der Kirche auf das Reich Gottes ekklesiologisch vermittelt wird und im Handeln Gottes immer die Bejahung und Annahme des Menschen ausgesagt wird, kann der Dialog der Religionen nur im Mut zu einer radikalen Theozentrik gelingen. Die Religionen treffen sich nicht auf dem (kleinsten) gemeinsamen Nenner, sondern in ihrer radikalen Mitte. Die heilsgeschichtliche Sicht verbietet es, Theozentrik, Christozentrik und Pneumatologie gegeneinander und gegen die Ekklesiologie auszuspielen, weil es sonst keine Grammatik gäbe, die geschichtlich realisierte und in der Schrift bezeugte Heilshoffnung für alle Menschen auszudrücken. Die Verschränkung von heilsgeschichtlicher Theozentrik und menschlicher Existenzsituation als Zugang zum Phänomen „Religion“ nach NA 1 ist nicht funktionalistisch enggeführt. Die christologische Tiefendimension des Konzils besagt, dass Anthropologie, Christologie und Theozentrik sich wechselseitig ergänzen und bedingen. Die als trinitarische Struktur erhobene Komposition von „Nostra Aetate“ muss den Ansatz für eine Verbindung von Israeltheologie und Theologie der Religionen darstellen. Der christliche Glaube kann nicht ohne die Wurzel über das entfaltete Senfkorn sprechen. Wenn das Thema des Reiches Gottes von der trinitarischen Zentrik abgelöst wird, dann gibt es keine Möglichkeit mehr, Zeichen der Zeit als Vorsehung und Anruf Gottes zu entziffern. „Nostra Aetate“ möchte unsere Aufmerksamkeit auf die Gegenwart und die Gegenwart Gottes in ihr richten. Die Hinweise im Text können als anfängliche Dechiffrierungsmöglichkeiten ausgelegt werden.

Ursprung des Textes war die Aufgabe, auf dem Hintergrund einer theologischen Verwerfungs- und nationalsozialistischen Vernichtungsgeschichte des jüdischen Volkes eine Theologie Israels zu entwickeln. Die ursprüngliche Intention wurde auf alle nicht-christlichen Religionen ausgeweitet. Wie verhält sich aber Nr. 4 in „Nostra Aetate“ zum Gesamttext, oder: Wie ist das Verhältnis der Theologie Israels zu einer Theologie der Religionen? Ich stelle heute ein Schisma dieser beiden in „Nostra Aetate“ verbundenen Aufgaben fest, da mancherorts das Alte Testament durch Schriften anderer religiösen Traditionen verdrängt zu werden droht.

Nur ein Ineinander von trinitarischer Sicht und „Haltung“ (d.h. Identität und Sendung) der Kirche kann Habitus und Handlungsmaximen der Kirche bestimmen. Der universale Heilswille Gottes (Gott will das Heil aller Menschen; siehe auch: Röm 9-11; Eph 2) erweist sich in einer kenotischen Christologie[42], die als geschichtliche Gegenwart der Liebe Gottes in Menschwerdung und Kreuz (siehe: GS 22; AG 12; DH 11) die Form der Sendung der Kirche ist und deshalb ihren Habitus gegenüber den Menschen definiert. Die Sendung der Kirche ist daher nicht allein formal, sondern mehr noch in ihrer jeweiligen geschichtlichen Ausdrucksgestalt in diese vorgegebene Form (Kenosis-Christologie) eingebunden (siehe: LG 1). Im Habitus ihrer Begegnung mit dem Anderen erweist sich ihr Christuszeugnis (NA 2). Durch die offene Begegnung mit den Anderen wird die Kirche aber mit einem Fremdbild ihrer selbst konfrontiert, das diesem Habitus widerspricht. Die Anderen bezeugen uns ein faktisches Gegenzeugnis. Die „Reinigung des Gewissens“[43], wie sie Johannes Paul II. in Vorbereitung des Jahres 2000 gefordert und im Schuldbekenntnis am ersten Fastensonntag 2000 vollzog, ist eine Vertiefung und Konkretisierung der Aussage von NA 3 und vor allem NA 4. Diese Haltung sucht nach neuen Formen, wie sie nach dem 11. September 2001 im Solidaritätsfasten mit den Muslimen zum Ende des Ramadan gefunden wurden. Die Institution der Weltfriedenstage markiert die ursprüngliche Sendung der Kirche in einer friedlosen Welt.

c) Künftige Möglichkeiten oder: Was hat „Nostra Aetate“ heute zu sagen?

Die pastoralen Zeichen der Friedensgebete in Assisi und des Solidaritätsfasten mit Muslimen am Ende der großen Fastenzeit 2001, die der Inititative Papst Johannes Paul II. zu verdanken sind, verlangen eine nähere Wahrnehmung jenes Kontextes, der schon die Entstehung des Textes von „Nostra Aetate“ prägte: die hoch konfliktive Form der werdenden Einheit der Menschheit, die wir heute mit dem Stichwort „Globalisierung“ benennen. Damit aber sind ökonomische, gesellschaftliche und geistige Prozesse angesprochen, in denen um das künftige universale Paradigma für die globalisierte Menschheit gerungen wird. Diese Aufgabe steht aber heute im Kontext des möglichen, selbstgemachten Endes der

[42] Siehe: B. Stubenrauch, Dialogisches Dogma. Der christliche Auftrag zur interreligiösen Begegnung (QD 158), Freiburg / Basel / Wien 1995.

[43] Johannes Paul II., Tertio Millenio Adveniente. Apostolisches Schreiben vom 10. November 1994, Nr. 33–36; sowie: Ders., Novo Millenio Ineunte. Apostolisches Schreiben vom 6. Januar 2001, Nr. 9 (im Rückblick auf das Schuldbekenntnis vom ersten Fastensonntag des Jahres 2000).

Menschheit. Alle religiösen Welt- und Selbstinterpretationen sind zudem mit einer formal-funktionalen Interpretation aller Wirklichkeit im gegenwärtigen Naturalismus konfrontiert, nach der der Mensch nur als komplexes Funktionsystem anzusehen ist. Damit ist die Grundlage der aufgeklärten Gesellschaftskonzeption Europas, nämlich eine Anthropologie mit dem Anspruch individueller Menschenrechte, in der Freiheit und die Unantastbarkeit der Würde der menschlichen Person zentral sind, aufgelöst. Die gesellschaftlichen Konflikte im Nahen Osten, auf dem indischen Subkontinent, in Afrika und Ozeanien, aber auch die schleichende Entfremdung zwischen Europa und den U.S.A. sind immer mit einer religiösen Zeichenwelt verbunden. Es zeigt sich, dass die Konfliktträchtigkeit religiöser Traditionen nicht durch ihren prophetischen oder mystischen Charakter bestimmbar ist, sondern danach, welche Bedeutung sie für den Zusammenhalt der Gesellschaft und des Staates haben und wie diese Bedeutung mit Macht und Gewalt verbunden wird. In allem verlangt die Relecture von „Nostra Aetate" nach der Thematisierung der Sünde der Welt, das auch in anderen Dokumenten des Konzils nicht immer hinreichend bearbeitet ist.[44] Deshalb kann die Dramatik der Entstehung des Textes im Text selber nicht vorkommen. Vielleicht darf das Wörtchen „Klugheit" in Nr. 2 als Anzeige hierfür gelten. Damit aber wird das Thema Religion und Politik mehr verborgen als bearbeitet. Auch ist zu fragen, warum die biblische Tradition des Bundes Gottes mit Noah nicht aufgenommen wurde, obwohl in der Vätertheologie gerade dieser Topos für die Theologie der Religionen immer große Bedeutung hatte.

Nicht nur die Textgenese, auch der Kontext kirchlichen Handelns verlangt nach einer politisch wachen Theologie der Religionen, die zentrale Bestimmung einer erneuerten politischen

---

[44] Im Blick auf DV 2 kommentiert Joseph Ratzinger schon 1967 mit Recht: „Die ganze Thematik von Sünde, Gesetz, Zorn Gottes ist hier in das Wörtchen ‚lapsus' [...] zusammengezogen und damit doch wohl nicht in ihrem vollen Gewicht gewürdigt und ernst genommen. Der pastorale Optimismus einer auf Verstehen und Versöhnen bedachten Zeit scheint hier den Blick für einen nicht unwesentlichen Teil des biblischen Zeugnisses doch etwas getrübt zu haben" (J. Ratzinger, Kommentar zum Prooemium, I. und II. Kapitel der Offenbarungskonstitution, in: LThK.E. II, 504–528, hier 509). Hintergründe und Diskussion um die Nr. 13 der Pastoralkonstitution vertiefen diese Analyse (siehe: J. Ratzinger, Erster Hauptteil: Kommentar zum I. Kapitel, in: ebd. III, 313–354, hier 319–322).

Theologie sein müsste[45] und zwei Dimensionen zentral einarbeiten müsste. Die religiöse Wirklichkeit ist im Unterschied zur überkommenen ‚Säkularisierungsthese' nicht im Verschwinden, im Gegenteil. Religion ist bestimmender Faktor der öffentlichen Debatte geworden: aufgrund der Gewalt! Eine neue politische Theologie müsste die Textgeschichte von „Nostra Aetate" aufgreifen, in der die heutigen Konflikte vorgezeichnet sind und nach dem ihrer Sendung gemäßen politischen Handeln der Kirche fragen. Dabei meint ‚Politik' nicht parteiliches Handeln, sondern öffentlich wirksames Agieren, das keine Großinstitution vermeiden kann. Eine politische Theologie wäre Reflexion der Praxis der Kirche im Kontext des religiösen und weltanschaulichen Pluralismus, der offen oder verklausuliert die Tagesdebatte bestimmt. An der Bestimmung des Habitus der Kirche von „Nostra Aetate" fände ein solche Theologie eine hilfreiche Kriteriologie.

Damit sind die Aufgaben nur anfänglich angerissen. Zu nennen wäre auch eine angemessenere Bestimmung religiöser Alterität unter der Voraussetzung der einen Heilsgeschichte als es im Titelausdruck „nicht-christlich" gelungen ist. Auf Dauer wird es auch nicht möglich sein, keine christliche Theologie Mohammads auszuarbeiten oder die Erleuchtungserfahrung des Buddhismus theologisch unbestimmt zu lassen. Wohl kein anderes Dokument ruft wie dieses, nach einer Relecture der Geschichte und der Bedeutung seiner Anstöße in einem neuen Konzil. Erst dann kann vom Verhältnis der katholischen Kirche zu den Religionen in der Erfahrung der verschiedenen Ebenen des Dialogs gesprochen werden. Dies wird zu einem der bestimmenden Thema einer künftigen Kirchenversammmlung werden. Doch zuvor müssen

[45] Dass das Thema „Religion" im Entwurf einer neuen politischen Theologie von J.B. Metz ausfällt, ist die Konsequenz einer unbesehen dominierenden Säkularisierungsthese. Dass das Thema „Religion" daher von ihm bis heute kaum angemessen gewürdigt worden ist, hat viel zum Scheitern seines politisch-theologischen Programms beigetragen, zumal er das Thema auch in seinem bedeutsamen Entwurf „Glaube in Geschichte und Gesellschaft" nicht aufnahm. Hier hätte es aber mindestens in den verschiedenen Formen der Volksfrömmigkeit als symbolisch-narrative Repräsentation und Protest gegen das Leiden einen Platz finden müssen. Der Ausfall des Themas „Religion" aufgrund der Säkularisierungsthese von Gogarten ist aus heutiger Sicht nicht allein als Konstruktionsfehler der neuen politischen Theologie von J.B. Metz anzusehen, sondern verhindert bis heute eine hinreichende Wahrnehmung dieses Phänomens in seiner Theologie. Zu unbesehen wird in den letzten Jahren 'Religion' gegen 'Gott' ausgespielt.

die zahlreichen bilateralen Dialoge in eine Theologie des multilateralen Gesprächs integriert werden. Erst wenn die unterschiedlichen Gespräche mit den großen Traditionen Afrikas und Asiens, die schon längst den Weg in die Weltgesellschaft angetreten haben, mit der Herausforderung des Islams, den neueren religiösen Entwicklungen und Synkretismen zusammenkommen – und diese verschiedenen Dialoge mit der Wurzel der Kirche im Glauben Israels in Berührung kommen – erreichen wir die angemessene Problemlage, die „Nostra Aetate“ entfaltet hat. Dabei wird aber die Frage nach dem Verhältnis zu den Glaubenslosen oder der Weltauslegung der weiterentwickelten Naturwissenschaft nicht ausgeblendet werden können. Wie diese verschiedenen Ebenen aber integriert werden können, muss zuvor ansatzhaft gelebt werden. Dies ist aber noch nicht gelungen; und eben dies ist das Wurzelproblem von Theologie und Kirche heute.

Die pastorale Grammatik der Lehre – ein Wille zur Macht von Gottes Heil im Zeichen der Zeit

Hans-Joachim Sander, Salzburg

Die Pastoralkonstitution des Zweiten Vatikanischen Konzils ist der Ausdruck eines Willens zur Macht. Sie präsentiert jenen Willen zur Macht, der die katholische Kirche auszeichnet. Die Kirche hat mit diesem Text selbst den Anfang für den Anfang einer neuen Macht gesetzt – den Anfang, eine tief greifende Isolierung zu überwinden und zu einer neuen globalen Stärke zu finden, um allen Menschen gegenüberzutreten. Beides ist ihr durchaus gelungen, wie man im Rückblick von 40 Jahren sagen kann. Die Gefahr einer abgehobenen Gestaltung von Kirche, die sich als erhaben über die Dinge der Welt begreift, ist mit diesem letzten Konzil überwunden. Die katholische Kirche ist durch das Konzil wieder vor den Menschen von heute sprachfähig geworden; sie ist zur Weltkirche geworden und kann heute auch globale Aufmerksamkeit erregen. Sie ist ein ‚global player' geworden, der über Erfahrungen von Mitgliedern auf dem ganzen Globus verfügt. Sie wird in einer neuen Weise ernst genommen, vielleicht auch deshalb, weil sie mittlerweile nicht nur weiß, sondern auch offen anspricht, dass moralische Probleme in ihren innersten Reihen so groß werden können wie außerhalb von ihr. Ohne dieses letzte Konzil wäre aus der Kirche nicht dieser *global player* geworden und wäre sie auch nicht zu solchen authentischen Schuldeingeständnissen fähig.
Dieser kirchliche Willen zur Macht soll hier nicht in Frage gestellt werden. Im Gegenteil, es kann die Kirche nicht ohne ihn geben, speziell die katholische, und er ist sogar notwendig, damit sie ihrem Auftrag des Evangeliums nachkommen kann. Aber noch ist nicht wirklich klar, wohin die Reise des *global player* Kirche geht und wozu die neue Macht taugt, die ihr durch das Konzil zugewachsen ist. Deshalb kann eine Rücksicht auf jenen

Text sinnvoll sein, der diesen Willen zur globalisierten Macht in besonders dichter Weise verkörpert, die Pastoralkonstitution *Gaudium et spes*. Vom Selbstanspruch her will dieser Text allen Menschen etwas sagen und sich zu jenen Fragen äußern, von denen man damals annahm, dass sie alle Menschen auch betreffen. Es ist mithin eine gehörige Machtperspektive am Werk. Fünf Gehalte dieser Macht sollen hier aufgeschlüsselt werden: der Konzils-, der Lehr-, der Glaubens-, der Geschichts- und der Theologiegehalt. Aber, so die hier vertretene These, bei jedem Gehalt funktioniert dieser Wille zur Macht im Modus einer produktiven Relativität, die die Bedeutung der Sprache des Glaubens neu erschließt.[1] Besonders augenfällig ist das beim Konzilsgehalt dieser Konstitution. Sie relativiert die Kirche; denn sie lehrt, dass die Kirche nicht eins ist, sondern zwei. Deshalb der erste Punkt:

---

[1] Nietzsche ist der vielleicht schärfste Kritiker des Christentums und insofern ist die theologische Verwendung seines Hauptgedankens immer problematisch. Sie erfolgt hier im Sinne einer noch weiter zu behandelnden Konzilslehre: „Die Kirche bekennt sogar, dass sie selbst aus der Gegnerschaft derer, die sich ihr widersetzen oder sie verfolgen, großen Nutzen gezogen hat und ziehen kann." (GS 44; s.u.) Was sich folglich verbietet, ist ein Ressentiment gegen die Erklärungskraft der Sprache Nietzsches. In diesem Sinn ist die Präzision seiner Kategorien verwendbar, und in diesem Sinn wird hier von der Kategorie des Willens zur Macht Gebrauch gemacht. Für die Verwendung dieses Begriffs in einem zu Nietzsche gerade gegenteiligen und zugleich das Christentum förderlichen Sinn vgl. O. BOULNOIS, Wille und Macht. Die Kritik des Christentums im Denken Friedrich Nietzsches, in: Internationale katholische Zeitschrift „Communio" 27 (1998) 402–410. Für die theologische Unterströmung in Nietzsches Philosophie vgl. E. BISER, Nietzsche – Zerstörer oder Erneuerer des Christentums?, Darmstadt 2002; W. THIEDE, „Wer aber kennt meinen Gott?" Friedrich Nietzsches „Theologie" als Geheimnis seiner Philosophie, in: Zeitschrift für Theologie und Kirche 98 (2001) 464–500, R. BUCHER, Nietzsches Mensch und Nietzsches Gott. Das Spätwerk als philosophisch-theologisches Programm, Frankfurt ²1993. Kritisch zu diesen Lesarten: K. MÜLLER (Hg.), Natürlich: Nietzsche! Facetten einer antimetaphysischen Metaphysik, Münster 2002, sowie M. STRIET, Das Ich im Sturz der Realität. Philosophisch-theologische Studien zu einer Theorie des Subjekts in Auseinandersetzung mit der Spätphilosophie Friedrich Nietzsches, Regensburg 1998. – Für die anthropologische Problematik vgl. M. TROWITZSCH, Nietzsche und die machtförmige Kultur der Neuzeit, in: Materialdienst der Evangelischen Zentralstelle für Weltanschauungsfragen 64 (2001) 228–234, ebenso das Heft 2/2002 der Zeitschrift Religionsunterricht an höheren Schulen. – Der Relativierungsgehalt kommt dem Theorem des Willens zur Macht von Haus aus zu, vgl. K. GLOY, Nietzsches Theorie des Willens zur Macht als Kritik an der traditionellen Vernunftherrschaft, in: Philosophisches Jahrbuch 104 (1997) 263–278. Für den ethischen Gehalt der Philosophie von Nietzsche vgl. auch C. MENKE, Spiegelungen der Gleichheit, Berlin 2000.

1. Der Konzilsgehalt von Gaudium et spes – die zweite Kirchenkonstitution

Im vorbereiteten Programm des Konzils war so etwas wie *Gaudium et spes* nicht vorgesehen. Es gab über sechzig präparierte Schemata, aber in keinem wollte sich die Kirche selbst ins Verhältnis zur Welt setzen. Sie wollte sich durchaus zur moralischen und gesellschaftlichen Ordnung äußern, aber nicht über sich im Verhältnis zur Welt von den Menschen von heute her. Als diese Schemata allesamt mit der Ablehnung des Offenbarungsschemas des Kardinal Ottaviani vom Tisch fielen, war kein Programm für das Konzil mehr da.[2] Von einem übernatürlichen Ort her auf die menschliche Person und die staatlich verfasste Gesellschaft hin zu sprechen, war schlicht abgelehnt. Kardinal Suenens, der Bischof von Brüssel und Mecheln, half aus, und er hat selbst behauptet, das sei so mit Johannes XXIII. abgesprochen gewesen.[3] Suenens schlug am 4. Dezember 1962 dem Konzil zwei entscheidende Strategien vor: Zum einen soll die Kirche selbst sein Thema sein. Und zum anderen sollte dieses Thema unter zwei Fragen behandelt werden: ‚Kirche, was sagst du dir selbst, wer du bist', und ‚Kirche, was sagst du der Welt, wer du bist'. Das ist die berühmte Differenz von *ecclesia ad intra* und *ecclesia ad extra*.[4] Der Kardinal von Mailand, Montini, stieg dann ebenfalls in diesen Zug, der ihn in den Papstpalast fahren sollte. Mit dieser Unterscheidung hat Suenens etwas getan, was er wahrscheinlich selbst gar nicht so begriffen hat, aber von der Sache her geschehen ist: Die Kirche lässt sich nicht unter einer Rücksicht behandeln, sondern nur unter wenigstens zwei. Die Kirche ist nicht eins, sie ist zwei. Sie ist durchaus eine, aber das kann nur im Hinblick auf eine polare Differenz gesagt werden. Ich leugne also die Einheit der Kirche nicht, im Gegenteil, aber ich stelle die ‚Einsheit' in der Betrachtung von Kirche in Frage. Damit meine ich solche Über-

---

[2] Vgl. das Alternativschema von Karl Rahner in: E. KLINGER / K. WITTSTADT (Hg.), Glaube im Prozeß. Christsein nach dem 2. Vatikanum. Für Karl Rahner, Freiburg ²1984, 33–50. Für den ganzen Vorgang vgl. H. SAUER, Erfahrung und Glaube. Die Begründung des pastoralen Prinzips durch die Offenbarungskonstitution des II. Vatikanischen Konzils, Frankfurt 1993.

[3] L. J. CARDINAL SUENENS, Souvenirs et Espérances, o.O. 1991, 65–80.

[4] Zu dieser Rede vgl. nun G. RUGGIERI, Der schwierige Abschied von der kontroverstheologischen Ekklesiologie, in: G. ALBERIGO / K. WITTSTADT (Hgg.), Geschichte des Zweiten Vatikanischen Konzils (1962–1965), Bd. II., Mainz/Leuven 2000, 331–420, hier 402–404.

legungen, welche die Kirche von einer einzigen Idee her aufzäumen. Bei der Einheit handelt es sich um eine Realität im Ursprung der Kirche; sie wird von der Zweiheit der Kirche weiter ausgedeutet. Bei den diversen ‚Einsheiten' dagegen handelt es sich um eine Sprache über die Kirche, die ihre innere Pluralität übergeht. Das Zweite Vatikanische Konzil war für die Einheit der Kirche, gerade auch unter ökumenischem Gesichtspunkt, aber es ließ jede Form von ‚Einsheit' hinter sich. Es begriff Kirche nach innen und nach außen, also mit einer pluralen Grammatik.

Mit diesem Programm wurden zwei Texte erstellt: *Lumen gentium* und *Gaudium et spes*. Beides sind Kirchenkonstitutionen, die eine dogmatischer, die andere pastoraler Natur. So steht es in ihren formellen Qualifikationen. Sie stehen also auf derselben formalen Ebene, eben der von Konstitutionen, der höchsten konziliaren Textautorität. Sie kommen sich nicht ins Gehege, die eine ist dogmatisch, die andere pastoral fokussiert. Das ist der Konzilsgehalt von *Gaudium et spes*: sie stellt die zweite Kirchenkonstitution dar, welche die erste, *Lumen gentium*, voraussetzt und auch gerne und oft zitiert. Das Thema beider Konstitutionen, die Kirche, wird dabei von der Pastoralkonstitution in einer spezifischen Weise relativiert: in einer pastoralen Weise.

Diese Relativierung kann man formal und inhaltlich erschließen. Zunächst inhaltlich: Die Kirche ist hier nicht einfach von sich selbst her ein Thema, sondern von einer Größe her, die sie zunächst einmal gar nicht selbst ist. Dieses Thema stellen die Menschen von heute und zwar alle Menschen, besonders die Armen und Bedrängten aller Art, wie der Text es in seinem ersten Satz selbst sagt. Es handelt sich um das Thema: „Freude und Hoffnung, Trauer und Angst der Menschen dieser Zeit, besonders der Armen und Bedrängten aller Art, sind Freude und Hoffnung, Trauer und Angst auch der Jünger Christi, und es findet sich nichts wahrhaft Menschliches, das nicht in ihrem Herzen widerhallte." (GS 1)

Das, was Menschen umtreibt und ihr Leben hin- und herschüttelt, ist auch Thema für die Kirche. Das ließ sich natürlich von einer ordentlichen Seelsorge auch vor dem Konzil schon sagen. Und doch geschieht hier etwas Neues: Die Kirche macht sich selbst von diesen menschlichen Angelegenheiten her zum Thema. Sie begreift sich von den Menschen her, die es hier und heute gibt. Deshalb ist sie pastoral konstituiert. Diese pastorale Konstituierung relativiert den Willen zur Macht, den die universale gesamtmenschheitliche Perspektive in *Gaudium et spes* aufweist, von Freude und Hoffnung, Trauer und Angst heutiger Menschen her, besonders der Armen und Bedrängten aller Art.

Entsprechend kann man diese Relativierung auch formal ausdrücken. Suenens' Programm von *ecclesia ad intra – ecclesia ad extra* war im Hinblick auf eine Vorordnung des Innen noch ambivalent, aber der Text ist eindeutig. Er steht in einer Konstellation zwischen dem Innen der Kirche, also der vorausgesetzten ersten Kirchenkonstitution, und dem hier behandelten Außenthemen des Konzils, der realen humanen oder inhumanen Situation von Menschen. In *Gaudium et spes* wird das Konzilsthema Kirche nicht von jenem Innen, sondern von diesem Außen her behandelt. Das ist der Vorgang der Pastoral. Sie ist nicht irgendeine Größe in der Kirche unter ferner liefen, sondern jener Vorgang, der signifikant und konstitutiv dafür ist, was Kirche selbst ist. Dieser Vorgang relativiert eine kirchliche Gemeinschaft, die sich ursprünglich nur von sich selbst her sieht, daraufhin, dass sie sich von den anderen her begreift. In dieser Sicht steht letztlich jeder Mensch der Kirche gegenüber, weil jede und jeder eigene Freuden und Hoffnungen, Trauer und Ängste beitragen kann. Diese Relativierung verändert die kirchliche Macht. Sie folgt einer pastoralen Strategie und die wiederum befähigt die Kirche, mit ihrer Lehre in einer anderen Weise umzugehen. Deshalb als zweiten Punkt:

2. Der Lehrgehalt von Gaudium et spes – die erste pastorale Konstitution

Gaudium et spes zog viele Auseinandersetzungen auf sich. Mehrfach war der Text essentiell gefährdet, es gibt, je nach Zählung, fünf oder sechs jeweils neu erarbeitete Fassungen. In einer Phase der dritten Sessio sollte der Text ganz von der Tagesordnung verschwinden, indem man einfach keine weitere Sessio für das Konzil einberufen wollte. Aber dann gab es doch eine vierte Sessio, um das damals schon famose Schema XIII zu Ende zu bringen.[5] Es war auch der buchstäblich letzte Text, den das Konzil

---

[5] Für die Textgeschichte vgl. die ausführliche Studie von G. TURBANTI, Un concilio per il mondo moderno. La redazione della costituzione pastorale „Gaudium et spes" del Vaticano II, Bologna 2000. Für das systematische Gewicht der entscheidenden Auseinandersetzungen um den Text vgl. die noch nicht veröffentlichte Habilitationsschrift des Verf.: Glauben im Zeichen der Zeit. Die Semiotik von Peirce und die pastorale Konstituierung der Theologie, Würz-

veröffentlicht hat. Und es ist einer der Gründe, warum Marcel Lefebvre nach dem Konzil das bislang letzte Schisma der Kirche verursacht hat. Besonders umstritten war die lehramtliche Qualität der Aussagen dieses Schemas. Darum wurde auf dem Konzil mehrfach heftig gerungen, insbesondere in einer bisher in der Theologie kaum bekannten, aber gleichwohl signifikanten Auseinandersetzung. An ihr lässt sich deutlich machen, was das überhaupt ist, eine *„constitutio pastoralis"*.

Der Streit drehte sich um den Status der sog. Adnexa, die Anhangkapitel, die sich mit sehr bestimmten Fragen der damaligen Zeit befassen sollten. Das ganze begann mit einer Aktion, die, wie so viele wichtige, hinter den Kulissen des Konzils stattfand. Nachdem sich Suenens mit der polaren Betrachtung auf die Kirche durchgesetzt hatte, musste man einen Text zur ‚ecclesia ad extra' entwickeln; dazu wurde eine Gemischte Kommission eingerichtet zwischen Theologischer Kommission und Kommission für das Laienapostolat. Zugleich hatte die Theologische Kommission, also Kardinal Ottaviani, ein starkes Interesse, diesen Text in ihrer Hand zu behalten. Sie wollte jede Relativierung der Lehrwahrheiten vermeiden und bei diesem Text musste man sich zwangsläufig auf zeitbedingte, der realen Situation in der Welt geschuldete Fragestellungen einlassen. Am Himmelfahrtstag, dem 23.5.1963, entschied deshalb auf Druck des Stellvertreters von Kardinal Ottaviani eine Gruppe von Periti, die Arbeit am Text über die Kirche *ad extra* in zwei Teile zu gliedern: „in einen dogmatischen Teil und in pastorale Instruktionen von geringerer Autorität zu den präziseren Punkten".[6] Der dann erarbeitete erste Text, der noch ganz in der Hand der Theologischen Kommission war, scheiterte allerdings am Widerstand von Kardinal Suenens, der seinerseits eine Gruppe fortschrittlicher Theologen nach Mecheln einlud, u.a. Rahner und Congar. Dort wurde ein Text nach der Idee entwickelt, dass die Kirche das Evangelium unter die Völker zu tragen hat, also eine Evangelisierungsperspektive. Man hielt sich dabei gleichwohl an die Vorgabe von der Trennung des eigentlich dogmatischen Textes von den Anhangkapiteln und beschränkte sich auf das erste; die Anhänge sollten eigens als eine Art „Sozialkatechismus" (Kardinal Urbani) erarbeitet werden. Dieser sogenannte Mechelner Text wurde dann

---

burg 1997. Vgl. auch G. FUCHS / A. LIENKAMP (Hg.), Visionen des Konzils: 30 Jahre Pastoralkonstitution „Die Kirche in der Welt von heute", Münster 1997.

[6] Prignon-Archiv Nr. 187 in Louvain-la-Neuve.

allerdings von Kardinal Ottaviani in der Gemischten Kommission blockiert. Eine Neubearbeitung wurde nötig, der sich besonders der frankophone Teil der Konzilsmehrheit annahm.

Sofort zeigte sich eine neue Richtung. Man orientierte sich an der letzten Enzyklika von Johannes XXIII. *Pacem in terris*, speziell deren Aufmerksamkeit auf die Zeichen der Zeit. So sollte das Thema der Kirche nach außen behandelt werden. Mit dieser Entscheidung fand man sofort zu dem ersten Satz, allerdings noch in der Zuordnung von ‚Freude und Trauer, Hoffnung und Angst'. Wer allen Menschen etwas sagen will, muss bei dem ansetzen, was für die Situation ihres Lebens wichtig ist. Entsprechend wurde auch die Grundfassung dieses Textes auf Französisch geschrieben; wer die Zeichen der Zeit heute benennen will, kann keine Sprache verwenden, die niemand mehr spricht. Gleichwohl wurde der Text für den Konzilsgebrauch natürlich wieder ins Lateinische übersetzt.

Aber auch für diese Neuerarbeitung, die sich deutlich auf alle Menschen guten Willens einließ, blieb die alte Zweiteilung erhalten. Es gab einen dogmatisch verstandenen Text, der von Konzilsorganen erarbeitet wurde, also unter Ausschluss von Laien. Diese durften für die Arbeit an jenen Passagen anwesend sein, die in die Anhangkapitel gelangten; diese Kapitel wurden als eigentlich nicht mehr dogmatisch relevant erachtet, weil sie mit relativen Dingen befasst waren, und waren entsprechend nicht mit der vollen Autorität des Konzils versehen. Nach weiteren Überarbeitungen kam dieser Text als Schema XIII erstmals in der dritten Sessio des Konzils in die Aula. Ausgeteilt wurden der dogmatische Text, der zu debattieren war, und ebenso die Faszikel mit den Anhangkapiteln; diese Faszikel trugen den Vermerk, dass sie nicht in der Aula debattiert werden durften. Erzbischof Marcel Lefebvre machte sofort eine Anfrage nach der Autorität dieser Adnexa, die seiner Meinung nach schwere Irrtümer enthielten. Die offizielle Antwort des Konzilssekretärs, Erzbischof Felici bei der 92. Generalkongregation: „Sunt documentum mere privatum."[7]

Das aber rief den Co-Präsidenten der Gemischten Kommission, Kardinal Cento, auf den Plan; denn die Adnexa waren von dieser Kommission behandelt und verabschiedet worden. Cento, eigentlich ein Kurialer, war empört; diese Texte waren nicht

---

[7] Lefebvres Anfrage in: AS V–II, 709, Felicis Antwort in: AS III–III, 181.

irgendwelche Positionspapiere, wie sie zu Hunderten unter den Vätern und zwischen den Journalisten kursierten. Sie trugen seinen Namen als Co-Präsident der Gemischten Kommission und hatten Konzilsautorität. In einer heftigen Auseinandersetzung hinter den Kulissen, der im veröffentlichten Briefwechsel zwischen den Konzilsgremien zu fassen ist, setzte er sich gegen Kardinal Ottaviani durch.[8] Denn für diesen stellten diese Anhangtexte Relativierungen der allgemeinen, übergeschichtlichen dogmatischen Äußerungen dar; Ottaviani kam es ganz recht, dass Felici ihnen jegliche Konzilsautorität nehmen wollte. Ob es eine Absprache zwischen beiden, oder gar ein Pakt mit Lefebvre gab, lässt sich nicht sagen; eigentlich ist nicht davon auszugehen. Die Aula-Debatte des dogmatischen Teils von Schema XIII trug ein Übriges dazu bei. Die Konservativen protestierten gegen die Adnexa-Texte, weil sie diese nicht debattieren durften, die Progressiven argumentierten für deren Einarbeitung. Danach war klar: Die Adnexa und der dogmatische Teil mussten wegfallen und in einen Gesamttext integriert werden. Die alte Absprache vom Mai 1963 war hinfällig geworden. Bei diesem Prozess hatte sich niemand mit einer Strategie durchgesetzt, sondern eine bislang ungeklärte Sachfrage hatte sich mit Macht zur Sprache gebracht.

Um sie zu lösen, musste aber der lehramtliche Status eines Textes geklärt werden, der nicht nur der heutigen Zeit enthobene Aussagen machte, sondern aus allgemeinen Aussagen des Glaubens und zugleich aus Aussagen bestand, die sich mit realen Zeitproblemen befasste. Eine solche Art von Text war ein Präzedenzfall unter einer doppelten Rücksicht: Wie war er zu erstellen? Welche Autorität hat er überhaupt? Das erste Problem wurde gelöst, als das Redaktionskomitee sich zu einer durchgängig gleichen Methode entschied, mit der alle Kapitel zu erarbeiten waren, also die des vormalig dogmatischen Teils und die der vormaligen Adnexa. Es ist die Evangelisierungsmethode der JOC, der berühmte Dreischritt sehen-urteilen-handeln. Wenn man also allgemeine Glaubenswahrheiten und reale Lebensprobleme zusammenbringen will, dann kann man nicht mit dem Glauben beginnen. Der erste Schritt ist die Analyse der realen Lebenssituation von Menschen. Dann erst wird klar, wie Glaubenspositionen anzusprechen und welche Aussagen des Glaubens zu behandeln

[8] Vgl. AS V–II, 697–797.

sind. Aus dieser Verbindung ergeben sich dann Handlungsoptionen für die Kirche in der Situation, in der sie sich angesichts der Lebenssituation von Menschen befindet. Ein Schlüssel für die Durchführung dieses formalen Programms haben die Zeichen der Zeit, also jene Perspektive, mit der Johannes XXIII. das Konzil einberufen hatte[9] und die er dem Konzil wenige Wochen vor seinem Tod mit *Pacem in terris* vermacht hatte.

Die Autoritätsfrage des Textes war schwieriger zu entscheiden. Nachdem das Schema XIII im Winter und Frühjahr 1965 auf der Basis eines Textes von Pierre Haubtmann[10] neu erarbeitet worden war, wies es schon in seiner Struktur den Dreischritt sehen-urteilen-handeln auf. Die Einleitung versuchte eine Beschreibung der damals heutigen Situation, der erste Hauptteil präsentierte Grundpositionen des Glaubens und der zweite setzte sich mit konkreten Einzelfragen auseinander. Die Qualifizierung des Textes war umstritten. In der Gemischten Kommission entschied sich die Mehrheit für die Qualifizierung ‚constitutio pastoralis'. Das war ein Vorschlag von Bischof Guano aus Livorno, der das Zentrale Redaktionskomitee leitete und der bereits 1963 diesen Titel eingebracht hatte.[11] Aber die Aula musste selbst entscheiden, das Problem hat eine gewichtigere Qualität als eine im Vorfeld zu klärende Frage; es hat eine dogmatische Qualität. Zwei Modelle standen sich für die Aula-Bearbeitung des Textes einander gegenüber: 'Konstitution' oder 'Deklaration'. Das erstere wurde von den Kräften unterstützt, die auch die Erarbeitung des Textes gefordert hatten, der Koalition aus französischer, belgischer und Fuldaer Bischofskonferenz.[12] Die andere Variante,

---

[9] Vgl. die Einberufungsbulle "Humanae Salutis" vom 25. Dezember 1961: „Ja, wir möchten vielmehr der Forderung Christi Folge leisten, 'die Zeichen [...] der Zeit' zu erkennen, und glauben deshalb, in all der häßlichen Finsternis nicht wenige Anzeichen zu sehen, die für Kirche und Menschengeschlecht eine bessere Zukunft erhoffen lassen." (AAS 54 [1962] 5–13, 6)

[10] P. BORDEYNE, Pierre Haubtmann au Concile Vatican II. Un historien et un théologien de l'inquiétude contemporaine, in: Ephemerides theologicae Lovanienses 77 (2001), 356–383.

[11] „Schließlich wurde die Frage nach dem literarischen Genus des Dokuments gestellt. Die Bezeichnung "Constitutio pastoralis", die schon von Msgr. Guano im Mai 1963 vorgeschlagen und von Can. Moeller wiederaufgenommen worden war, fand jetzt die Mehrheit der Stimmen." (C. MOELLER, Die Geschichte der Pastoralkonstitution, in: LThK.E. III [1968] 242–280, 270)

[12] Diese Koalition war für die konziliare Durchsetzung des Textes entscheidend; an ihrem Konsens vorbei war er nicht zu präsentieren, so Bischof Elchinger in einem Gespräch.

'Deklaration' – oder 'Botschaft', oder 'Brief' – wurde von den Kurialen, den Spaniern und Teilen der Italiener favorisiert.

Zuvor hatte allerdings innerhalb der Koalition der Konzilsmehrheit eine nicht zu unterschätzende Auseinandersetzung um die Autorität des Textes stattgefunden, die für die Rezeption von *Gaudium et spes* in der nachkonziliaren deutschsprachigen Theologie bis heute signifikant ist. Die Franzosen mussten damals die Westdeutschen erst wieder in die Koalition für diesen Text zurückholen.[13] Die deutschen Bischöfe und Theologen waren gegenüber dem Schema XIII durchweg sehr skeptisch eingestellt, auch wenn sie in Gestalt des Bischof Hengsbach aus der Kommission für das Laienapostolat von Beginn an mit den Textarbeiten unmittelbar befasst waren. Dieser war sogar der Relator des zweiten Hauptteiles, aber er betrachtete das Schema primär als eine weitere Etappe auf dem Weg der kirchlichen Soziallehre und schlug unter den deutschen Bischöfen entsprechend als Qualifizierung ‚konziliare Enzyklika' vor. Die Frontstellung unter den deutschen Theologen schlug sich in einem Gutachten Karl Rahners für die Fuldaer Bischofskonferenz vom Sommer 1965 nieder, in dem er das Schema XIII scharf kritisierte. Es gäbe, so Rahner, „keine hinreichende theologische Kriteriologie, um die Erkenntnis der konkreten Situation der heutigen Welt, sei sie aus der Perspektive des Menschen oder von der Kirche selbst erhoben, und die wirklich praktischen und konkreten Folgerungen, die sich aus dieser Situation ergeben, unterscheiden zu können. Was der Glaube im Hinblick auf *diese* so erhobene Erkenntnis bedeutet, was er *nicht* aufzeigen kann, welches die Mittel und Quellen für diese Erkenntnis sind, wird nicht wirklich und ausreichend in Erwägung gezogen."[14] Bei einem Treffen zu Beginn der vierten Sessio, das Weihbischof Elchinger von Straßburg am 17. September 1965 für deutsche und französische Bischöfe und Theologen organisiert hatte, erneuerten die Deutschen ihre Kritik und drängten die Franzosen in die Defensive. Vor allem Karl Rahner

[13] Kardinal Bengsch als Repräsentant der Berliner Bischofskonferenz stand dem Schema XIII bis zuletzt strikt ablehnend gegenüber; er hat die Konstitution auch nicht unterschrieben. Diese Ablehnung und die Auseinandersetzung darum zog sich durch die nachkonziliare Geschichte der katholischen Kirche in der DDR; vgl. H.-J. RÖHRIG, „Das Skandalum des Kreuzes wird bleiben" (A. Bengsch). Der kreuzestheologische Vorbehalt der Dresdener Pastoralsynode (1973–1975) bei der Rezeption konziliaren Denkens über das Verhältnis von Kirche und Welt, in: Lebendiges Zeugnis 57 (2002) 134–146.

[14] Rahner-Archiv-Elmar-Klinger in Würzburg Nr. 475, A, I, 1.

und Joseph Ratzinger argumentierten gegen den vorliegenden Text; Rahner vermisste die besagte Gnoseologie, Ratzinger wollte auf den einführenden Teil ganz verzichten, weil er zu optimistisch sei. Das Blatt wendete sich erst wieder, als Marie-Dominique Chenu am 22. September auf einer weiteren Konferenz, die das Dokumentationszentrum der holländischen Bischöfe organisiert hatte, den vorgelegten Text ausgesprochen positiv kommentierte und vor allem sehr entschieden für seine Qualifizierung ‚*constitutio pastoralis*' eintrat. Sie entspräche, so Chenu, ganz der Grundperspektive des Konzils und träfe die neue Art, Theologie zu treiben, in weiterführender Weise. Erst nach diesem Vortrag blieben die Franzosen hart und flachte der Widerstand ab; die Deutschen gaben sich damit zufrieden, dass ihre Vertreter in den Unterkommissionen der weiteren Textarbeit vertreten sein sollten. Man hatte sich damit durchgerungen, mit dem vorgesehenen Titel ‚*constitutio pastoralis*' in die weiteren Konzilsberatungen hineinzugehen.[15]

Über die Titelfrage wurde dreimal in der Aula förmlich abgestimmt. Bei der ersten konnten andere Vorschläge als ‚*constitutio pastoralis*' gemacht werden; sie blieben mit insgesamt 451 anders lautenden Nennungen in der klaren Minderheit. Daraufhin wurde die jetzige Sternchen-Fußnote zum Titel des Textes zur Abstimmung gestellt, die den dogmatischen Charakter des ganzen Textes herausstellt; es kam zu 293 Nein-Stimmen. Und bei der Schlussabstimmung votierten nur mehr 75 mit *non placet*. Es war die überhaupt letzte dieses Konzils.[16]

Der Text ist eine Konstitution, also die höchste dogmatische Autoritätsstufe; er hat die Macht, die Sprache des Glaubens zu normieren. Aber diese Konstitution hat einen pastoralen Charakter, sie ist mit Not und Segen des Lebens heutiger Menschen verbunden. Die Macht der Lehre, den Glauben über die Zeiten hin-

---

[15] Vgl. für diese prekäre Phase des Textes TURBANTI, Un Concilio (Anm. 5), 638–651. Für die differenten Einschätzungen des Textes vgl. auch J. A. KOMONCHAK, Le valutazioni sulla „Gaudium et spes“: Chenu, Dossetti, Ratzinger, in: Volti di fine concilio. Studi di storia e teologia sulla conclusione del Vaticano II. A cura di Joseph Doré et al., Bologna, 2000 (Testi e ricerche di scienze religiose. Nuova serie 27), 115–153. Karl Rahners Beitrag zur konziliaren Ekklesiologie bezieht sich im Wesentlichen auf die ‚ecclesia ad intra'. Er repräsentiert darin den mainstream der deutschen systematischen Theologen, vgl. dazu G. WASSILOWSKY, Universales Heilssakrament Kirche. Karl Rahners Beitrag zur Ekklesiologie des II. Vatikanums, Innsbruck 2001.

[16] Vgl. AS IV–VII, 346, 619, 632 und 641.

weg bestimmen zu können, und die Ohnmacht des Lebens, immer hier und heute stattfinden zu müssen, gehen eine spezifische Verbindung ein. Das ist die Pastoral. Sie relativiert den Glauben auf das hin, was die humane und inhumane Situation der eigenen Gegenwart ist. Diese Relativierung ist kein Abrücken von der Wahrheit des Glaubens, sondern bedeutet einen Gewinn für die universale Darstellung dieser Wahrheit. Pastoral ist eine eigene Form von Sprache für das, was der Glauben zu sagen hat. Wer den Glauben nur für sich betrachtet, wird bestenfalls einen gemeinschaftsinternen Sinn erfassen, aber nicht seine absolute, für alle geltende Bedeutung beschreiben können. Denn was er bedeutet, erschließt sich von denen her, denen er gesagt wird und die mit ihm konfrontiert werden. Auf dieser Bedeutungs-Ebene kann die Wahrheit der Glaubenspositionen erkannt werden.

Die Pastoralkonstitution ist die erste ihrer Art. Man kann ihre dogmatische Qualität nur bestreiten, wenn man an der Adnexa-Auseinandersetzung vorübergeht.[17] Dieser Diskurs ist natürlich ein spezielles Wissen, verborgen in den Akten-Kilometern der Konzilsarchive. Aber der Text enthält selbst eine Beschreibung dessen, worauf es in Sachen Pastoral ankommt. Es ist eine der wenigen direkten Verurteilungen des ganzen Konzils und findet sich in der Nr. 43 von *Gaudium et spes*: „Von der Wahrheit weichen die ab, die, weil sie wissen, dass wir hier keine bleibende Stadt haben, sondern die künftige suchen, meinen, sie könnten deswegen ihre irdischen Pflichten vernachlässigen, ohne dabei zu beachten, dass sie gerade durch den Glauben gemäß der Berufung, mit der ein jeder berufen wurde, mehr zu deren Erfüllung gehalten sind. Nicht weniger aber irren die, die umgekehrt meinen, sich so in irdische Geschäfte versenken zu können, als ob diese dem religiösen Leben gänzlich fremd seien, weil sie nämlich glauben, dass dieses in bloßen Kultakten und in der Erfüllung bestimmter sittlicher Pflichten bestehe. Diese Spaltung vieler zwischen dem Glauben, den sie bekennen, und dem täglichen Leben ist unter die schwereren Irrtümer unserer Zeit zu zählen."

Hier wird ein Irrtum über den Glauben beschrieben, also eine Häresie, ein falscher Begriff vom Glauben: die Darstellung seines Bekenntnisses von den Problemen des Lebens zu trennen. Das ist eine negative und abgrenzende Beschreibung. Was bedeutet die

---

[17] Für die Autoritätsfrage vgl. auch G. TURBANTI, Autorité et qualification des documents conciliaires, in: Revue d'histoire ecclésiastique 95 (2000) 175–195.

konstitutive Qualität der Pastoral positiv beschrieben? Dazu der dritte Punkt:

3. Der Glaubensgehalt von Gaudium et spes – die Universalität des Heils

Texte, die eine hohe Lehrautorität haben, müssen einen signifikanten Standpunkt des Glaubens beziehen. Die Pastoralkonstitution hat formal gesehen die höchste Autoritätsstufe für konziliare Texte. Den muss sie aber auch material mit einem außerordentlich wichtigen Glaubensstandpunkt einlösen können. Enthält sie eine solche Glaubenspositionierung? Bekennt sie sich zu einer neuen Basisformel des christlichen Glaubens? Der Antwort auf diese Fragen kommt man mit der Machtperspektive des Textes auf die Spur. Er richtet sich an alle Menschen und versucht sogar, eine integrale Beschreibung für ihre Situation zu liefern. Daran lässt sich natürlich vieles kritisch anmerken, besonders was dort alles nicht gesagt wurde. Aber immerhin, man hat sich ernsthaft bemüht, und es war auch eine Premiere für Konzilstexte. Die Auseinandersetzung mit sozialen Realitäten gilt noch mehr für den zweiten Hauptteil, der sich um konkrete Probleme aus Ehe und Familie, Politik und Wirtschaft, Kultur und Konflikt bemüht.

Wenn man sich an alle wendet, dann muss man etwas sagen, was alle betrifft und für alle gilt. Was soll das sein? Es geht ja nicht nur an Katholiken, nicht nur an Christen, nicht nur an religiöse Menschen, es geht an alle. Alle sind Adressaten dieser Glaubensbotschaft. Mit ihr präsentiert sich die Kirche als *global player*. Das ist sie zwar seit Paulus in der Geschichte auf unterschiedliche Weise immer gewesen. Aber seit Beginn der Neuzeit hatte sie sich in eine Situation manövriert, in der die konfessionelle Identitätserhaltung wichtiger wurde als der Blick über den eigenen religiösen Schutzwall. Das hatte zur Konsequenz, dass die anderen weniger galten und mit ihren Standpunkten bisweilen rundweg abgelehnt wurden, andere wie die Protestanten, wie die Juden, wie die Naturwissenschaftler, wie die Aufklärer, wie die Religionskritiker, wie die Atheisten, wie die Kommunisten, wie die Demokraten, wie die Frauenrechtlerinnen. Sie wurden als Bedrohung angesehen, man zeigte auf ihre Schwächen und schwieg über ihre Stärken. Man suchte und deklamierte über ihre Irrtümer, und überging und verschwieg ihre Wahrheiten. Eine solche Haltung prägt ein Ressentiment gegen die anderen aus. Bei einem Ressentiment hängt die eigene Stärke von der Schwäche der anderen ab.[18]

Eine Religionsgemeinschaft, deren Stärke daraus besteht, dass die anderen schwach sind, hat eigentlich nichts Eigenes über den Glauben zu sagen; ihre Sprache wird von der Schwäche der anderen bestimmt. Wenn die anderen dann auch noch stärker werden, wird man selbst in fataler Weise schwächer. Aber das ist gefährlich; es führt in die Dekadenz und dekadent kann der christliche Glaube nicht überzeugend präsentiert werden.[19] Eine Kirche, die eine Macht von einem globalen Zuschnitt sein will, kann sich das nicht leisten. Das hat das Konzil mit *Gaudium et spes* realisiert und geht entschlossen den umgekehrten Weg. Es setzt zur Präsentation seines gewichtigsten Glaubensstandpunktes nicht bei den Schwächen der anderen an, obwohl es diese Schwächen natürlich gibt. Wenn man trotzdem bei den Stärken ansetzt, dann lässt man die Schwächen nicht das Feld beherrschen. Wer so vorgeht, entschuldigt nicht diese Schwächen, aber relativiert die ausschließliche Aufmerksamkeit auf sie. Die Pastoralkonstitution bleibt nicht auf die Schwächen der Menschen von heute fokussiert, obwohl sie in der Zustandsbeschreibung durchaus kritisch argumentiert. Sie setzt vielmehr bei einer Stärke an, die alle Menschen auszeichnet, also auch bei denen zu finden ist, die man über Jahrhunderte bekämpfte und zu übergehen suchte.

Die Aufmerksamkeit auf diese Stärke setzt bei einer Macht an, die gerade auch die anderen auszeichnet. Diese Macht relativiert den eigenen Standort im Glauben, weil sie die eigenen Schwächen in der Darstellung aufweist und sie zu verbessern hilft. Wegen dieser Haltung trifft auch der Hinweis auf einen zeitbe-

---

[18] Das ‚Ressentiment' ist eine Kategorie aus Nietzsches ‚Zur Genealogie der Moral' (vgl. F. NIETZSCHE, Werke. Kritische Gesamtausgabe, hg. von G. Colli / M. Montinari, Abt. 6, Bd. 2, Berlin 1968). Wie jener des Willens zur Macht wird auch dieser Begriff hier streng kategorial zur Analyse von Machtverhältnissen verwendet. Damit soll nicht sein religionskritischer und speziell christentumskritischer Sinn bei Nietzsche bestritten werden. Aber dieser Sinn steht hier nicht zur Diskussion, vielmehr seine sozial-analytische Bedeutung. Zu dieser Kategorie vgl. E. ABOU EL-MAGD, Nietzsche. Ressentiment und schlechtem Gewissen auf der Spur, Würzburg 1996, sowie A. ALTMANN, Friedrich Nietzsche. Das Ressentiment und seine Überwindung, verdeutlicht am Beispiel christlicher Moral, Bonn 1977.

[19] Für diese Gefahr vgl. die Analyse von R. BUCHER, Das deutsche Volk Gottes. Warum Hitler einige katholische Theologen faszinierte und „Gaudium et Spes" für die deutsche Kirche eine Revolution darstellt, in: H. KEUL / H.-J. SANDER (Hgg.), Das Volk Gottes – ein Ort der Befreiung, Würzburg 1998, 64–82.

dingten Optimismus von *Gaudium et spes* nicht. Es handelt sich bei der positiven und hoffnungsvollen Sicht dieses Textes nicht um blauäugiges Wegsehen von Problemen und um Illusionen über einen vermeintlichen Fortschritt. Es handelt sich vielmehr darum, dass nichts und niemandem mit einem Ressentiment begegnet wird. Es gibt Schwächen, sie müssen auch angesprochen werden. Aber sie sind nicht das einzige, das in menschlichen Sachverhalten anwesend ist. Es gibt eben auch Stärken. Und das Konzil hat sich mit *Gaudium et spes* entschieden, die Stärken der anderen zur Basis zu nehmen, um im Namen der Kirche eine Beziehung zu ihnen aufzunehmen. Das reicht sehr weit: „Die Kirche bekennt sogar, dass sie selbst aus der Gegnerschaft derer, die sich ihr widersetzen oder sie verfolgen, großen Nutzen gezogen hat und ziehen kann." (GS 44) Die Aufmerksamkeit auf die Stärken der anderen bedeutet einen pastoralen Relativierungsvorgang der eigenen Position. Und doch wird durch diese Relativierung der eigene Glaube stärker; denn bei der Macht, die diese Relativierung durch die Aufmerksamkeit auf die Stärken der anderen erzeugt, handelt es sich um Gott.

Denn was immer man an Schwächen bei anderen diagnostizieren kann, sie haben eine Seite, die sie stark macht für Katholiken. Es ist die Beziehung, die Gott zu ihnen hat. Gleich ob jemand von sich her eine Beziehung zu Gott sucht oder meidet und gleich wie das im Einzelnen gestaltet wird, Gott hat von sich her eine bleibende Beziehung zu jeder Frau, zu jedem Mann, zu jedem Kind. Und diese ist für alle Menschen gleich und für jeden doch je nach Lebenssituation unterschiedlich. Es ist die Beziehung des Heils. Gott will das Heil jedes Menschen und das soll jedes Leben prägen. Daraus formuliert *Gaudium et spes* einen neuen, geradezu unerhörten Glaubensstandpunkt und gießt ihn in ein Bekenntnis: „Deshalb bietet die Heilige Synode, indem sie die überaus hohe Berufung des Menschen bekennt und erklärt, dass gewissermaßen ein göttlicher Same in ihn eingesenkt ist, dem Menschengeschlecht die aufrichtige Mitarbeit der Kirche an, um jene Brüderlichkeit aller herbeizuführen, die dieser Berufung entspricht." (GS 3)

Dieses Bekenntnis ist der spezifische und in der Tradition so bisher nicht formulierte Glaubensstandpunkt der Pastoralkonstitution: die hohe Berufung des Menschen durch Gott. Diese Berufung hat den speziellen Charakter, nicht spezifiziert zu werden. Es handelt sich also zunächst nicht um die Berufung zur Heiligkeit, zum Priester, zur Ordensfrau, zum Ehemann, zum Elternteil, zur

Altenpflege etc. Es dreht sich um einen anderen Fokus. Jeder Mensch ist von Gott berufen. Alle speziellen Berufungen stehen in diesem Rahmen. Diese Berufung ist die Stärke jedes Menschen; wer immer als Mensch lebt, in dessen oder in deren Lebensvollzug ist Gott mit dieser Berufung präsent. Da diese Berufung nicht spezifiziert ist, kann man sie verstehen als die Berufung zum Menschsein. Jeder Mensch ist von Gott berufen, Mensch zu sein und eben nicht Unmensch zu werden. Jeder Mensch ist von Gott berufen, Mensch werden zu können und eben nicht zum Nichtmenschen gemacht zu werden.[20]

Diese Berufung hebt nicht den Standpunkt auf, dass alle Menschen in die Kirche berufen sind. Vielmehr relativiert die Berufung zum Menschsein die andere Berufung in die Kirche. Aber das ist zu deren Vorteil; denn niemand in der Kirche muss sich mehr an den Schwächen der anderen orientieren und sich ihnen in den Weg stellen. Jeder in der Kirche kann auf die Stärke dieser Berufung bei allen anderen setzen. Das hat eine gewichtige Konsequenz: Die Katholiken können auf das Ressentiment den anderen gegenüber verzichten. Das gilt insbesondere dann, wenn die Schwächen offenkundig sind und auch angesprochen werden müssen, um weiter zu kommen.

Das führt zu einer anderen und mutigen Einstellung, die in *Gaudium et spes* auch direkt angesprochen wird: „Man muss jedoch unterscheiden zwischen dem Irrtum, der immer zu verwerfen ist, und dem Irrenden, der die Würde der Person stets bewahrt, auch wo er von falschen oder weniger genauen religiösen Auffassungen befleckt wird. Gott allein ist Richter und Erforscher der Herzen; daher verbietet er uns, über die innere Schuld von irgendjemandem zu urteilen." (GS 28) Diese strikte Unterscheidung zwischen dem Irrtum, der eine Schwäche darstellt, und den Irrenden, deren Nähe zum allgemeinen Heilswillen Gottes durch den Irrtum nicht aufgehoben wird, geht auf Johannes XXIII. zurück, wird hier radikalisiert und zu einem Aktionsprinzip des katholischen Glaubens in der Welt von heute.

Die Berufung des Menschen durch Gott ist im *Prooemium* von *Gaudium et spes* auf die einzelne Person hin formuliert. Aber

---

[20] Elmar Klinger sieht darin einen entscheidenden dogmatischen Fortschritt, vgl. E. KLINGER, Der Glaube des Konzils – ein dogmatischer Fortschritt, in: DERS. / WITTSTADT, Glaube im Prozeß (Anm. 2), 615–626. Für die Berufungskategorie vgl. M. SCHEUER, Der Mensch ist Ruf Gottes. Zur theologischen Grundlegung von Berufung, in: Theologisch-praktische Quartalschrift 150 (2002) 53–62.

damit wird kein individualistischer Standpunkt bezogen, vielmehr ist die Berufung sozial qualifiziert. Damit jemand fähig wird, Mensch zu bleiben, und verhindert wird, dass er Unmensch werden muss, sind gesellschaftliche Voraussetzungen nötig. Die kann die Kirche nicht herstellen, dafür fehlt ihr normalerweise die Macht. Aber sie kann die Signifikanz solcher Entwicklungen benennen, in denen es um diese humanen Entwicklungsvoraussetzungen geht. Dazu der vierte Punkt:

4. Der Geschichtsgehalt von Gaudium et spes – die Zeichen der Zeit

Die Verbindung von allgemeinen Glaubensstandpunkten und realen Lebensproblemen macht das aus, was das Konzil Pastoral genannt hat. Entsprechend startete die Pastoralkonstitution als eine Verbindung von Dogmatik und katholischer Soziallehre. Aber beide werden im Verlauf der Textgeschichte von *Gaudium et spes* auf den neuen Standpunkt transformiert, dass es in der Darstellung des Glaubens und der Analyse der realen humanen oder inhumanen Situation um die Stärkung der Menschen geht, die auf ihre Berufung zur Menschwerdung zurückgeht. Das relativiert die Soziallehre, wie sie bis dahin gelehrt wurde. Deren Ordnungsperspektive auf den Staat wird auf eine Solidaritätsperspektive in die Gesellschaft hinein überschritten; das prinzipiell denkende Naturrecht wird auf die aktuell zu bestimmenden Menschenrechtsprobleme hin transformiert. Es kann seit *Gaudium et spes* keine Soziallehre jenseits von Menschenrechtspastoral und keine Pastoral jenseits sozio-politischer Vollzüge mehr geben.[21]

Entsprechend verändert sich die Sichtweise auf die Macht, die Kirche in der Geschichte abgeben kann. Herkömmlich sah sie ihre Macht im Gegenüber zum Staat, was vor allem die neuzeitliche Kirchengeschichte bis hin zu den Konkordatsabschlüssen seit Beginn des 20. Jahrhunderts prägte. Nun geht es jedoch vorrangig um die Lage der Menschen hier und heute, ihre Freude und Hoffnung, Trauer und Angst. Kann die Kirche damit überhaupt noch

---

[21] Vgl. die Artikel von N. BRIESKORN, Theologie der Befreiung und Menschenrechte, und G. KRUIP, Impulse der Theologie der Befreiung für die kirchliche Solidaritätsarbeit, in: M. DELGADO (Hg.), Blutende Hoffnung. Gustavo Gutiérrez zu Ehren, Luzern 2000, 131–150 und 200–214.

eine geschichtlich wirksame Macht sein? Oder muss der Machtanspruch überhaupt aufgegeben werden?

Diese Relativierung wurde von vielen auf dem Konzil und in der Zeit danach befürchtet; das steht im Hintergrund all jener Standpunkte, die der Pastoralkonstitution keine konstitutive Autorität für die Kirche geben wollten oder sie in ihren lehramtlichen Aktionen kaum berücksichtigt sehen wollen. Diese Sachfrage ist auch ein wirkliches Problem; denn eine Religionsgemeinschaft, die keine Macht mehr unter den Menschen sein will, verliert den geschichtlichen Boden unter den Füssen. Aber das zeichnet ja *Gaudium et spes* geradezu aus, dass dieser Text in der jeweiligen Gegenwart, also in einem geschichtlichen Präsens, verortet werden muss. Er muss also über eine Machtperspektive verfügen, die über die Zeit hinweg erhalten bleibt, sonst wird sein Projekt misslingen. Diese Macht zeigt sich in der Schlüsselkategorie dieses Textes, den Zeichen der Zeit. Der Terminus selbst taucht nur einmal im Text auf, in der Nr. 4; in der Nr. 11 wird er nochmals umschrieben. Er wird nicht eigentlich definiert, aber es wird gesagt, dass die Kirche für die Verkündigung ihres Evangeliums diese Zeichen beachten muss, „so dass sie in einer der jeweiligen Generation angemessenen Weise auf die beständigen Fragen der Menschen nach dem Sinn des gegenwärtigen und des zukünftigen Lebens und nach ihrem gegenseitigen Verhältnis antworten kann" (GS 4). Diese Zeichen haben also etwas mit der Sprachkompetenz zu tun, die für die Präsentation des Evangeliums nötig ist. Wenn Christen diese Zeichen beachten, werden sie über ihr Evangelium sprachfähig.[22]

Das ist die Machtperspektive von *Gaudium et spes*. Kirche hat allen Menschen etwas zu sagen. Ihre Macht ist die des Wortes, also die Fähigkeit, auf etwas zu verweisen, was für alle von Bedeutung ist. Das kann nicht einfach die Verkündigung des christ-

---

[22] Für A. WOLLBOLD, „Nach den Zeichen der Zeit zu forschen und sie im Licht des Evangeliums zu deuten": Nachfragen zur Methode der Pastoraltheologie, in: B. PITTNER / DERS. (Hgg.), Zeiten des Übergangs (FS Franz Georg Friemel) (Erfurter theologische Studien 80), Leipzig 2000, 354–366 geht es um „die Anschlussfähigkeit einer Situation an die Botschaft des Evangeliums" (364), aber er hebt dieses Sprachmoment dann doch nicht heraus. Zum Problem der Ambivalenz dieser Kategorie vgl. P. BORDEYNE, Ambiguïtés de la mémoire et mémoire de l'ambiguïté: quelques observations sur le concept de signes des temps, in: Revue d'éthique et de théologie morale 212 (2000) 51–70. Für die Potentiale der Kategorie heute vgl. H. SCHMIDINGER (Hg.), Zeichen der Zeit: Erkennen und Handeln, Innsbruck 1998.

lichen Glaubens sein; der ist zwar für alle bedeutsam, aber diese Bedeutung muss sich ja gerade erst in dem erweisen, was zu sagen ist. Der Erweis gelingt dann, wenn man als Christ etwas sagen kann, was andere nicht sagen können. Das geschieht in den Zeichen der Zeit. Das sind nicht Zeichen, die die Kirche erfindet; dann würden sie kaum jemanden außerhalb von ihr interessieren. Die Zeichen der Zeit sind vielmehr Geschehnisse, die allen etwas sagen können – aber das muss auch gesagt werden. Es geht um die Bedeutung dieser Geschehnisse, also die Signifikanz, die sie unter den Menschen haben können. Dieser Vorgang ist der Beitrag der Kirche zur Geschichte. Sie macht nicht die Geschichte, sondern ist ihrem Verlauf unterworfen. Aber die Kirche kann in dem, was in der Geschichte geschieht, auf Dinge aufmerksam machen, die eine Bedeutung für alle haben. In dem, was in der Zeit geschieht, kann das benannt werden, was repräsentativ für die Menschen von heute ist. Das meint nun nicht irgendwelche Zeiterscheinungen, sondern solche, die repräsentativ sind für die besagte Berufung durch Gott. In diesen Zeichen geht es also um Geschehnisse, in denen die Menschwerdung von Menschen befördert oder gefährdet, die Unmenschwerdung verhindert oder erzeugt wird. Diese Menschwerdungsdimension in geschichtlichen Ereignissen zu benennen, ist eine pastorale Arbeitsbeschreibung für die Kirche. Wenn ihr das gelingt, dann schafft sie einen sprachlichen Ort, um sich kritisch mit konkreten Problemen in Gesellschaft und Staat, Kultur und Wirtschaft, Religion und Öffentlichkeit auseinanderzusetzen. Das ist ihr spezifischer Beitrag zur Förderung der Menschenrechte.

Jene Zeichen der Zeit, auf die Johannes XXIII. in *Pacem in terris* hingewiesen hatte, verfügen über diese sprachliche Potenz, signifikante Menschenrechtsprobleme zu benennen: die Arbeiterfrage, die Frauenfrage, die Entkolonisierung der Völker, die Grundrechtskataloge in Verfassungen. Heute würden wir hinzufügen: die weltweite Migration, die prekäre rechtliche und gesellschaftliche Situation von Ausländern in Industrienationen, die sexuelle und wirtschaftliche Versklavung von Kindern, die zunehmende Bereitschaft, Menschenrechts-Konflikte mit Kriegen zu beantworten, das Recht auf Leben bis zuletzt und einen würdigen Tod. Das sind Zeichen der Zeit, also sehr qualifizierte geschichtliche Ereignisse, in denen es um Wohl und Wehe, Sein und Nichtsein humaner Lebensgestaltung und Lebensbedingungen geht. Dafür stellt die Kirche eine Sprache bereit – und das ist ein Dienst an der gesamten Menschheit. Mit diesem Dienst kann sie keine große geschichtliche Macht für sich gewinnen. Im Gegenteil, sie begibt sich damit in die Konflikte hinein und sie zieht dementsprechend die Gegnerschaft derer auf sich, die an der Beschneidung des Lebens von anderen profitieren. Sie gerät in eine prekäre Situation, wenn sie die wunden Punkte in Staat und Gesellschaft benennt, und damit eine Sprache bereitstellt, um in Differenz zu diesen wunden Punkten zu treten.

Diese prekäre Lage ist jedoch eine eigene Form von geschichtlicher Macht. Es ist eine pastorale Form von Macht. Sie wächst der Glaubensgemeinschaft der Kirche erst dann zu, wenn sie sich auf Freude und Hoffnung, Trauer und Angst der Menschen von heute einlässt, besonders der Armen und Bedrängten aller Art. Es ist eine Macht im Dienst an einer humanen Zukunft, die aus der Ohnmacht von Menschen gegenüber bedrängenden und gefährdenden Mächten und Gewalten erwächst. Es ist eine Macht der Solidarisierung, die der Gewalt in den Nöten des Lebens widersteht. Diese Macht muss die Kirche mit allem wollen, wozu sie in der Lage ist; denn diese Macht führt sie auf den Kern ihrer Realität, auf Gott. Dazu der letzte Punkt:

5. Der Theologiegehalt von Gaudium et spes – der Wille zur Macht aus der Ohnmacht

Von *Lumen gentium* und *Gaudium et spes* her präsentiert sich die Kirche als zwei, *ad intra* und *ad extra*. Dieses Kirchenthema ist jedoch kein kirchenrechtliches Innenthema, sondern ein menschenrechtliches Außenthema. Es geht in der Frage danach, was Kirche ausmacht, um mehr als die Kirche. Mit der Pastoralkonstitution ist das anerkannt und lehramtlich vollzogen worden. Sie war das abschließende Dokument eines Konzils, also einer sehr innerkirchlichen Angelegenheit. Aber jede Zeile dieses Dokuments drängt die Kirche dazu, sich über die eigene Identität hinaus für die Lebensprobleme heutiger Menschen zu öffnen.

Die Gottesdarstellung, die von *Gaudium et spes* eröffnet worden ist, verhandelt Gott auf diese pastorale Dimension der Kirche hin. Dabei wird jedoch keiner ‚ekklesiologischen Verschlüsselung' in Sachen Gott das Wort geredet.[23] Es geht vielmehr im

---

[23] Johann Baptist Metz hat diesen Vorwurf bei seiner Abschiedsvorlesung in Münster erhoben, vgl. J.B. METZ, Gotteskrise. Versuch zur "geistigen Situation der Zeit", in: DERS., Diagnosen zur Zeit, Düsseldorf 1994, 76–92, 78.

Bekenntnis zu diesem Gott um eine repräsentative Frage danach, wie Menschen miteinander leben, ihre Probleme bewältigen, ihre Hoffnungen erfüllen, ihrer Gewalt widerstehen und ihre Nöte überwinden können. Die Rede von Gott, also die Theologie, ist in dieser Weise ein Lebensprojekt, oder sie missachtet ihren pastoralen Zuschnitt.

Es geht folglich bei der Rede von Gott um mehr als um die Identitätsfindung einer speziellen Religionsgemeinschaft und um mehr als ein Angebot an die Welt von heute. Die katholische Kirche ist eine Religionsgemeinschaft wie andere auch und bietet entsprechend ihrer Tradition Perspektiven in unterschiedlichen Lebenslagen an. Aber diese Religionsgemeinschaft begreift sich seit *Gaudium et spes* von allen Menschen her und nicht mehr diese Menschen von sich her. Sie begreift ihre Botschaft nicht mehr von ihrer eigenen Identität her, sondern wird von der eigenen Botschaft durch die Menschheitsprobleme hier und heute selbst ergriffen. Diese Religionsgemeinschaft grenzt sich nicht mehr von dem ab, was ihr als Außen gegenübersteht, sondern gestaltet sich als Pastoralgemeinschaft aller Menschen, mit denen sie in der heutigen Zeit unterwegs ist.[24] Entsprechend ist sie nicht mehr souverän in den Themen, die ihr religiöses Anliegen ausmachen, sondern muss erfahren, dass ihr von den heutigen Menschen jene Themen gesetzt werden, die es ihr überhaupt erst ermöglichen, ihre eigene religiöse Botschaft zur Sprache zu bringen. Die Bedeutung des Gottesthemas, das sie von ihrer Tradition her zu vertreten hat und das sie hoch und heilig zu halten hat, lernt sie von der humanen oder inhumanen Situation heutiger Menschen her überhaupt erst kennen. Der Kern der Tradition einer Religionsgemeinschaft wird hier von Not und Segen des heutigen Lebens her begriffen und auf die Solidarität mit den Menschen von heute festgelegt. Der Kern der katholischen Religionsgemeinschaft ist eine Pastoralgemeinschaft aller Menschen.

Das ist ein ungewöhnlicher dogmatischer Vorgang, weil dieser Prozess von geschichtlich-immanenten Fragestellungen dominiert wird und sich eben nicht mit ewig-transzendenten Zuordnungen begnügen kann. Man kann sich durchaus fragen, ob hier nicht der Kern der religiösen Botschaft, also der lebensspendende Gott des Evangeliums, zugedeckt würde. Diese Gottesrede ist in der Tat

[24] Für diese Unterscheidung vgl. vom Verf., Nicht ausweichen. Die prekäre Lage der Kirche, Würzburg 2002.

mit einer pastoralen Relativität versehen, die sie jedoch zu jedem Menschen in ein Verhältnis setzt. Deshalb steckt in dieser Polarität von Religions- und Pastoralgemeinschaft und jener menschenrechtlichen Relativität des Evangeliums eine neue Form, um christlich mit Macht von Gott zu reden. Der christliche Gott, also auch und gerade der trinitarisch bestimmbare Gott, ist keine primär subjektiv-personale bestimmbare Größe in dem Sinn, wie ein menschliches Individuum als Subjektivität der Welt gegenüber treten kann. Er ist vielmehr eine soziale Macht, die wider den Lauf der Zeit die Transformation von Unmenschlichkeit durch Gerechtigkeit und Liebe ins Wort drängt.[25] Diese personal bestimmbare soziale Macht Gottes zeigt sich nicht in der Übermacht über alle anderen Mächte und Gewalten, sondern kann darin gefunden werden, dass Menschen in der Ohnmacht bedrängender Situationen zu neuen gesellschaftlichen, politischen, religiösen, personalen Lebensmöglichkeiten finden.

Dieser Gott lässt sich nicht auf die Grenzen einer Religionsgemeinschaft festlegen, sondern findet sich unter allen Menschen. Dieser Gott tritt sogar in Differenz zur eigenen Religionsgemeinschaft, sollte sie in seinem Namen die Unmenschwerdung von Menschen befördern. Dieser Gott ist nicht von der Gotteskrise geschlagen, weil er besonders in den Krisen der Menschen von heute benannt werden kann, von denen es mehr als genug gibt. Dieser Gott ist auch nicht für eine Gewalt in seinem Namen tauglich, weil seine Macht nicht davon lebt, dass andere in die Ohnmacht getrieben werden. Die Macht dieses Gottes hat eine pastorale Natur. Je mehr die Kirche sich um diese pastorale Natur Gottes konstituiert, desto mehr wird sie zu der christlichen Religionsgemeinschaft, die sie beanspruchen kann zu sein und zu der sie in der Welt von heute gerufen ist.

---

[25] Über die Notwendigkeit eines pastoralen Rahmens für dogmatische Spekulationen belehrt die neueste Auseinandersetzung um die Trinität zwischen M. STRIET, Spekulative Vefremdung? Trinitätstheologie in der Diskussion, in: Herder Korrespondenz 56 (2002) 202–207; H. VORGRIMLER, Randständiges Dasein des dreieinigen Gottes?, in: Stimmen der Zeit 220 (2002) 545–552 sowie G. GRESHAKE, Streit um die Trinität, in: Herder Korrespondenz 56 (2002), 534–537.